質問紙調査と心理測定尺度

計画から実施・解析まで

宮本聡介・宇井美代子　編

サイエンス社

本書で記載している会社名，製品名は各社の登録商標または商標です。
本書では®と™は明記しておりません。

まえがき

　本書は，主に「質問紙調査」についてこれから学ぼうとする学部生や大学院生向けに執筆した。基本的には予備知識をあまりもっていない読者を想定しているため，質問紙調査についてある程度知っていて，より深く学びたいと考えている読者の方にはやや物足りなさがあるかもしれない。ご容赦いただきたい。

　本書では，学生だけでなく，大学で調査法などの授業を担当している先生方も意識した。現在，日本国内には800校近くの大学がある。学部名，学科名だけではなかなか推測できないのだが，これらの大学で心理学関連の授業を展開している学部・学科は相当数あるはずである。心理学に「調査」は必須である。そのため，心理学に関連する授業を展開している学部・学科ならどこでも，「調査法」「質問紙調査法」と題した講義や実習が展開されていると思う。その一方で，調査についての専門家が世の中に数多いるわけではない。調査法や質問紙調査の講義や実習は，大学院の博士課程を修了したばかりの若い研究者たちが，専任の大学や非常勤先の大学で教鞭をとる形で展開されるケースが多いのも事実である。

　（質問紙）調査法の授業を担当すると，どのテキストを選択するかで頭を悩ませることになる。既刊の調査法のテキストを一通り見てみると，そのタイトルの多くに「社会調査（法）」という語が含まれている。よくよく調べてみると，その大部分は社会学者の視点から執筆されたものである。心理学でおなじみの「質問紙調査」は，社会調査という大きな括りの中の一部である。社会学者を中心に執筆された調査法のテキストを活用しても，十分に授業展開はできる。事実，本書の執筆者たちも，社会学者の執筆した社会調査のテキストに少なからずお世話になってきた。しかしながら，心理学にとってはきわめて重要だが，社会学者の執筆した調査法のテキストにはほとんど記述されていない情報がある。それは「心理測定尺度」に関する解説である。

では，心理学者の執筆した調査法のテキストはどうだろうか。現在，「質問紙」という言葉を冠したテキストが数冊出版されている。われわれも，授業を展開する際に，参考資料として多いに活用させていただいている。いずれのテキストも，大変に工夫され，豊富なコンテンツが含まれた良書であるが，質問紙調査法を学び始めた初学者にとっては，やや高度な記述が含まれているという印象をもっている。心理学の研究法について解説されたテキストの数章を割いて「質問紙調査法」が解説されているものもあるが，調査法の授業のテキストに指定するには物足りなさを否めない。

　もう，5年ほど前になるだろうか。『心理測定尺度集』第Ⅴ・Ⅵ巻の編集会議の席上で（正確には，会議後の宴席で，だったかもしれない），質問紙調査法のテキストに関する上述のような印象について，同席した若い研究者たちと語ったところ，多くの者が同様の印象をもっていた。このとき同席していた研究者たちの多くは，大学のポストに就いたばかりだったと思う。今まさに，調査関連の授業を任され，授業準備に悪戦苦闘している，というときだったのだろう。自身が開講している授業で活用できるテキストになかなか出会えないという思いを共有できたことが，本書を編集・執筆しようというモチベーションを高めた一つのきっかけになったと思う。

　本書の出版元であるサイエンス社から『心理測定尺度集』の第Ⅰ巻が刊行されたのが2001年である。10年後の2011年には第Ⅴ・Ⅵ巻が刊行された。このシリーズは，心理学関連の学部・学科を中心に，広く活用されているようである。おそらく，心理学関連の卒業論文を執筆した方の多くが，一度は『心理測定尺度集』を手にとったことがあるのではないだろうか。『心理測定尺度集』が刊行されたことで，学部生・大学院生が気軽に心理測定尺度に接せられるようになったのは大変喜ばしいことだが，その一方で，心理測定尺度の誤用や乱用を耳にすることが多くなってきているのも事実である。誤用・乱用を耳にすると，『心理測定尺度集』の編者・執筆者としては，責任を感じ，改善策を練らなくてはという気持ちになる。このことも，本書を企画した一つの動機であった。そして本書を『心理測定尺度集』の副読本のようなものにしたいという気持ちから，本書の執筆者には，『心理測定尺度集』の執筆者を多く選ぶこと

まえがき

にした。

　冒頭にも述べたが，本書は，主に質問紙調査をまだ一度も経験したことのない，調査法の初学者が読むことを意識している。なので極端に専門性の高い事柄の解説は避け，初学者に最初に学んでほしい基本的な事柄に絞り解説することを心がけた。執筆者の多くは，本務校で質問紙調査法の授業を担当した経験があり，本書の執筆にあたっては，自身の授業で実際に使用しているオリジナル教材を盛り込んでいる章もある。また，執筆者の多くは，オリジナルの心理測定尺度の開発経験がある。したがって，尺度開発の際のノウハウが，本書に盛り込まれていることは言うまでもない。

　本書を読めば，質問紙調査の企画から，実施，解析と整理までの道筋をたどることができるはずである。また，本書の後半部分では，近年，欠かせなくなってきているウェブ調査やテキストマイニングの基礎知識についても解説を加えた。卒業研究で質問紙調査を実施しようと計画している学部生であれば，本書一冊で，質問紙調査に必要とされる知識のおおよそのことが網羅できると思う。本書を小脇に抱え，卒業研究に励む学部生の姿を，われわれ執筆者は心から楽しみにしている。そして，本書が，心理学に関心をもつ若い学徒たちの役に立てば，これほどうれしいことはない。

　『心理測定尺度集』各巻の編者である松井　豊先生（筑波大学），吉田富二雄先生（東京成徳大学），櫻井茂男先生（筑波大学）には，本書の構想が具体化される以前から，さまざまな形でアドバイスを頂戴した。また，『心理測定尺度集』シリーズの監修者である堀　洋道先生（筑波大学・大妻女子大学名誉教授）にも，本書の企画を進める上で，温かい言葉を頂戴した。サイエンス社と担当の清水匡太さんには，本書の企画段階から丁寧に相談に乗っていただいた。本書の製作に関わってくださった関係者の皆様に心より御礼申し上げる。

　　　　　　　　　　　　　　　　　　　編者　宮本聡介・宇井美代子

目　次

まえがき ……………………………………………………………………… i

第Ⅰ部　導　入　　　　　　　　　　　　　　　　　　　　　　1

第1章　質問紙調査とは何か　2
　1.1　心理学の目標 ……………………………………………………3
　1.2　研究手法 …………………………………………………………4
　1.3　データの形式 ……………………………………………………6
　1.4　質問紙調査を体験してみよう …………………………………7
　1.5　質問紙調査の全体的な流れと本書の構成 ……………………15

第2章　研究法と質問紙調査　18
　2.1　さまざまな研究法 ………………………………………………18
　2.2　研究テーマと研究法 ……………………………………………32

第Ⅱ部　作成と実施　　　　　　　　　　　　　　　　　　　37

第3章　質問紙調査の計画　38
　3.1　研究テーマの見つけ方と研究スタイル ………………………38
　3.2　文献の探し方 ……………………………………………………42
　3.3　研究計画を立てる ………………………………………………47
　3.4　スケジュールを立てる …………………………………………56
　コラム 3.1　文献検索の方法　59

第4章　心理測定尺度の概要　61

    4.1　心理測定尺度とは …………………………………………………… 61
    4.2　尺度の構造 …………………………………………………………… 62
    4.3　尺度の信頼性 ………………………………………………………… 65
    4.4　尺度の妥当性 ………………………………………………………… 70

第5章　心理測定尺度の探し方・使い方　75

    5.1　資料を探す …………………………………………………………… 75
    5.2　心理測定尺度を使う ………………………………………………… 83
    5.3　心理測定尺度を独自に作る ………………………………………… 84
    コラム 5.1　インターネット検索の便利な方法　97

第6章　質問紙の作成から配付まで　99

    6.1　質問紙の作成方法 …………………………………………………… 99
    6.2　質問紙の配付と回収 ………………………………………………… 109
    コラム 6.1　適切な質問紙の量とは　117
    コラム 6.2　大学の授業時間を利用した質問紙の配付　118
    コラム 6.3　「良い参加者」としないために──要求特性への対策　119

第Ⅲ部　データの整理と解析　121

第7章　データの整理　122

    7.1　回収した質問紙を整理する ………………………………………… 122
    7.2　データを入力する …………………………………………………… 129
    7.3　データの概要を把握する …………………………………………… 138
    コラム 7.1　入力ミスをなくすために　144
    コラム 7.2　GT表作成のススメ　147
    コラム 7.3　統計ソフトあれこれ話　149

第8章　心理測定尺度の尺度構成　151

8.1　尺度項目の選定 ……………………………………………………………151
8.2　尺度の信頼性と妥当性の検討………………………………………………159
コラム8.1　α 係数の算出例　165

第9章　平均値の比較と相関分析　168

9.1　平均値の差の検定 …………………………………………………………169
9.2　相 関 分 析 ………………………………………………………………182
9.3　回 帰 分 析 ………………………………………………………………187

第10章　卒業論文・レポートの書き方　194

10.1　論文・レポートの構成 ……………………………………………………194
10.2　本文（表題から引用文献まで）……………………………………………197
10.3　後付け（謝辞・付録）………………………………………………………215
コラム10.1　研究発表スライド・ポスターの作成　217
コラム10.2　剽窃（盗用）の問題　221
コラム10.3　論文作成テクニック　222
コラム10.4　「論文書きの歌2006」　224

第Ⅳ部　応　　用　225

第11章　ウェブを使った調査の実施方法　226

11.1　ウェブ調査の基礎 …………………………………………………………226
11.2　ウェブを使った調査の方法 ………………………………………………234
11.3　ウェブを使った調査の注意点 ……………………………………………241
コラム11.1　ヴァリエーションに富んだサンプル　243
コラム11.2　ケータイを活用した調査　244
コラム11.3　ウェブ調査は楽で簡単なのか？　245

第12章 自由回答法とその後の分析方法
　　　　──テキストマイニング　246

　12.1　自由回答法の特徴 …………………………………246
　12.2　自由回答法によるデータ収集 ………………………248
　12.3　意味内容にもとづく分析──KJ法 …………………251
　12.4　含まれる単語にもとづく分析──テキストマイニング……255
　コラム12.1　無料で使えるテキストマイニング用ソフト　262

第13章 質問紙調査法と質的研究　264

　13.1　質的研究とは …………………………………………264
　13.2　ナラティブ・アプローチ ……………………………272
　13.3　グラウンデッド・セオリー・アプローチ（GTA）………277
　13.4　量的研究と質的研究をいかに結びつけるか …………282
　13.5　終わりに ………………………………………………286
　コラム13.1　質的に世界をみるとはどういうことか　270

第14章 研究者としての心構え・研究倫理　287

　14.1　誰が研究者か …………………………………………287
　14.2　研究倫理 ………………………………………………290
　14.3　質問紙調査に求められる倫理 ………………………294
　コラム14.1　アメリカでは学部生も立派な研究者？　302

引用文献 ……………………………………………………………303
人名索引 ……………………………………………………………313
事項索引 ……………………………………………………………316
編者略歴・執筆者紹介 ……………………………………………322

第I部

導　入

1 質問紙調査とは何か

宇井美代子

　本書は，心理学研究法の中でも，主に心理測定尺度を用いた質問紙調査の方法について，説明するものである。

　心理学を専門に学ぶ大学の学部や学科では，「社会心理学」「発達心理学」「教育心理学」というように「〇〇心理学」と名のついた講義科目が多く開講されている。これらの講義（授業）を受講することによって，人間の（時には動物の）心理や行動に関する知識を得ることができる。また，大学の講義以外にも，心理学の知識が掲載された専門書は数多くある。これらの専門書を読むことによっても，人間の心理についての理解を深めることができる。

　これらの講義や専門書で伝えられる知識は，心理学に携わる者たちの「研究」によって生み出されてきたものである。大学では先述の講義以外にも，「心理学基礎実験」「心理学研究法」「心理統計」といった演習・実習科目も開講されている。これらの科目は，心理学の知識を生み出すための研究手法を学ぶことを目的としているものである。講義や専門書で知識を学び，演習・実習で知識を生み出すための手法を学んだ最後の集大成として，卒業論文や卒業研究を行うこととなる。

　先ほど，「心理学に携わる者たちの『研究』によって生み出された知識が，講義や専門書に掲載されている」と述べた。この「心理学に携わる者」は，いわゆる心理学者だけではない。学部の授業や卒業論文・卒業研究においても，優れた研究がなされた場合には，担当教員から学会での発表を勧められることがある。学会で発表されれば，全国の心理学関係者に知られることとなり，その研究成果は知識となって全国に，時には海外まで広まっていくのである。このように，心理学という学問領域は，多くの人たちが知識を提供し合い，共有し合うことによって形成されている。本書は，その学問領域に加わる入口の一

つを提供するものである。

1.1 心理学の目標

心理学では何を目標として研究されているのだろうか。ジンバルドー (1980；古畑・平井監訳, 1983) は，心理学という学問分野における目標を，人間 (動物を対象とする場合もある) の心理や行動の記述，説明，推測，制御，および人間の生活の質の向上を試みることの 5 つに整理している。

「記述」とは，人間の心理や行動の実態を何らかの形で観察し，示すことである。たとえば，「大学生は，どのような人を親友とよぶのか？」「親友がいる人といない人の心理的健康の具合はどうか？」といったことを示すことになる。ただし，客観的で，実証的なデータで実態を示すことが必要である。自分だけの個人的な経験にもとづいたようなものであってはならない (「私の価値観からいえば，親友とは四六時中一緒にいる人のことだ」など)。

客観的で，実証的なデータを収集するうえでは，できる限り曖昧な状況を避ける必要がある。たとえば，「心理的健康」といっても，「毎日の充実感」「不安がないこと」「よく眠れること」「ご飯がおいしく感じられること」……とさまざまな側面があり得る。そのため，「心理的健康」という言葉だけでは，その言葉を聞いた人によって異なるものを想像するかもしれない。そこで，操作的定義が行われる。**操作的定義**とは，「本研究では，○○という質問項目で尋ねたものを，心理的健康とする」といったように，測定方法から研究者が観察したい実態を定義することである。操作的に定義することによって，研究者が観察したい実態の測定方法が明確になり，言葉を聞く人によって異なるものを想像することがなくなり，客観的なデータを収集することができる。

以上の手続きで記述された実態は，必ずしも一貫性のあるものではなく，一見すると雑然としているかもしれない。たとえば，親友の定義について，ある大学生は「何でも相談できる相手」，また別の大学生は「一緒にいると安心できる相手」「信頼できる相手」……というように，大学生によってさまざまな回答をするだろう。また，親友のいる人の中にも心理的健康が高い人もいれば

低い人もいるだろう。心理学の第2の目標である「説明」とは，表面上は一貫しておらず雑然とした実態の中から，人間の心理や行動の共通性や法則性を見出していくことである。その共通性や法則性の中には，2つ以上の実態の関係性に関するものも含まれる。たとえば，親友の有無と心理的健康の程度という2つの実態を考えてみると，「親友がいる人は心理的健康が高い」という関係性が見出されるかもしれない。研究を通して見出されていく関係性は，因果関係の場合もあるし，相関関係の場合もある。こういった共通性や法則性を蓄積していくことによって，人間の心理や行動の理論が構築されることになる。

理論が構築されれば，人間の心理や行動に関して，将来起きるであろうことを「推測」し，「制御」していくことが可能になる。これが，心理学の第3の目標と第4の目標である。たとえば，「親友がいる人は心理的健康が高い」という関係性が真実であるならば，親友が作れればその人の心理的健康を高めることができると予測できる。したがって，大学入学などのように新しい環境に移行した人に対して友人が作れるような支援をし，その人の友人関係を制御していくことが意義のあるものとなり得るだろう。こういった客観的で実証的なデータから記述，説明，予測，制御を行うことが，心理学の第5の目標である「人間の生活の質の向上」へとつながり得る。もちろん制御を行うことについては慎重でなくてはならない。その制御が倫理的に許されることなのかについては，つねに社会的な検討がなされなくてはならない。

1.2 研究手法

前節で概観した心理学の目標を達成するためには，**研究**を行う必要がある。その研究の出発点は個人的な興味や関心にもとづいてもよいが，研究自体は，多くの人が納得し，同じ結論へと到達できるような客観的な方法で実施していく必要がある。心理学では，これらを客観的に検討する手続きがある程度確立されており，観察法，面接法，実験法，質問紙調査法の4つに大別することができる。それぞれの研究手法では，人間の心理や行動の実態を把握し，測定する方法が異なっている。たとえば，「人はイライラしたときに，どのような行

動をするのか」について検討する研究について考えてみよう。

　観察法では，イライラしているときの行動と，イライラしていないときの行動とを，その名の通り「観察」する。ただし，ただ漫然と見ていればよいというわけではない。観察すべき行動は一覧にし，操作的定義がなされなくてはならない。たとえば，観察対象者が「イライラしている」か否かを，観察できる行動からどのように判断するのかを明確にしておかなくてはならない。また，イライラしたときには「八つ当たり」をすることがあり得るが，「八つ当たり」をしたかどうかを観察するといった場合も注意する必要がある。なぜなら，誰かに怒鳴る，誰かに皮肉を言う，モノをぞんざいに扱う……などのように，「八つ当たり」に該当する行動は多様であるため，観察者によってチェックする行動が異なったり，研究論文を読んだ第三者がそれぞれ異なる行動をイメージしたりしてしまうためである。

　面接法では，「イライラしたときに，どのような行動をするのか」について，面接して質問することによって，つまりインタビューすることによって明らかにする。面接参加者の回答は，可能な限りICレコーダー等に録音される。面接後に文字情報として書き起こし，分析していくことになる。観察法と同様に，面接法においても，ただ漫然とインタビューすればよいわけではない。客観的なデータ分析ができるように，質問内容を精選し，回答内容を解釈する際に操作的定義が必要となってくる。

　実験法と質問紙調査法については，第2章において詳述されているため，ここでは簡単にふれておくに留める。**実験法**では，実験参加者がイライラするように，実験者は何らかの操作を行う。この操作を行うことによって，イライラさせられた実験参加者が行う行動を測定していくことになる。**質問紙調査法**では，紙媒体などに記された「あなたはイライラしたときに，モノをぞんざいに扱いますか」などの質問項目に対して，「はい」「いいえ」や，「まったくあてはまらない」「あまりあてはまらない」「どちらともいえない」「ややあてはまる」「非常にあてはまる」などの選択肢の中から回答するように求める。その回答結果から，イライラするときによく行われている行動を明らかにしていくことになる。

以上の4つの研究手法は組み合わせて用いられることもある。たとえば，面接法にもとづき，面接参加者にインタビューすると同時に，面接参加者がどのような行動を行うかを観察することがあげられる。

1.3 データの形式

心理学研究の多くで，得られたデータは数値化される。たとえば，「あなたはイライラしたときに，モノをぞんざいに扱いますか」という質問項目に対して，「はい」と回答すれば「1」と，「いいえ」と回答すれば「0」と，それぞれ数値化される。数値化することにより，客観性を保つことが容易になる。たとえば，「今日は朝早く起きた」といった場合，「朝早い」という言葉から考えられる時間帯は人によってさまざまである。日が昇らないうちに起きれば確かに「朝早い」かもしれないが，毎日お昼頃に起きる人にとっては，9時の起床も「朝早くに起きる」ことになる。このように，「朝早い」という表現は，主観的なものである。しかし，7時ならば7時と数字で表せば，誰もが同じ時間帯を確認することができ，客観性を保つことができる。また，数値化することによって，統計解析を行うことが容易になる。

数値化されたデータは，大きく4種に分けることができる（吉田，1998）。これを「**尺度の水準**」とよぶ。第1の水準は，**名義尺度**である。たとえば，国籍を数値化するあたり，日本国籍を1，アメリカ国籍を2，中国国籍を3……と数字を割り振ったものがこれにあたる。これらの数値化の仕方では，アメリカ国籍を1，中国国籍を2，日本国籍を3といったように，数値を入れ替えてもまったく問題ない。すなわち，名義尺度では，数値の大きさには何ら意味はない。国籍によって数値が異なっていることだけに意味がある。

第2の水準は，**順序尺度**である。たとえば，運動会の徒競走で1位から順に，2位，3位と順位をつけていくものがこれにあたる。このように，順序尺度では，ある順序が想定されるものに対して，順々に数値が割り振られる。数値の大きさに意味があり，1位は2位よりも順位が高く，2位は3位よりも順位が高いことが数値により示される。ただし，1位が2位よりも，2位は3位より

も，それぞれどれほど早くゴールに着いたのかについての情報は示すことはできない。1位は2位よりも10秒早かったかもしれないが，2位は3位よりも1秒しか早くなかったのかもしれない。

第3の水準は，**間隔尺度**である。たとえば，温度があげられる。間隔尺度は順序尺度のように，30℃は20℃より熱く，20℃は10℃より熱い，と数値の大きさによって，熱さを順序づけることができる。さらに，30℃と20℃の間の10℃は，20℃と10℃の間の10℃と同じ温度差であるといったように，数値と数値の間隔が意味をもっている。ただし，30℃は20℃の1.5倍熱い，20℃は10℃の2倍熱いというように，倍数について考えることはできない。

第4の水準は，**比率尺度**である。たとえば，長さがあげられる。比率尺度は，間隔尺度と同様に，30 cmと20 cmとにおける10 cmの差と，20 cmと10 cmとにおける10 cmの差は，同じ長さであることを意味する。さらに，30 cmは20 cmの1.5倍の長さであり，20 cmは10 cmの2倍の長さであると，倍数を考えることができる。

研究で得られたデータがこれら4つの水準のいずれに該当するかによって，用いることのできる統計手法が異なる。そのため，自分のデータがいずれの水準のものなのかについて，きちんと理解しておかなくてはならない。

1.4 質問紙調査を体験してみよう

1.2節で述べた4つの研究手法のうち，本書では，社会心理学，発達心理学，臨床心理学，教育心理学，パーソナリティ心理学，組織心理学……などの幅広い心理学の研究領域で用いられている質問紙調査法について説明する。本節では，質問紙調査を，調査回答者の視点から，また調査実施者の視点から，それぞれ体験することを通して，質問紙調査法の概要について説明する。質問紙調査法の詳細については，第2章以降で説明する。

1.4.1 調査回答者の視点からの体験

調査回答者は，あるときに研究者から調査への協力依頼がなされ，質問項目

が記載された冊子である**質問紙**が手渡される。質問紙の表紙には，調査を実施する目的や，倫理的な配慮に関する説明書きや，回答時の注意点，調査実施者の連絡先などが記載されている。質問紙調査に協力することに同意する人は，表紙をめくって，各質問項目に回答することになる。質問紙調査で用いられる質問項目の例を以下に示す。実際に回答をしてみてもらいたい。

(問1) 以下の質問項目のそれぞれは，ふだんのあなたにどのくらいあてはまりますか。あてはまる程度をそれぞれお答えください。

	あてはまらない	あまりあてはまらない	どちらともいえない	ややあてはまる	あてはまる
1. 人と話すときにはできるだけ自分の存在をアピールしたい	1	2	3	4	5
2. 自分が注目されていないと，つい人の気を引きたくなる	1	2	3	4	5
3. 大勢の人が集まる場では，自分を目立たせようとはりきる方だ	1	2	3	4	5
4. 高い信頼を得るため，自分の能力は積極的にアピールしたい	1	2	3	4	5
5. 初対面の人にはまず自分の魅力を印象づけようとする	1	2	3	4	5
6. 人と仕事をするとき，自分の良い点を知ってもらうように張り切る	1	2	3	4	5
7. 目上の人から一目おかれるため，チャンスは有効に使いたい	1	2	3	4	5

8. 責任ある立場につくのは，皆に自分を印象づけるチャンスだ	1	2	3	4	5
9. 皆から注目され，愛される有名人になりたいと思うことがある	1	2	3	4	5
10. 意見を言うとき，みんなに反対されないかと気になる	1	2	3	4	5
11. 目立つ行動をとるとき，周囲から変な目で見られないか気になる	1	2	3	4	5
12. 自分の意見が少しでも批判されるとうろたえてしまう	1	2	3	4	5
13. 不愉快な表情をされると，あわてて相手の機嫌をとる方だ	1	2	3	4	5
14. 場違いなことをして笑われないよう，いつも気を配る	1	2	3	4	5
15. 優れた人々の中にいると，自分だけが孤立していないか気になる	1	2	3	4	5
16. 人に文句を言うときも，相手の反感を買わないように注意する	1	2	3	4	5
17. 相手との関係がまずくなりそうな議論はできるだけ避けたい	1	2	3	4	5
18. 人から敵視されないよう，人間関係には気をつけている	1	2	3	4	5

(問2) 私たちは日常生活において，場合によって演技をしている，またはしていたと思われる場合があるのではないでしょうか。以下の質問ではこのような「日常生活での演技」について質問いたします。あまり深く考えずに感じたままにお答えください。

あなたは以下のような演技をどのくらい行いますか。自分に最も当てはまると思うところに，○印をつけてください。

	全くしない	しない	あまりしない	少しする	する	よくする
1. 優しい，いい人に見えるようにふるまう	1	2	3	4	5	6
2. 丁寧で，礼儀正しく見えるようにふるまう	1	2	3	4	5	6
3. まじめに見えるようにふるまう	1	2	3	4	5	6
4. 明るく，気さくな人に見えるようにふるまう	1	2	3	4	5	6
5. かわいく，またはかっこよく見えるようにふるまう	1	2	3	4	5	6
6. 優れた，できる人に見えるようにふるまう	1	2	3	4	5	6
7. 自分が良く見えるようにふるまう	1	2	3	4	5	6
8. ニコニコと愛想良くふるまう	1	2	3	4	5	6
9. 面白くなくても笑ってみせる	1	2	3	4	5	6
10. 相手の話に興味があるようにふるまう	1	2	3	4	5	6
11. 盛り上がっていて，楽しそうに見えるようにふるまう	1	2	3	4	5	6
12. 相手に対して怒りなどのネガティブな気持ちを感じていても，気にしていないようにふるまう	1	2	3	4	5	6
13. 自分がいつも通りに見えるようにふるまう	1	2	3	4	5	6

14. 相手と自分の意見が違っていても，相手の意見に賛成しているようにふるまう　　　1　2　3　4　5　6
15. 相手の話を聞いていなかったり，分かっていなくても，理解しているようにふるまう　　　1　2　3　4　5　6
16. その場で自分に求められていると思った役割に，合わせた演技をする　　　1　2　3　4　5　6
17. 相手へのリアクションなどを大げさにする　　　1　2　3　4　5　6

(問3) 最後に，あなたの性別を教えてください。当てはまるところに○を一つつけてください。

　　　　　　　1．男性　　　　　　2．女性

1.4.2　調査実施者の視点からの体験

　本項では，研究者の視点に立って，前項の質問項目を見てみよう。

1. 質問紙の構成——心理測定尺度とは

　心理学で実施される質問紙調査では，複数の種類の心理測定尺度を組み合わせて用いることが多い。**心理測定尺度**とは，「個人の心理的傾向（意識，感情，状態，態度，欲求，行動など）の程度を測定しようとして工夫された道具」であり，「ある心理的傾向について，それと関連する複数の項目から作られた一つの物差し（尺度）」である（堀，2001）。

　前項で示した例のうち，問1の質問項目は，小島・太田・菅原（2003）によって作成された**「賞賛獲得欲求尺度」**（項目番号1番から9番の9項目）と**「拒否回避欲求尺度」**（項目番号10番から18番の9項目）である（教示や選択肢は倉住（2011）も参考にした）。これらは他者とどのように関わりたいかという個人の欲求を2つの側面から測定するものである。「賞賛獲得欲求尺度」

では，他者から肯定的な評価を得たいという欲求を，「拒否回避欲求尺度」では，他者から否定的な評価を下されることを避けたいという欲求を，それぞれ測定することができる。

問2の質問項目は，定廣・望月（2011）による「**日常生活演技尺度**」である。人は人間関係を円滑するために，多かれ少なかれ演技をしているが，この尺度は日常生活において演技をする頻度を尋ねる尺度である。「日常生活演技尺度」は，さらに「好印象演技尺度」（項目番号1番から7番の7項目）と「調和的演技尺度」（項目番号8番から19番の12項目）の2つの下位尺度に分けられる。「好印象演技尺度」では，相手に好印象を与えるように演技している頻度を，「調和的演技尺度」では，相手に合わせた行動をするように演技している頻度を，それぞれ測定することができる。

なお，心理測定尺度を使用するときには，その尺度の**妥当性**や**信頼性**の有無について確認しておく必要がある（吉田，2001）。「妥当性がある」心理測定尺度は，その質問項目群によって，測定したいと考えている心理的傾向をきちんと測定できていることを意味する。たとえば，「人と話すときにはできるだけ自分の存在をアピールしたい」（問1の項目番号1）や「自分が注目されていないと，つい人の気を引きたくなる」（問1の項目番号2）などの項目が，他者から肯定的な評価を得たいという欲求である「賞賛獲得欲求」を表すものであると確認されていることが必要である。

「信頼性がある」心理測定尺度は，その心理測定尺度で測定された結果が安定していることを示す。もし，初めて「賞賛獲得欲求尺度」に回答したときには「非常に賞賛獲得欲求が高い」と判定されたにも関わらず，その1週間後に回答したときには「非常に賞賛獲得欲求が低い」と判定されるとなると，その心理測定尺度は信頼性がないことになる。なお，問1と問2に示した心理測定尺度はいずれも，妥当性と信頼性が確認されているものである。

2. 心理測定尺度から分析できること

それぞれの尺度に対する回答の結果から，調査回答者の心理的傾向を把握することができる。たとえば，賞賛獲得欲求をみてみよう。問1の項目番号1から項目番号9までで〇をつけた数字を合計してみよう。たとえば，もし項目番

1.4 質問紙調査を体験してみよう

号1から順に，5，3，4，4，5，4，5，3，4に○をつけたのであれば，すべてを合計した37点（5+3+4+4+5+4+5+3+4=37）が，その調査回答者の「賞賛獲得欲求尺度得点」になる。なお，「賞賛獲得欲求尺度」の理論的な最低点は，9項目すべてにおいて，1（あてはまらない）に○をつけた場合の9点である（1点×9項目＝9点）。また，理論的な最高点は，9項目すべてにおいて，5（あてはまる）に○をつけた場合の45点である（5点×9項目＝45点）。つまり，尺度得点が高くなるほど，賞賛獲得欲求が強いと判断することができる。

自分の回答結果をみながら，賞賛獲得欲求，拒否回避欲求，好印象演技，調和的演技の各尺度得点を算出してみてほしい。それぞれ何点になっただろうか。先述のように，心理測定尺度は「ある心理的傾向について，それと関連する複数の項目から作られた一つの物差し（尺度）」である（堀，2001）。この「物差し」に従って，個人を順序づけることができる。たとえば，隣の席の人と賞賛獲得欲求尺度得点を見比べてみて，自分のほうが隣の席の人よりも得点が高ければ，自分のほうが隣の席の人よりも，賞賛獲得欲求が強いと判断することができる。これをクラス中で繰り返していけば，賞賛獲得欲求が一番弱い人から一番強い人まで，並べることができる。他の尺度得点でも同様に，個人を順序づけていくことができる。

ただし実際には，一般的な質問紙調査で用いられる心理測定尺度では，特定の個人の心理的傾向の診断をすることはできない（本章で示した賞賛獲得欲求尺度を含むいずれの心理測定尺度も，特定の個人を診断することはできないと考えられる）。たとえば，知能検査では，検査結果の得点から，「この調査回答者は日本人全体の上位○％に入る知能の持ち主だ」といったような診断ができる場合がある。それは，ある得点をとる調査回答者が日本人全体の上位何％に入るのかについて，事前に研究されているからである。しかし，一般的な質問紙調査で用いられる心理測定尺度のほとんどにおいて，ある得点をとる調査回答者が日本人全体の上位何％に入るのかについて検討がなされていない。そのため，知能検査のように特定の個人を診断することができない。

また，「1点でも差があれば，AさんとBさんの間に違いがあるといってよ

いのか？ 1点ぐらいの差は誤差ではないか？ では何点の差があれば，AさんとBさんの間に違いがあるのか？」といった問題もある。したがって，一般的な質問紙調査では個々人の得点そのものよりは，たとえば「男性は平均○点であり，女性は平均△点である。したがって，男性は女性よりも□の傾向が強い」といったように，それぞれの集団の全体的傾向に着目することが多い（山本，2001）。もちろん，集団の全体的傾向をみる際にも，「1点でも差があれば，男性と女性の間に違いがあるといってよいのか？ 1点ぐらいの差は誤差ではないか？ では何点の差があれば，男性と女性の間に違いがあるのか？」という問題は生じる。この問題を解決するために用いられるのが**統計**である。なお，小島・太田・菅原（2003），および定廣・望月（2011）が行った大学生を対象とする質問紙調査の結果は，**表 1.1** の通りであった。統計的な分析を行った結果，女子のほうが男子よりも，賞賛獲得欲求や拒否回避欲求が強く，日常生活において調和的演技を行うことが明らかにされている。

表1.1　性別でみた尺度得点（小島・太田・菅原，2003および定廣・望月，2011より作成）

	男子			女子	
	平均	(SD)		平均	(SD)
賞賛獲得欲求	27.4	(6.34)	<	28.9	(6.25)
拒否回避欲求	29.2	(6.16)	<	30.9	(6.35)
好印象演技	27.4	(7.61)		27.7	(5.79)
調和的演技	38.2	(8.09)	<	40.8	(7.45)

注）不等号がついている箇所は，有意差があることを示す。
調査回答者数はそれぞれ，小島・太田・菅原（2003）が612名，定廣・望月（2011）が478名であった。

　さらに，各人の尺度得点を算出し，統計的な分析を加えることによって，2つ以上の心理的傾向の関係についても検討することができる。定廣・望月（2011）は，賞賛獲得欲求・拒否回避欲求と，好印象演技・調和的演技との間で偏相関係数という統計量を算出している。その結果を，**表1.2**に示す。**表1.2**より，賞賛獲得欲求が強い者ほど，好印象演技を行う傾向があること，また拒否回避欲求が強い者ほど，調和的演技を行う傾向のあることがわかる。

表1.2 賞賛獲得欲求・拒否回避欲求と好印象演技・調和的演技との偏相関
(定廣・望月, 2011より作成)

	賞賛獲得欲求	拒否回避欲求	
好印象演技	.49**	.10	(調和的演技を制御)
調和的演技	−.03	.43**	(好印象演技を制御)

注) $^{**}p<.01$

　以上のように，心理測定尺度を用い，尺度得点に対して統計的な分析をすることによって，ある集団の全体的傾向や，複数の心理的傾向の関連性を明らかにすることができる。このような心理学の研究を重ねていくことによって，心理学の目標である記述，説明，推測，制御，および人間の生活の質の向上を試みることを達成していくことになる。

1.5 質問紙調査の全体的な流れと本書の構成

　では，質問紙調査は，具体的にどのように進めていけばよいのだろうか。本節では，質問紙調査法の全体的な流れとともに，本書の構成を述べることとする。

1.5.1 研究テーマと研究手法の決定

　研究を行う際には，まず研究テーマを決定する必要がある。自分は何を調べたいのか，そのテーマを研究することの社会的意義や学術的意義は何かなどを明確にしていく必要がある。研究テーマが決まれば，研究テーマに適した研究手法を用いることとなる。本書では，第2章において，心理学でよく用いられる研究手法である質問紙調査法と実験法を中心に紹介し，質問紙調査に適した研究テーマについて整理する。第3章では，研究テーマの見つけ方について紹介する。また，研究テーマに即した検証可能な研究仮説の立て方や，研究計画の立て方について紹介する。

1.5.2 心理測定尺度の選定と質問紙の作成

先述のように，心理学における質問紙調査では，それぞれの研究テーマに沿って，複数の心理測定尺度を組み合わせて用いることが多い。そこで，第4章では，信頼性と妥当性を含む心理測定尺度の詳細について説明する。第5章では，既存の心理測定尺度の探し方・利用の仕方，また独自の心理測定尺度の開発の仕方について説明する。

使用する心理測定尺度が決定したら，調査回答者に配付する質問紙を作成することになる。第6章では，この質問紙作成時の注意点，および調査実施時の注意点について説明する。

1.5.3 調査実施後のデータの整理と解析

質問紙調査を実施したら，データを入力し，統計ソフトを用いて分析を行っていく。統計的な分析を通して，研究仮説は支持されたか否かなどの自分が検討したかった研究テーマに対する知見を得ていくことになる。そこで，第7章では，データの全般的な整理の方法について説明する。第8章では，実際に使用した心理測定尺度を統計的に精錬させていく尺度構成という一連の手続き・手法について説明する。第9章では，統計的な分析手法の紹介を通して，心理測定尺度の尺度得点から明らかにできる点について説明する。

1.5.4 研究成果の発表

冒頭で述べたように，心理学という学問は，心理学を専門とする者が研究を通して得た知識を学会や論文で発表し合い，知識を共有していくことによって成立している。したがって，研究を実施した後には，研究成果が何らかの形で公表されることが望まれる。そこで，第10章では，研究成果の公表方法として，卒業論文やレポートの執筆の仕方について，説明する。

1.5.5 研究のさらなる発展のために

心理測定尺度を用いた調査は，ウェブ上でも実施可能である。そこで，第11章において，ウェブを用いた調査の実施方法について述べる。さらに，質

問紙調査では，質問項目に対して選択肢（たとえば，「あてはまらない」から「あてはまる」など）を提示するような心理測定尺度という形式の質問だけでなく，調査回答者が思ったことや感じたことを自由に回答してもらう形式の質問を実施することも可能である。第12章では，自由回答式の回答の分析に威力を発揮するテキストマイニングの手法を紹介する。さらに，第13章では，近年，採用されることが多くなってきた質的研究について説明する。これまでの心理学の研究では，統計的手法を用いるために，人間の心理や行動を何らかの数値データに置き換えて分析していくことが多かった。しかし，何らかの数値データに置き換えることが困難な人間の心理や行動も存在する。質的研究は，従来の心理学の研究手法とは異なる研究枠組みと手続きをとるものである。

1.5.6 研究の倫理

多くの人々が研究を重ねることによって，人間の心理や行動に関しての知識を蓄積していくことができる。研究を進めるうえでは，その研究によって誰かが不快な経験をしたり，傷ついたりすることがないように，十分に配慮する必要がある。そこで，本書の最終章である第14章では，研究の倫理について述べることとする。

なお，本書では，丁寧に説明することが必要と考えられた場合には，同一の内容を複数の章で扱っている場合もあることを，あらかじめご了承願いたい。

2 研究法と質問紙調査

大石千歳

2.1 さまざまな研究法

　人の心は目に見えない。そのため，心というものの実態をつかむのは難しい。どんな方法を用いれば，形がない「心」というものを研究できるのであろうか。また，心をもっていない人間は一人もいない。人の心というものに対しては，それぞれに自分の考えをもっており，みな自分の考えこそが正しいと思っている。自分の説を互いに根拠もなく主張し合っているのでは，何が正しいのか，どの見解が妥当なのか，永遠に決着がつかない。

　心理学の歴史は，ドイツのヴント（Wundt, W.）が19世紀末（1879年）にライプチヒ大学に心理学の実験室を設けたことをもってはじまり，この年が心理学誕生の年とみなされている。心理学は，それまでの哲学における論争という方法から脱却しようとしたのである。アメリカでも20世紀初頭には，目に見える観察可能な行動だけを研究対象とするという行動主義が掲げられた。すなわち心理学は，実験を行って行動を観察・測定することにより，客観的な証拠にもとづいて心を論じる学問になろうと志したのである。

　心理学では，客観的なデータにもとづかなければ自分の見解を述べることができない。本章では，心理学において客観的なデータを得る代表的な手段である「実験」と「調査」について概説する。また本章では，主に卒業論文のための研究を企画する大学生を想定して，研究したいテーマとデータを得るための手法との関連性についても解説する。

　心理学の歴史をみると，初期の有名な研究には，実験室で行われた実験が数多くみられることがわかる。実験室実験は，心理学の基本であり土台である。古くは心理学の歴史の初期にあたる1920年に発表された**アルバート坊やの実**

験が有名である（Watson & Rayner, 1920）。生後8カ月のアルバート坊やに，白ネズミやウサギなどさまざまなものを見せると同時に，大きな音を鳴らして恐怖を与えるということをした。その後，大きな音を鳴らすことなく白ネズミやウサギを提示すると，アルバートは当初は怖がっていなかった白ネズミやウサギを怖がるようになったという。これはいわゆる「古典的条件づけ」の実験である。無条件刺激である大きな音と，条件刺激である白ネズミやウサギを対にして提示するという実験手続きを経て，アルバートは条件刺激である白ネズミやウサギのみを提示しても，条件反応である恐怖反応を起こすようになったのである。このように，特定の実験手続きを用いて，実験的操作が効果をもたらすかどうかを検証するのが，**実験**という研究方法である。実験を行うにあたっては，検証したい事柄に関する仮説を立て，それが支持されるか棄却されるかを実際の実験手続きによって検証するという手順をとる。アルバート坊やの実験の場合，仮説は「恐怖などの情動反応は，古典的条件づけによって学習させることができる」というものである。

また心理学には，実験と並んで**調査**という研究方法がある。なかでも，質問が書かれている紙（**質問紙**（questionnaire）という）を用いて，書かれている質問に答えていく，質問紙調査法とよばれる方法で行われるのが「質問紙調査」であり，調査研究における代表的な手法となっている。質問紙の内容は，各質問について，「はい」「いいえ」や「非常にそう思う」「まったくそう思わない」などの選択肢からあてはまるものを選んで回答したり，自由回答の形で質問の答えを書き込んでいくなど，さまざまな方法がとられる。

質問紙調査法は，質問紙を用いて行う研究方法の総称であり，その内容によって，「心理学における質問紙調査」「心理学における質問紙実験」「臨床心理学・精神医学における心理検査のうち質問紙調査法に分類されるもの」および「社会学における質問紙調査」に分類することができる。質問紙調査法の歴史は古く，先述のヴントの弟子であったホール（Hall, G. S.）が，19世紀末に質問紙調査法による児童の研究を行った例がある（Smith, 1907）。質問紙調査法もまた，心理学の歴史の始まりとともにある実証研究の手段といえる。

本章ではまず，心理学における歴史的な研究手法であるとともに，現在でも

基本的な研究手法として位置づけられる，**実験室実験**から概観する。次いで，実験を質問紙上で行う**質問紙実験**を紹介する。その後，実験研究と双璧をなす研究手法であり本書全体のテーマとなっている**質問紙調査**について概観し，最後に臨床心理学における心理検査の中で，質問紙調査法を用いたものを紹介する。

2.1.1 実験室実験

　実験の実施に際しては，科学としての厳密さが要求される。その厳密さを知るにあたり，本項では攻撃に関する研究を体系的にわかりやすく解説している湯川（2005）をとりあげよう。攻撃や暴力，怒りに関する研究を行う際には，まず先行研究をよく調べ，攻撃や暴力の定義を明らかにすることが大切である。そしてバロンとリチャードソン（1994）の定義として「攻撃されることを意図しない相手に，攻撃しようとする意図をもってなされる行動を，研究対象としての攻撃と見なそうというもの」（湯川，2005）を紹介し，歯科治療は相手の身体を傷つけるが攻撃とはみなされないこと，格闘技も双方が望んで行う行為であるため攻撃とはみなされないことなどを説明している。加えて，攻撃を形態，目標，機能，動機によって分類している。

　研究したい事柄の定義がすんだら，次に実験の計画と実施である。湯川（2005）では，攻撃行動の具体的な実験手続きの例の一つとして，歴史的なバーコヴィッツの**エッセイ評価パラダイム**などが紹介されている（Berkowitz, 1962）。エッセイ評価パラダイムとは，にせのくじ引きによって実験参加者が生徒役に割り当てられ，教師役の実験協力者（サクラといわれる）が生徒役のエッセイに評価を下すという流れである。評価の方法は，不快刺激である電気ショックである。もっとも良い出来のエッセイには電気ショックは1回，もっとも悪い出来のエッセイには10回のショックが与えられる。その後教師役と生徒役を交代し，実験参加者が先ほどの教師役のエッセイを評価し，電気ショックを加える側に回る。相手に加える電気ショックの回数を，この実験における攻撃行動の指標として数える。そして最後に**ディブリーフィング**とよばれる種明かしが行われ，実験は終了する。実験手続きにおいて架空の設定を信じ込

ませたり，嘘を教示したりする**ディセプション**が行われた場合は，このディブリーフィングはとりわけ重要になる。この実験パラダイムにおいては，攻撃とは「相手に不快刺激である電気ショックを与えること」ということになる。実験では，その実験の中での観察・測定の対象としての攻撃とは何かを定義しておく必要がある。このような定義を**操作的定義**という。

一般に実験研究では，本当に測りたいこと以外の要因が紛れ込んでこないように，要因の統制が重要になってくる。たとえば実験参加者を2群に分け，一方の群にだけある実験手続きを行い（実験群），もう一方の群には行わない（統制群）ようにして，実験群と統制群の結果を比較して実験手続きの効果を検証する。攻撃研究でも，このような要因統制の考え方は重要視されている。

実験の実施に際しては，ある実験手続きを行うにあたってその目的が実験参加者にいわゆるネタバレになってしまうと，効果の検証が十分にできないということがある。先述のエッセイ評価パラダイムでは，実験参加者のエッセイに対して下される評価は，実験参加者を挑発するためにあらかじめ決められたものである。怒らせて攻撃を発生させるためのディセプション（だまし）の手続きということになる。これに対しては，実験終了後にディブリーフィング（種明かし）の手続きをとり，実験の主旨を参加者に説明して理解を得ることになっているが，それでも気分を害する人も中にはいるかもしれない。湯川（2005）は，倫理面を考慮して攻撃の研究手法を工夫することの重要性を指摘している。

また，心理学における実験は科学的に厳密な測定手法による仮説の検証を重視していて，時には人間の社会生活の現実から少し離れた抽象的な内容になってしまうことがあり得る。湯川（2005）では，自分の書いたエッセイに低い評価をつけられて相手にも低い評価を返すことは，はたして「攻撃」なのであろうか，という構成概念妥当性（第4章，第6章参照）が指摘され得ることをあげている。実験研究は手続きの厳密さを追求する中で，時にこのような「本来測りたいことを測っているといえるのか」という構成概念妥当性の問題を抱えることがあり得る。このような点にもよく留意したい。

実験研究の一般的な流れは上記のようになっており，それを図にまとめたも

のが図 2.1 である。

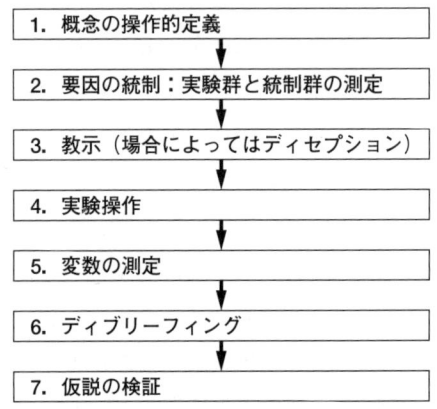

図 2.1　心理学における実験の流れ

2.1.2　質問紙実験

　心理学における重要な客観的データの入手方法として実験室実験があることはすでに述べた。しかし実験室実験を行うとなると，実験参加者を1人もしくは少人数ずつ実験室に連れてきて実験するということを，多数回繰り返すこととなり，時間や手間が多く必要になる。また卒業論文を執筆する際には，時間的な制限があったり，そもそも学部学生が自由に使用できる実験室がなかったりして，実験の実施が難しいこともある。そこで，もっと多くの実験参加者を対象に一度にデータをとれる方法はないか，と考えたりする。そんなときには，質問紙を用いて実験を行うこともできる。

　質問紙調査法は，先に少し述べたように，質問が書かれた質問紙を多くの人に配付し，回答してもらって回収するという方法である。たとえば大きな教室で，授業に参加している 100 名ほどの学生に質問紙を配付し回答してもらった場合，100 名分のデータを一度に得ることができる。ある事柄について質問紙上の質問に答えてもらうことによって測定し，特定の要因がもつ効果を検討し，仮説が支持されるか否かを検証できるならば，実験室に参加者を連れてこなくても実験ができる。これが「質問紙実験」である。

2.1 さまざまな研究法

以下に質問紙実験について概説するが,その前にここで質問紙調査法がもつ長所と短所についてまとめておきたい。

質問紙調査法の長所として,短時間でたくさんの人に関するデータを得ることができることがあげられる。実験室実験だけでなく,臨床心理学や発達心理学でよく用いられる**観察法**や**面接法**と比較しても,質問紙調査法は時間や手間という意味で効率的にデータを収集することができる。面接法では,研究対象者を1人もしくは少人数ずつ呼び出して面接し,録画や録音を行って発言や行動をすべてリストアップして分類したりするため,その労力は大きい。観察法でも,やはり研究対象者を観察して録画や録音を行って発言や行動をすべてリストアップすることが多いので,同様のことがいえる。

また質問紙調査法の場合,選択肢を何段階かの数値で設定しておけば(「非常にそう思う=5」「まったくそう思わない=1」など(**リッカート尺度**という)),得られたデータに統計的な集計・分析を施すことができ,より客観性の高い調査結果を得ることができる。客観性は,統計的手段を用いて信頼性と妥当性を検討することにより確かめられる。信頼性とは,もう一度同じ調査を行えば同じような結果が得られるという結果の再現性のことである。妥当性とは,この研究で本当に測りたいと思っている内容を測定しているかということで,構成概念妥当性や基準関連妥当性という形で,類似の概念を測定した結果と比較する形で統計的手段によって確認できる(第4章,第8章参照)。

一方で質問紙調査法の短所としては,あらかじめ決めておいた質問しかできない,という点があげられる。面接法の場合,実際に面接を行って対象者に語ってもらう中で,研究者側が当初は想定もしていなかった内容の発言が得られたり,対象者自身でもこれまで自覚してこなかった深層意識について新たな気づきを得たりすることがある。また,その場その場での顔の表情や声の調子など,非言語的な手がかりを得ることもできる。このような側面は,質問紙調査にはみられない点である。観察法や面接法の場合,統計分析による信頼性や妥当性の検証という形ではなく,研究者の解釈がより重視される部分があるが,それは一概にマイナスなのではなく,質問紙調査法と統計によって迫ることが難しい研究テーマにアプローチできるというとらえ方もできるのである。

また質問紙調査法は,書かれた文章を理解できる相手にしか実施できないという短所もある。幼い子どもや高齢者,知的障害をもつ人には実施が難しい。さらに質問紙調査法では,質問の意図を調査対象者がくみとって,意識的・無意識的に回答が歪むこともある。こんな回答をしたら変な人だと思われるのではないか,もっとも望ましい回答は何か,などと考えたり,あるいは正直に答えたくないから適当に答えることもできてしまう。また,精神分析でいう防衛機制のような心理が働き,自分の欠点やコンプレックスなどを本人が自覚していなかったり,現実の認識が歪曲されているような場合は,質問への回答も歪むことになる。

質問紙調査法の長所・短所をまとめたものが**表 2.1** である。質問紙調査法も他の研究手法も,それぞれに一長一短があるといえる。自分の研究テーマに合った方法をよく選ぶことが大切である。

表 2.1 質問紙調査法の長所と短所

質問紙調査法	他の方法との対比
【長所】	
●大人数のデータが一度にとれる。	→実験法や観察法,面接法ではサンプル数を増やすのに手間暇がかかる。
●実験室や機材等がなくても実施できる。	→実験法では実験室や機材が必要。面接法でも面接室が必要。
●数値データで信頼性・妥当性が検証できる。	→観察法や面接法では解釈が恣意的にならないように注意が必要。
【短所】	
●あらかじめ決めておいた質問しかできない。	→観察法や面接法では本人も自覚していない心の深層意識にアクセスできることもある。
●意識的・無意識的に事実と異なる回答となることもある。	→観察法や面接法のほうがデータの歪曲の可能性は少ないかもしれない。
●文字や文章が理解できる人にしか実施できない。	→観察法や面接法は幼児や高齢者なども対象にできる。

では質問紙実験についてみていこう。大石・吉田(2001)は,**黒い羊効果**(black sheep effect; Marques, Yzerbyt, & Leyens, 1988)の研究において質問紙実験を行っている。黒い羊効果とは,自分が所属している集団(内集団)

の好ましくない成員は，よその集団（外集団）の好ましくない成員よりもむしろ低く評価されるという現象である。ここでいう集団とは，国籍・民族・宗教・性別・職業など，社会を構成しているカテゴリーを指す「社会集団」のことである。たとえばスポーツの国際試合のときは，ふだん自分の国籍についてあまり考えることがない人でも自国の選手を応援し，自国が負けるのは嫌なため，自国選手がふがいないと腹が立ったりする。

大石・吉田（2001）の研究1では，「内集団と外集団が比較されると，内集団の成員であることを強く意識し（社会的アイデンティティの顕在化という），好ましくない内集団成員を低く評価する（＝黒い羊効果の発生）」という仮説を検証するために，質問紙実験を行っている。

看護専門学校の女子学生を実験参加者として，内集団を看護学生，外集団を一般の大学生（女子）とし，実験参加者の約半数を「内外集団条件」，もう半数を「内集団のみ条件」とした。内外集団条件では，「好ましい看護学生」「好ましくない看護学生」「好ましい大学生」「好ましくない大学生」を，1人ずつイメージさせた。内集団のみ条件では，「好ましい看護学生」「好ましくない看護学生」だけをイメージし，外集団のことにはふれないようにした。そして，集団成員を1人イメージするごとに，その人物が好ましさに関連した20個の形容詞にどの程度あてはまるかを評定した。

この実験の構造は，大石（2002）に以下のように簡潔に説明されている。よその集団との比較がある条件（「内外集団条件」）とない条件（「内集団のみ条件」）を設定して，以下の3パターンの比較を行った（**図 2.2**）。すなわち「内外集団条件」の質問紙からは（A）(B) のデータが得られ，「内集団のみ条件」の質問紙からは（C）のデータが得られるということである。そのようにして得られた（A）(B)(C) の得点について，(1) ～ (3) のような比較を行ったのである。

(1) 内外集団の比較がある場合＝**図 2.2** の（A）と（B）の比較→社会的アイデンティティが顕在化するので，黒い羊効果が起きるであろう。
(2) 内外集団の比較がない場合＝（C）と（B）の比較→社会的アイデンティティが顕在化しないので，黒い羊効果は発生しないであろう。

```
        ┌───┬───┐
        │内 │外 │
        │(A)│(B)│
        └───┴───┘
           ┌───┐
           │内 │
           │のみ│
           │(C)│
           └───┘
```

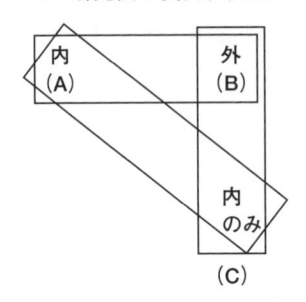

図 2.2 大石・吉田（2001）の研究 1 の質問紙実験の仮説の構造

(3) 内外集団条件の内集団成員と内集団のみ条件の内集団成員の比較＝（A）と（C）の比較→内外集団の比較の文脈がある前者のほうが極端な評価（好ましい者はより高く，好ましくない者はより低い評価＝黒い羊効果と一致したパターン）となるであろう。

実験の結果，(1) の比較では，内集団成員のほうが外集団成員よりも，好ましい成員はより高く，好ましくない成員はより低く評価されている，すなわち黒い羊効果が発生していることがわかった。(2) では，そのようなパターンはみられず，黒い羊効果は発生していなかった。(3) からは，比較の文脈がある場合のほうが，ない場合よりも内集団成員の評価はより極端になる，すなわち黒い羊効果と一致した方向性を示すことがわかった。

質問紙実験では，全員に同じ質問紙を配付するのではなく内容の異なる数タイプの質問紙を配り分けることによって，一度に実験参加者を実験群と統制群に分けたり，いくつかの条件に分けるなどして実験を行うこともできる。大石・吉田（2001）でも，「内外集団条件」の質問紙と「内集団のみ条件」の質問紙を作成し互い違いに積んでおき，それを1つの教室で配付することで，両条件のデータを一度に得ることができている。

2.1.3　質問紙調査

これまで，実験室実験にせよ質問紙実験にせよ，「実験」というスタイルでの研究手法について説明してきた。心理学の研究法における実験と調査の違いについては，本節の冒頭にすでに述べた通りである。ここからは，「調査」と

いう研究手法について概観する。

　質問紙を用いた調査は，質問紙調査とよばれる。質問紙調査を行う際には，まず調査のデザインを決定するところから始める。すなわち，どんな項目を入れた質問紙を作り，誰にどうやって配って回収するかを考える。2.1.1の実験研究の紹介部分でも述べたが，質問紙調査の場合も同様に，まず自分の知りたいことは何か，テーマを定め測りたい概念の操作的定義を行う。そして，調査の対象者を決める。

　たとえば，スポーツ経験が多い小学生と少ない小学生では，体育の授業に対する意識にどんな違いがあるかを研究したいとする。その場合，まずスポーツ経験とは何かを定義する。1週間に何時間くらい運動するか，どんな種類の運動をするか，スポーツ系の習い事をしているか，しているとすればその内容と頻度はどのくらいか，その習い事は楽しいか，習っている種目の競技力は高いかなど，細かく考えていかなくてはならないことは多い。それらを決めたら，次に体育の授業に対する意識とは何かを細かく定めていく。たとえば，小学校の何年生の授業か，どんな種目に関する授業か，意識とは得意・苦手のことか楽しい・楽しくないということか，あるいは種目によって「水泳は楽しいがマラソンはいや」という場合はどうするか，また「種目自体は楽しいが人前でテストを受けるのは恥ずかしくていや」「体を動かすのは楽しいが先生が怖いからいや」などという場合はどうするかなど，細かく場合分けをして考えなければならないことは多い。

　上記のことが決まったら，調査の手続きを決めていく。大学4年生の6月に小学校に教育実習に行くので，そのときに小学校4年生の3つくらいのクラスの約100人の男女生徒に対して，朝の会か帰りの会の時間を10分くらいお借りして，質問紙調査を実施してその場で回収しよう，といった具合である。

　次は質問紙の作成である。細かな手順については他章で詳細に説明されているのでそちらを参照されたい。本章では質問紙調査のおおまかな流れのみを示す。まずは自分の測りたい内容について先行研究を調べて，すでに作成されている心理尺度（何らかの心理的な側面について尋ねる質問項目の束）がないかを探す。適したものがあれば引用して使用する。もとの尺度を引用し参考にし

たうえで，自分の研究目的に合わせて使用する場合もある。また，自分の研究のとくにオリジナルな点については，自分自身で新たに質問項目を作成する。完成した質問紙は実際に配付・回収をし，データ入力・分析・結果の考察を経て結論が導かれ，研究が完成する。質問紙調査の流れを図 2.3 に示した。

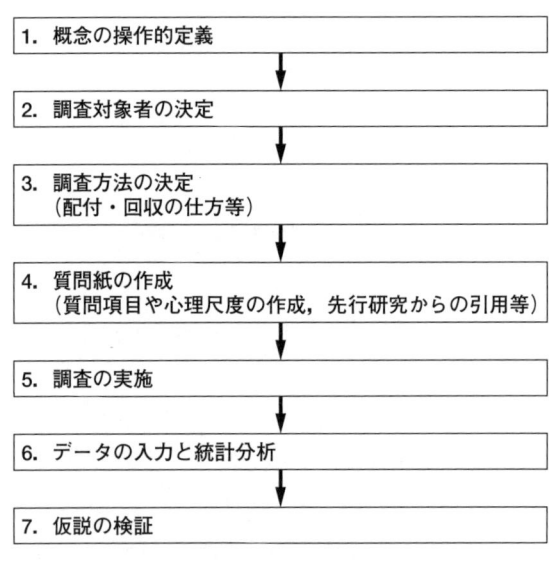

```
1. 概念の操作的定義
       ↓
2. 調査対象者の決定
       ↓
3. 調査方法の決定
   (配付・回収の仕方等)
       ↓
4. 質問紙の作成
   (質問項目や心理尺度の作成，先行研究からの引用等)
       ↓
5. 調査の実施
       ↓
6. データの入力と統計分析
       ↓
7. 仮説の検証
```

図 2.3　心理学における質問紙調査の流れ

　調査研究では，実験研究のように特定の要因の効果がみられるか否かを，実験群と統制群とに分けて実験操作によって検討するわけではない。しかし，ある事柄 A と別の事柄 B には有意な相関関係があるとか，小学 3 年生と 6 年生を比較するとある事柄 A については有意差がみられる，などのように，あらかじめ何らかの仮説を立てて，仮説の正しさを検討するという点は同じである。

　質問紙調査を用いた研究の具体例としては，小塩（2007）があげられる。小塩（2007）は自己愛（ナルシシズム）に関して，先行研究の概観による理論的検討に始まり，質問紙調査による自己愛の測定尺度の検討・開発と，その尺度を用いた自己愛と同性の友人関係との関連性や異性関係との関連性の検討などを行っている。小塩（2007）の第 4 章（小塩（1998）を加筆修正したもの）の研究では，自己愛の測定尺度である「NPI」（大石・福田・篠置，1987）と，

自尊心の測定尺度である「自尊感情尺度（SE-I）」（遠藤ら，1974）と，岡田(1993)の「友人関係尺度」を用いて，自己愛のあり方が自尊心にどのような影響を与え，それが同性の友人関係にどう影響するかを検討している。この研究の場合，「自己愛のあり方と自尊心には，何らかの関連があるのではないか。そして両者は同性の友人関係のあり方と関連をもつのではないか」という仮説の正しさを検証する目的で，さまざまな質問項目が用意され，質問紙調査が行われているのである。このような研究に目を通し，質問紙調査を用いて研究することの実際を学んでほしい。

2.1.4 社会調査

質問紙調査は，心理学だけで用いられている研究手法ではない。社会学やマーケティングなどの研究領域で行われる**社会調査**とは，社会または社会事象について統計的手段を用いて検討するために行われる調査である。社会調査においても質問紙調査法が用いられているが，心理学で行う質問紙調査法とはやや性格を異にしている。

社会調査には，国勢調査や世論調査，市場調査などがある。国勢調査は，全国民を調査対象として総務省統計局が5年に1度行う調査である。正確には，10年に1度「大規模調査」を行い，その中間の年に「簡易調査」を行うことになっている。内容は国民の基礎データの収集といったところで，平成22年度調査の場合，氏名・性別・出生年・配偶関係（未婚・既婚）・職業・国籍・居住地・教育（学歴）・就業形態・通勤手段・住居の床面積などをはじめとして，多岐にわたる内容であった（総務省統計局ホームページ）。国勢調査の場合，特定の仮説を検証するためというよりも，日本国民に関する基礎データの収集と記録を目的としている。

世論調査は，支持政党や政治的態度や日々の暮らし向き，外交問題など，幅広い内容に関して大規模な調査を行うものであり，代表的なものとして内閣府による世論調査があげられる。市場調査とは，マーケティング・リサーチともよばれ，主に企業が商品やサービスの企画・販売等を目的として消費者の動向に関する調査を行うものである。

政府が行う調査や社会学の学術的な調査では，誰を調査対象者にするかという問題を非常に重視している。国勢調査は原則的に国民全員を対象としているが，通常はそれではあまりにも手間やお金がかかりすぎるので，限られた対象者に質問紙を配付することになる。このとき知り合いに頼むなどの方法で適当に質問紙を配付したのでは，調査対象者に偏りが出てしまい調査の結論が歪んでしまう。「働く女性の意識調査」をしたいということになったときに，自分の知り合いを通じて質問紙を配ると，業種や職種，年齢，居住地，雇用形態などにどうしても偏りが生じ，たとえば企業で働く事務職のいわゆるOLばかりが調査対象となったり，ショップ店員がやたら多くなったり，明らかに若い年齢層ばかりに偏るなどしてしまう。そこで，**サンプリング**（母集団となる人々から，ランダムサンプリング（無作為抽出）とよばれるくじ引きのような方法で対象者を選ぶ手続き）が重要視される（第6章参照）。こうしないと，調査対象者の構成が「働く女性」全体の縮図とならず，調査結果を信用できなくなるのである。

　心理学では，一部の大規模な研究を除いて，このようなサンプリングは行われないことが多い。心理学と社会学では研究のスタイルが異なり，社会学では大きな研究グループと多額の予算により，大規模なサンプリング調査を行って研究が行われることが多いが，心理学ではもっと小規模な研究が行われることが多い。卒論生が個人で心理学の研究を行う際には，サンプリング調査は事実上不可能である。一方で心理学では，実験手続きや質問項目の内容を厳密に精査し，研究の客観性を確保する方策がとられている。心理学では，測定したい事柄に関して1つの項目で質問をするのではなく，たくさんの項目により多角的に質問をするよう，あらかじめ信頼性と妥当性を確認した心理尺度を用いることも多い。

2.1.5　質問紙調査法による心理検査

　心理学における**測定**とは，これまでに述べてきたような実験・調査の際の測定だけではない。個々の研究において作成される質問紙や実験手続きとは異なり，臨床心理分野や精神医学の分野で，知能やパーソナリティなどある特定の

事柄について測定するためにあらかじめ作成され確立された検査を，**心理検査**という。心理検査の種類は多岐にわたっているが，その測定手法という観点では質問紙調査法，作業検査法，投影法に分類することができる。測定対象としては，知能，パーソナリティ，発達障害，深層心理，家族関係などがあげられる。

今日では非常に多様な質問紙調査法による心理検査があるが，わが国で古くから有名なものとしては，**YG性格検査**（矢田部ギルフォード性格検査）（矢田部・園原・辻岡，1965）がある。これは，アメリカの「ギルフォード・マーチン人格目録」の日本語版を矢田部らが作成したものである。パーソナリティの特性論にもとづいて作成された検査で，12個のパーソナリティ特性を各10項目ずつで測定する。心理検査は臨床心理学や発達心理学でクライエントの診断に使用されるもので，結果の客観性はとりわけ重要な問題である。そのため，**標準化**とよばれる入念な客観性の検討が行われて作成される。

なお，質問紙調査法以外の手法による心理検査には，作業検査法や投影法がある。**作業検査法**とは，何らかの作業をさせその結果や経過をみることでパーソナリティのある一面を知ろうとする検査のことで，わが国で代表的なのは**内田クレペリン精神検査**（日本・精神技術研究所（編）・外岡（監修），2007）である。これは，一桁の数字の足し算をしていく内容で，検査対象者の集中力やミスのしやすさ，根気強さなどを測るものである。産業場面での適性検査などに用いられることが多い。**投影法**とは，曖昧な刺激に対する反応に，人のパーソナリティやコンプレックス，深層心理が投影されるというものである。代表的なものとしては，紙に「実のなる木」の絵を描かせる**バウム・テスト**（Koch，1952）などがあげられる。描かれた木をどう解釈するかについては，統計分析のような方法はとれない。それだけに，思いがけない無意識のコンプレックス等が発見されたりもするが，恣意的な解釈にならないように注意しなければならない。各種心理検査にもそれぞれに長所や短所，目的の違いなどがあり，適材適所で組み合わせて用いることが重要である。

2.2 研究テーマと研究法

　第1章で，心理学における研究の仕方，すなわちデータのとり方のいろいろが理解していただけたことであろう。そこで本章では，それらの方法論と「自分の知りたいこと」を結びつける際のさまざまな問題について考える。

　本書の読者には，心理学で卒業論文を書こうとしている大学生が多いと思われる。大学の心理学のゼミの3年生は，来年どんな卒業論文を書こうかということ（研究テーマ）を1年かけて考えて決めていく。その際に指導教員には，「自分のやりたいことを何でもやっていい」とか「自分の知りたいことの答えを出すのが研究だ」などといわれ，どうしていいのかわからず当惑してしまう人も少なくない。心理学のゼミに入ってくる学生は，みな人の心についての何らかの「知りたいこと」「調べてみたいこと」「勉強したいこと」がある。しかしたいていは，その「知りたいこと」と「研究手法」がつながらない。たとえば漠然と「いじめについて知りたい」とか，「恋愛における男女の差について知りたい」などと考えているが，それをどうやったら心理学の研究として成立させることができるのか，わからないことが多いのである。

　「恋愛における男女の差について知りたい」という場合を例にとって考えてみる。そのような問題意識をもつ学生は，「だって，恋愛するとき男性と女性ってやっぱり違うじゃないですか」などと言う。では，何がどのように違うと思うかを尋ねると，「男性のほうが浮気しやすいんじゃないですかね」とか，「女性のほうが相手の嘘を上手に見破れるんじゃないですかね」などと自分の予測を言う。そこでさらに，「それをどうやって証明しようか？」と尋ねると，「うーん」といって黙ってしまう。心理学では，きちんと証拠をあげなければ自分の考えを主張できないのだと説明すると，「研究って難しいんですね」「じゃあこのテーマはダメですね」「研究ってめんどくさいんですね」などと言う。

　確かに研究は「めんどくさい」。子どもが宿題の作文を書くのとは違う。しかしその「めんどくささ」こそが，卒業論文で大学生が学ぶべき内容であり，身につけるべき能力なのである。たとえば会社に就職をして，新製品の企画開発会議で，自分の開発チームの企画をプレゼンテーションする場面を考えてみ

よう。自分のチームはどんなものを開発しようとしているか，まず明確なコンセプトを示すことが重要である。そしてそのコンセプトは「何となく思いついた」のではダメで，これまでの市場動向や自社・他社の製品に関するリサーチ結果にもとづいたものでなければならない。これは卒業論文では先行研究の紹介にあたる部分である。そして具体的な商品の製造方法と資材の調達方法，コストと利益の計算，販売戦略などをデータで示し，上司や他の社員を説得しなければならない。これは研究の実施とデータの分析，仮説の検証にあたる。これらもすべて，データや文献など何らかの根拠にもとづいていなければいけない。

卒業研究においては，最後の卒論発表会では人前でプレゼンテーションをするという，自分を鍛える格好の機会まで与えられる。心理学で卒業論文を書く学生の多くは心理学者になりたいわけではない。しかし，卒業論文に真剣に取り組むことで，将来どんな職業に就くにしても必要な社会人としての能力を身につけられると思って，「めんどくさい」卒業論文に臨んでほしい。

2.2.1 自分がアクセスできる相手は誰か

ここからは，思いを形にする方法，すなわち自分のアイディアを実際の研究に移す際に生じる，現実的な制約や問題点について考える。卒業論文のテーマを選ぶ際には，「自分がアクセスできる相手がどんな人たちであるか」を念頭に置かないと，研究の実施が不可能になる。恋愛における男女の意識や価値観の違いを調査したいとなると，男女を比較する必要が生じる。しかしその学生が女子大の学生である場合，自分が通う大学で調査を行うとしたら，男子のデータを得ることができない。そこで考えられる対策は以下の2つである。
1. 恋愛の中でも，女子のデータだけで検討できるテーマに変える。
2. 他大学に男子のデータをとりに行く。

恋愛における「女子の」意識や価値観を研究テーマにすれば，男子のデータは必要なく，自分の大学の中だけで卒業論文を完結できる。しかし，もともと調べたかったテーマを少し諦めることにはなる。他大学に男子のデータをとりに行く場合に問題となるのは，まず「女子のデータも同じ大学でとるのか」と

いうことである。それが可能であればそうすればよい。しかし，男子のデータだけはその大学でとり，女子のデータは自分の大学で，となると別の問題が発生してくる。すなわち，男子と女子のサンプルに偏りがあり，男女のデータに何らかの相違があったとしても，性差によるものか所属大学が違うせいなのかわからなくなる。また，よその大学で調査を行ってある程度の人数分のデータを確保することは，現実問題として容易ではない。大規模授業をもっている先生と知り合いであれば，その先生に依頼をして調査をすることも可能かもしれないが，そんな機会に恵まれる卒論生はきわめて少ない。また，「サークルの知り合いを通じて人づてに配ります。友だちがたくさんいるんで大丈夫です」というのはまずい。学生食堂で適当に質問紙をばらまくのもまずい。人づてや食堂での適当な配付では調査対象者に偏りが生じてその大学を代表するものとして適切とはいえなくなり，結果が信用できないものとなるからである。なお厳密にいえば，大学の大規模授業で質問紙を配付したとしても，きちんとしたサンプリング調査を行っているわけではないので，そのサンプルが大学を代表するものと言うのは少し困難ではある。しかし心理学の分野の卒業論文では，現実問題としてこのような調査の仕方をすることは非常に多い。その際には，調査対象者の学年や所属などの属性をふまえて，調査結果をどこまで一般化できるかをよく検討する必要がある。

　恋愛以外にも学生が関心をもつことが多いテーマとして，メンタルヘルスの問題がある。心理学のゼミなら当然といえば当然かもしれないが，精神疾患をもつ人やストレス性の症状などに悩む人を対象に調査をしたいとなると，卒論生の立場では難しい場合がある。自分の大学にそういった人々がたくさんいるわけではないし，どの人がそうなのかもわからない。また，プライバシーや人権への配慮も非常に重要で，自分の聞きたいことが相手を傷つけてしまうかもしれず，結果の公表に同意を得られない可能性もある。

　企業やその従業員や顧客を対象とする調査も，卒論生の立場では難しい。職場のストレスやハラスメントも関心をもたれやすいが，一般企業の従業員を調査対象にしたいとなると，その企業に連絡をしてお願いをすることになり，許可を得るのはかなり難しい。社員の個人情報を保護するためや，日常業務が忙

しい，調査への協力が会社の利益にならない，顧客に迷惑がかかるなどの理由で断られてしまうことも多い。

このように，研究テーマを決めることはその後の研究の手順と切り離せない。「自分は誰にどうやってアクセスできるのか」をよく考えてテーマを決めよう。

2.2.2 聞きたくても聞けないこともある

教育関係のテーマを選ぶ場合，いじめや非行，少年犯罪などに関心をもつ学生は多い。中学校や高校などで教育実習を行う機会があれば，その際に実習先の許可が得られれば，中学生・高校生を対象とした調査を行うことも可能である。しかしストレートに「あなたはいじめをしていますか」「どのようないじめをしていますか，それはなぜですか」「あなたはいじめられていますか」「あなたは万引きをしたことがありますか」「あなたは喫煙したことがありますか」などという質問をしても，正直に答えてもらえる可能性は低い。また，そのような調査内容に動揺してしまう生徒もいるかもしれない。生徒が家に帰って親に調査のことを話し，学校にクレームが寄せられるかもしれない。そもそも生徒のプライバシーや生徒に与える影響を考慮して，このような内容の調査は実施させてもらえない場合が多いであろう。また，先生を対象に「担当している学級にいじめはありますか」「学級の保護者にモンスター・ペアレントはいますか，その人はどんな無理難題を言ってきますか」などと聞くことも困難である。先生を調査対象とする場合は，先生の年齢・性別・専門教科などからどの先生がどんな回答をしたかが特定できてしまう場合が多くなり，調査対象者のプライバシーの確保が難しくなる。

子どもに関する心理をテーマにしたい場合も注意が必要である。子どもの発達に親子関係がもたらす影響は大きいと考えられ，たとえば「両親の仲が悪いと子どもは不適応になったり非行に走ったりするのか」を研究したいと考える学生がいる。しかし大学生が調査対象者として，ある程度の数の子どもとその親の協力を得るのは現実的にはかなり大変である。しかも「DV（配偶者や内縁関係の間の暴力）をしていますか」「子どもの前で怒鳴りあったりしますか」「離婚しようと思っていますか」「お子さんは非行に走っていますか」など

と質問できるだろうか。

　このように，調査したい人々にアクセスできない，聞きたいことを質問するのが難しいという場合は，無理に自分で調査を行おうとするよりも，別のアプローチをとることも考えたほうがよいだろう。いじめ，非行，少年犯罪などがテーマであれば，「青少年白書」「子ども・若者白書」「犯罪白書」などの行政資料を用いたり，矯正・保護・福祉等に関わるNPO法人や研究所等を訪問してみるなどの方法が考えられる。

　研究したいことの中には，ストレートに聞いても答えてもらえないこともある。また，質問をすることによって人を傷つけることがある。卒業論文に取り組む際には，自分がその研究をすることで人に与える影響については，責任をとる覚悟がなくてはいけない。それもまた，社会人になるための勉強である。なお研究における倫理については，第14章で解説されているので参照されたい。

第Ⅱ部

作成と実施

3 質問紙調査の計画

髙橋尚也

本章では,まず,興味・関心のある現象を見つけ,その現象から研究テーマを絞っていく方法について紹介する。また,研究テーマから質問紙に含む要素を考えていくプロセスについて説明する。

3.1 研究テーマの見つけ方と研究スタイル

3.1.1 日ごろの興味・関心をとどめておく

いざ,「心理学の研究を行ううえでのアイディアを見つけなさい」と言われたとき,どうしたらいいか戸惑ってしまう学生を見かけることが少なくない。とくに,社会科学における研究の多くは,日常の社会現象に根ざしていることが多い。初学者は社会現象というと「真面目なもの」「学術的なもの」ととらえがちだが,社会現象とは,社会に現れる一切の現象を意味する。したがって,個人の意識や価値観に関する事象も含まれるし,置かれた状況や他者などの社会的環境による要因も含まれることになる。

研究したい,あるいは,調査を行い実証的に解明したいというテーマ(ネタ)を見つけるためには,まず,日常生活の中で疑問に感じたことを記録する癖をつけることが重要である。学生を指導する中で感じた筆者の経験では,学生との世間話やコンパでの会話の中に,研究に値する興味深いタネが潜んでいることが多いようにも思う。そこで,日ごろの生活の中で次のことを実践してみると,研究テーマを見つける一助になるであろう。

たとえば,**表 3.1** の 1 から 4 をいろいろな事柄について繰返し行い,記録していくと,自分自身が意外にも似たようなジャンルの事柄を多く集めていたり,何か共通性のある事柄に注目していたりすることが理解できることがある。つ

まり，その共通性のある事柄があなたの研究関心ということになる。

表 3.1　研究のタネを見つけるためにすること

1. 日ごろの生活の中で感じたこと，疑問に思ったこと，矛盾を感じたことをメモする。
2. 1 に関する行動に何があるか観察してみる（街頭で，学校の行き帰りに）。
3. 1 に関する雑誌記事，新聞記事などを収集し，スクラップしてみる。
　（ここでの雑誌とは，学術雑誌に限らない。）
4. 1〜3 で感じたことを他者に話してみて意見を聞いてみる。
　（この際，意見を傾聴し，深めてくれる人を選ぶ。）

3.1.2　研究のスタイル

　心理学の研究は，基本的に**帰納法**[1]のスタイルをとっている。帰納法とは，個々の経験的事実から，それらに共通する普遍的な法則を求める推論の方法である。帰納法の例としては，「A は死んだ，B は死んだ……」（経験的事実）→「A や B……は人間だ」（共通性）→「人間は死ぬ」（一般法則）と，推論することである。帰納法においては，全事例を網羅しない限り，帰納した結論（帰結）は必ずしも確実な真理とならない点や，ある程度の確率をもった結論にすぎない点（1 つでも反例が見つかると真理でなくなる）などの欠点がある。

　こうした欠点をふまえて，心理学における科学的な調査においては，母集団すべてを調査することが難しいので，母集団から抽出した標本（後述するサンプリング法）を対象として調査を実施することが多い。そして，抽出された調査対象者からデータ（経験的事実）を収集して，まとめて集計し，それらのデータにみられる共通性を心理統計の方法を用いながら明らかにしていく（一般法則）というプロセスをたどっていく。

　調査研究を実施する場合に，研究のスタイルは大きく 1. 仮説検証型と 2.

---

[1] 帰納法の対義語は，**演繹法**である。演繹法とは，一般的原理から論理的推論により結論として個々の事象を導く方法である（例：「人間は死ぬ」（一般原理）→「A は人間である」（事実など）→「A は死ぬ」（結論））。演繹法の欠点としては，先入観や偏見にもとづいた間違った前提を適用してしまったり，ある限定された範囲でのみ正しい前提を全体に適用してしまった場合に，誤った結論を導いてしまうことである。

仮説探索型に大別することができる（松井，2010，図3.1）。ここでは，2つの研究スタイルで研究テーマを見つけ，調査を実施するまでのプロセスをたどるかを概観する。

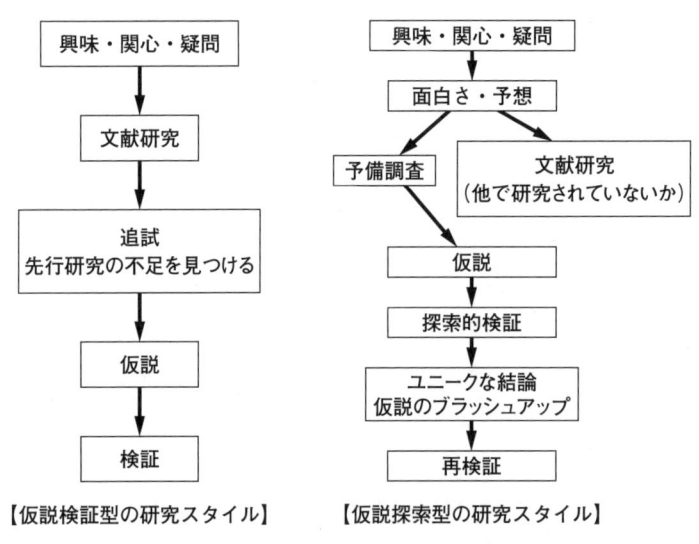

【仮説検証型の研究スタイル】
興味・関心・疑問 → 文献研究 → 追試 先行研究の不足を見つける → 仮説 → 検証

【仮説探索型の研究スタイル】
興味・関心・疑問 → 面白さ・予想 → 予備調査／文献研究（他で研究されていないか）→ 仮説 → 探索的検証 → ユニークな結論 仮説のブラッシュアップ → 再検証

図3.1　2つの研究スタイル（松井　豊氏の発表資料をもとに作成）

1. 仮説検証型

仮説検証型は，オーソドックスな研究スタイルである。まず，自分自身の「興味・関心・疑問」からはじまり，次に**文献研究**を行う。この文献研究では，丹念に検討する現象に関する論文を収集し，**文献レビュー**を行う。ここでの文献レビューとは，論文の「問題」部分における課題設定のために，先行研究を概観したものを指す。文献レビューを行う中で，その現象を説明する理論や考え方のうち，もっとも強力に現象を説明できそうだと考えられる先行研究に着目する。次いで，その注目した先行研究が採用している方法に従って，研究を実施したときに，同じ結果が得られるか**追試**を行う。そのうえで，その注目した先行研究に足りない点は何か，発展させるために新たに検討する点は何かを考え，新しい仮説を立て，**検証**を行う。

3.1 研究テーマの見つけ方と研究スタイル

2. 仮説探索型

仮説探索型は，ユニークな調査，あるいは，まったく新しい領域の研究を始めるときに用いられる研究スタイルである。まず自分自身の研究への「興味・関心・疑問」から始まることは「仮説検証型」と同一である。しかし，次に，その「興味・関心・疑問」の面白い点，意外な点をとことん追究し，予想を立てる。例をあげると，「なぜ『だてマスク』をしている人が多いのだろうか」と疑問をもったときに，「『だてマスク』をしていると，他人に話しかけられても表情を悟られずに楽だからだ」といった予想を立てることである。

こうして予想を立てた後，「仮説探索型」の研究では，**予備調査**を行う。この予備調査とは，予想を立てた現象について，他の人から注目した現象がそもそもあるのか，他に予想すべき内容はないかなどの情報を半構造化面接によって聞きとったり，巷ではどのようなことが言われているのか，一般雑誌や新聞記事などの内容分析を行ったり，実際に注目する現象を観察し，どのような行動が多くなされているかを把握したりする。この予備調査によって，当初の予想以上の要因（その現象の「原因」として考えられる変数）が注目すべき現象に影響を与えているのではないかと予想を膨らませることができる。

また，それと同時に文献研究を行う。この場合の文献研究は，「仮説検証型」で説明した文献検索の仕方と少し様相が異なっている。この文献検索では，注目すべき現象に関する先行研究がこれまで行われていないことを確認することが目的である。この際，心理学に限らず，他の研究領域においても注目した現象がどのように研究されているかいないかを把握しておくことが重要である。

「文献検索」と「予備調査」を行った後に，当初の予想と予備調査の結果をもとに暫定的な予想や仮説を考え，**探索的検証**を実施する。そして，その検討の結果として，当初の予想やそれに関連するようなユニークな結果が明らかになる。しかし，「仮説探索型」の研究の場合，一度の探索的な調査で出た結果が一般性を十分にもっているとは限らない。そこで，探索的検証で得られたユニークな結果を**仮説**としてブラッシュアップし，**再検証**を行う。探索的検証と再検証の2つで得られた結果をもとに，ユニークな結論を導出するのが，「仮説探索型」の研究スタイルである。

3.2 文献の探し方

前節で紹介した，仮説検証型の研究であれ，仮説探索型の研究であれ，それまでにどのような研究がなされてきたか，先行研究を収集・検索することは欠かせない。そこで，ここではどのような検索方法があるのかを紹介する（具体的な検索方法については，**コラム 3.1** 参照）。

3.2.1 文献の種類

文献にはいろいろな種類がある。勉強したい，あるいは，研究したい目的によって，どの種類の文献を参照するのが適当かも変わってくる。

1. 書　籍

書籍，すなわち「本」といってもいろいろなものがある。まず，広く一般の読者を対象とした「一般書」や「新書」がある。一般書の多くは，心理学を知らない読者に興味をもってもらうことを意図して著されていることが多い。そのため，心理学の知識がなかったり，初学者であっても読みやすいように書かれているが，調査や実験の詳細が記載されていなかったり，実証的根拠にもとづかない表現で書かれていることが多い点に注意が必要である。

他方，読者として，心理学を勉強した者や専門家を想定して著されているのが**専門書**とよばれる書籍である。この専門書の中には，「社会心理学」などのタイトルで代表されるような「概論書」（学部の1・2年の授業で用いられる教科書類）もあれば，ある研究トピックについて詳細なレビューや実証的知見を整理した書籍もある。研究を実施するうえで引用する書籍としては，実証の手続きが記載されている後者が多くなる。

2. 研 究 論 文

研究論文には，「学会誌論文」と「紀要論文」とがある（第5章も参照）。**学会誌論文**とは学会が刊行している雑誌（研究論文集）で，1冊の中に複数の論文が収録されている。学会誌論文は，複数の専門家による審査（査読）を経て掲載に至ることが多く，研究史や研究領域において研究結果に一定の価値があると認められている（たとえば，「心理学研究」「社会心理学研究」「実験社会

心理学研究」「産業・組織心理学研究」「パーソナリティ研究」「教育心理学研究」など)。すなわち，信頼の高い知見が多いということである。このため，仮説検証型の研究を行う際に立脚する論文などには，学会誌論文を参照することが望ましいといえよう。

他方，**紀要論文**とは，大学や研究機関が定期的に発行している学術雑誌である。紀要論文の留意すべき点は，執筆者が執筆したものがそのまま掲載されたり，査読といっても機関内部の簡易なものにとどまったりと，紀要に掲載されている論文の学術的水準がまちまちであることである。

また，「学会発表論文集」「予稿集」「梗概集」などの資料もあるが，これは，各学会の会員が学会の大会などで発表した内容の要約であり，研究論文とは性質が異なる。なぜなら，まだ研究としてまとまっていない段階のデータであったり，紙幅が限られていることにより情報量が少なかったりするためである。まったく引用してはいけないということではないが，参考にする際には，そうした制約を理解しておく必要がある。

3. 一般の雑誌

ここで一般の雑誌とまとめている雑誌には，文芸誌，評論誌，週刊誌，ファッション誌などが含まれる。研究論文に直接引用される頻度は少ないが，研究テーマの社会的背景や注目する現象のとらえられ方などを整理する際には有用である。

4. 報告書・世論調査

書籍に近いものとなるが，調査結果や研究成果が**報告書**としてまとめて発行されていることもある。たとえば，「科学研究費補助金成果報告書」や，「●●●財団△△△に関する調査報告書」といったものである。これらは，書籍とは異なり，出版社が刊行するのではなく，個々の機関や研究者が自前で冊子体を作って報告しているものである。こうした資料は，インターネット上で公開されていたり，書籍と同じ扱いで図書として配架されていたりすることがある。

また，官公庁や地方自治体が実施した**世論調査**も，公開されている。こうした世論調査は，国勢調査のように冊子体で刊行されているものもあるが，近年では，インターネット上の各ホームページで公開されていることが多い。

3.2.2 文献の探し方

文献を探す際に，現在もっとも便利に利用できる方法は，データベースを用いて検索することである．ここでは，文献の種類ごとに代表的なデータベースを紹介する．

1. 本を探す

「国立国会図書館蔵書検索システム」（国内で刊行された本），「CiNii Books」（大学図書館の本を探す），「Amazon」（国内外で刊行された本）などがある．

2. 論文・雑誌記事を探す

「国立国会図書館蔵書検索システム」（国内で刊行された雑誌記事索引），「CiNii Articles」（日本の論文を探す），「大宅壮一文庫」（明治時代以降の日本語雑誌の多くを所収），「PubMed」（アメリカ国立医学図書館の医学・生物学分野の学術文献検索サービス），「PsycARTICLES」（アメリカ心理学会が作成する心理学関係のフルテキストデータベース．1985以降の全文が読める），「PsycInfo」（アメリカ心理学会が作成する心理学とその関連分野の文献検索．書籍や博士論文の概要も含む），「Google Scholar」などがある．

3. 新聞記事を探す

「聞蔵Ⅱ」（1945年以降の朝日新聞社の新聞や雑誌検索），「ヨミダス歴史館」（1974年以降の読売新聞社の記事検索），「毎日Newsパック」（1987年以降の毎日新聞の記事），「日経テレコン21」（日本経済新聞の全文記事検索）などがある．

ただし，これらの新聞記事検索は有料であることが多く，所属の大学図書館等で契約している場合は利用できる．また，検索サイトではないが，各新聞には縮刷版（紙面をA4サイズに縮小し，1カ月ごとに冊子になっていたり，CD-ROMやDVD化されている）があり，図書館等で閲覧することができる．

4. 報告書・世論調査

「科学研究費助成事業データベース」（科研費の報告書等），「総務省統計局のホームページ」（国勢調査等の各種統計資料），「内閣府の世論調査に関するホームページ」（政府の行った世論調査），「東京大学社会科学研究所附属社会調査・データアーカイブ研究センター」（各種社会調査の2次利用）などがある．

また，古典的であるが，文献を探していくときに「芋づる式」とよばれる方法もある。芋づる式とは，ある文献の中で引用され紹介されていた文献をたどっていくという方法である。この方法は，検索語が適切でなく検索されなかった文献に到達することができたり，多くの研究者が注目している重要文献に到達できたりするという利点がある。また，学術的価値が高い文献であれば，その領域について造詣の深い著者がセレクトした文献が掲載されている可能性が高く，効率的に知識を得ることが可能になる。

3.2.3 文献を入手するときの注意点

文献検索を行う中で，近年注意すべきは，インターネット上で公開されている情報やPDFファイル等で入手が容易な情報に依存しがちということである。たとえば，CiNii（サイニィ）を用いて文献検索をした場合，電子ファイルにリンクが貼ってあるものと貼ってないものが当然存在する。その際，ついリンクが貼ってある資料を手にとりがちだということである。これまでに述べたように，文献検索を行って，検索結果として示される文献の中には，学術的なレベルが高いもの（学会誌論文）もあれば，玉石混淆なもの（紀要論文等），一般的な読者向けのもの（一般の雑誌など）もある。電子ファイルが入手できない場合には，大学図書館や，公共図書館，さらには，国立国会図書館などで，文献複写をすることが可能である。学術的価値の高い文献を入手するためには，こうした手間を惜しまないことが重要である。とくに，大学図書館間や公共図書館間には，相互利用の制度や相互貸借の協定が存在している（これらの制度や文献のカテゴリーに関しては学習技術研究会（2011）に詳しく紹介されている）。学術的価値の高い文献に出会うためには，図書館の仕組みや知識を深め，文献検索を行う手段を幅広く有しておくことが重要である。

3.2.4 勉強と研究の違い

文献を読んだり，収集したりするときに注意すべき点は，「勉強」と「研究」の違いである。「勉強」とは，先人が発見し，定説となっている知識を自分の中に新しく仕入れる受動的な営みである。これに対し「研究」とは，何かの現

象の原因や関連要因を自分で新しく説明したり，新しい現象の存在を自分が発見したりする能動的な営みである。広く「勉強」することだけでは「研究」にはならないということを留意すべきである。

政治学者の岩崎美紀子は，表3.2のように，考える力をレベル0からレベル3に分類している（岩崎，2008）。このレベル0からレベル2までは，どちらかといえば「勉強」することにあてはまる。そして，「研究」を進めていくうえでは，研究目的に沿った過不足のない論理構成が必要となる。つまり，レベル3に相当する部分と全体を意識した論理構成を構築していくことが重要である。ただし，一足飛びにレベル3に達することはなかなかできないので，いろいろな文献を検索し，読み，迷い，何が重要かを考えるという試行錯誤の作業が必要になる。まず，知見や事実と自分の感想や意見とを区別すること，そして，いろいろ調べて勉強したことをまとめ，似た点を分類する。ただし，そうしているうちに岩崎（2008）が指摘するレベル1の問題点に陥ることがある。そこで，自分が注目した現象を調べる目的は何かを再度意識したり，自分の切り口を明確にし，切り口に合わせ，調べた（勉強した）知識を取捨選択したりするプロセスを繰り返すこととなる。

表3.2　岩崎（2008）による考える力の水準
（岩崎，2008をもとに筆者が作成）

レベル0：考えていないレベル
　　→知識も情報もなく，それらを得ようとする努力をしない。
レベル1：入手が容易な断片的知識をもとに都合のよい情報を切り貼りし記述
　　→事実と感想の区別がされておらず，自らの価値判断していることに気づかない。
レベル2：問題意識をもち自分で考え，知見と感想を区別した意見表明
　　→調べることに満足し，本来の目的から外れたり，情報の分類はできても分析（何を何で説明できるか）ができなかったりする。
レベル3：断片的知識の寄せ集めでなく，獲得した知識や情報の連関ができる
　　→説明変数と被説明変数が明確になり，分析枠組が構築され軸が通った構成（部分と全体の構図を描くことができ，何を明らかにするのかがぶれない）。

3.3 研究計画を立てる

本節では，3.1で紹介した研究のアイディアを，調査研究を行う研究テーマとしてブラッシュアップさせ，研究目的や仮説を設定するプロセスについて説明する。また，質問紙にどのような調査内容を含むかについて考える思考法についても紹介する。

3.3.1 注目したテーマや現象の全体像を把握する

まず，注目したテーマや現象にみられる，測定・観察可能な具体的行動をとりあげる。ここでの具体的行動とは，調べたい，あるいは，説明したい行動である。

つづいて，その注目した具体的行動が生起する原因や，その行動とともに変化する関連要因などを，考えられるだけリストアップしておく必要がある。すなわち，その注目した具体的行動を取り巻く要因の全体像を把握することである。

この調べたい具体的な行動と関連する要因を考えるうえで有効なのが**ブレイン・ストーミング**である。ブレイン・ストーミングとは，オズボーン（Osborn, A. F.）によって提唱された，独創的なアイディアを創出するための集団思考法である。ブレイン・ストーミングの基本は，①質より量（とにかく数多くアイディアを出すこと），②他人を批判しないこと，③他人のアイディアの尻馬にのることを可とする（他人のアイディアを発展・拡張してよい），である。

ブレイン・ストーミングなどを経て，調べたい具体的行動の関連する要因がリスト化されたら，KJ法等を用いて，関連要因の分類を行う。KJ法の詳細は第12章，第13章で詳細を説明されているので，そちらを参照してほしい。ここでKJ法などを用いて整理することは，類似性のあるものをまとめておいたり，近くにおいたりすることで，関連要因の分類や位置づけをわかりやすくするという利点がある。

3.3.2 要因図

調べたい，あるいは，説明したい行動との関連要因のリストアップが終わったら，その因果関係や相関関係を図示して整理する。ここでは，筑波大学の松井　豊教授が社会調査を立案するうえでの整理法として提唱している図示の方法である「**要因図**[2]」の作成方法を紹介する。要因図とは，「扱っている現象の原因と結果とを整理するための模式図」である。

それでは，要因図をどのように描けばよいのであろうか。まず，要因図では，リストアップされた注目すべき行動の原因となる要因（変数）の一つひとつを1ボックスとする。第1のポイントは，要因の**網羅性**である。注目したある行動や現象の要因（原因）が網羅されていないと全体の関連や位置づけを十分に整理したとはいえない。また，自分の研究のユニークさを吟味することも難しくなる。先行研究で指摘されている要因や，実感や直観で重要だと思う側面をブレイン・ストーミングやKJ法などを用いて，要因（ボックス）として網羅的に列挙しておこう。

第2のポイントは，**因果性**である。要因図を描くときは，因果関係を意識する。因果関係が予想される要因（変数）のうち，原因と予想される変数は上に，結果と予想される変数は下に布置し，原因から結果に対して矢印を引く。加えて，原因と予想される変数同士の因果関係も考慮に入れ同様に図示する。他方，相関関係や相互性が予想される要因（変数）同士は同じ水準（横）に布置させる。このように，因果関係や相互関係を図示するときに，類似する要因は近くに配置し，社会的（環境的）要因と，個人的要因とを区別しておくことで，要因の整理が促進される。

ここで，相関関係と因果関係の違いについて少し言及しておこう。相関関係とは，Aが増加するとBも増加（または減少）するという，一方が変化すれば他方も変化するという関係である。相関関係では，AとBのどちらが原因かということははっきりいえない。因果関係，すなわち，Xが原因でYが結果

---

[2] ここでは，松井　豊教授の講義・講演資料等をもとに，要因図の特徴について筆者が整理した。

3.3 研究計画を立てる

であると主張するためには，まず，①XとYとの間に関連（相関）があること，次に，②XがYよりも時間的に先行していること（XがYより先に起こっていること）が必要となる。さらに，厳密にいえば，③Yに対してX以外の因果的説明が排除されていることも必要となる。1度の質問紙調査の場合は，厳密な意味での因果関係の検証は難しいので，要因図作成においては，とくに①と②，中でも②を意識して要因図の水準を定めていくことが重要になる。

具体的に，「性別」という要因を想定してみよう。性別はいつ決まるかといえば母親のお腹にいるときであるから時間的に先行し，性別は容易に変化させられるかと考えればそれは難しい要因ということになる。すると要因図の最上部に布置すべき要因となる。また，ビッグファイブ性格特性の「開放性」という要因を想定してみよう。性格とは，個人の中で比較的永続的に一貫した行動特徴を意味する。性格は環境によって変わらないわけではないが，今日明日ですぐに変化し得るものとも考えにくい。そこで，要因図では，比較的上部に布置されることになる。

このように，第1のポイントと第2のポイントをもとに作成された要因図がパターン1の要因図である（**図3.2**）。ここにあげた例は，「病気ではないのにマスクをする」いわゆる「だてマスク」をするのはどうしてかという問いを立てたと想定しよう。パターン1の要因図は，アイディアを整理したり，研究の全体像を把握し研究目的を措定したりする際に用いることができる。つづいて，質問紙の中に盛り込む要因，すなわち，測定する変数を用いてパターン2の要因図を作成してみよう（**図3.3**）。パターン2の要因図を作成する際には，第3，第4のポイントを意識する必要がある。

第3のポイントは，**測定可能性**である。実際に調査を設計する際に，個人差として測定できない変数は質問紙の中に含むことができない。そこで，社会的（環境的）変数は，個人差変数に読み替えるという手続きが重要となる。たとえば，「SNSの普及」といった社会的変数であれば，「SNSの利用頻度」や「SNSに対する態度」といった変数にするということである。

第4のポイントは，変数の特徴をつかむことである。それぞれのボックスで示された要因が，性や年齢などの「デモグラフィック変数」なのか，開放性な

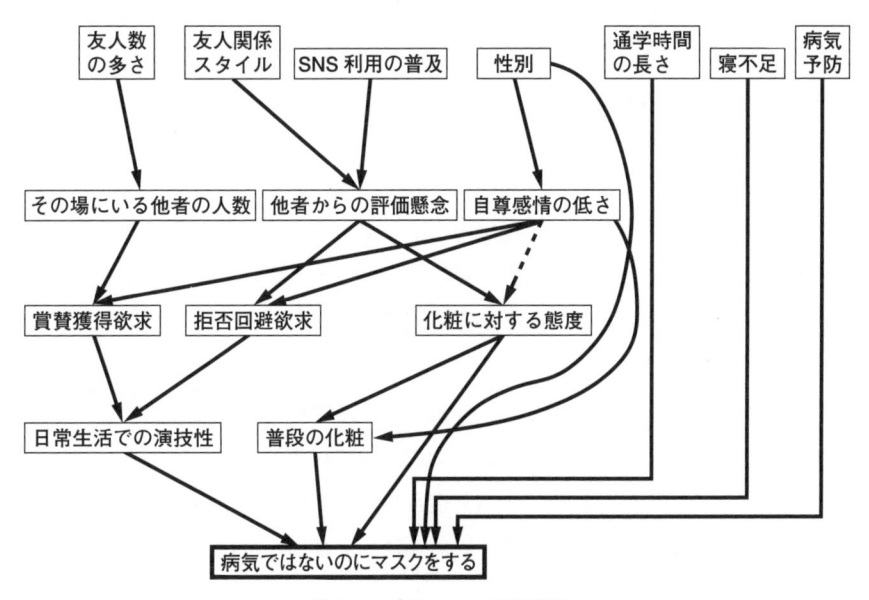

図 3.2　パターン 1 の要因図

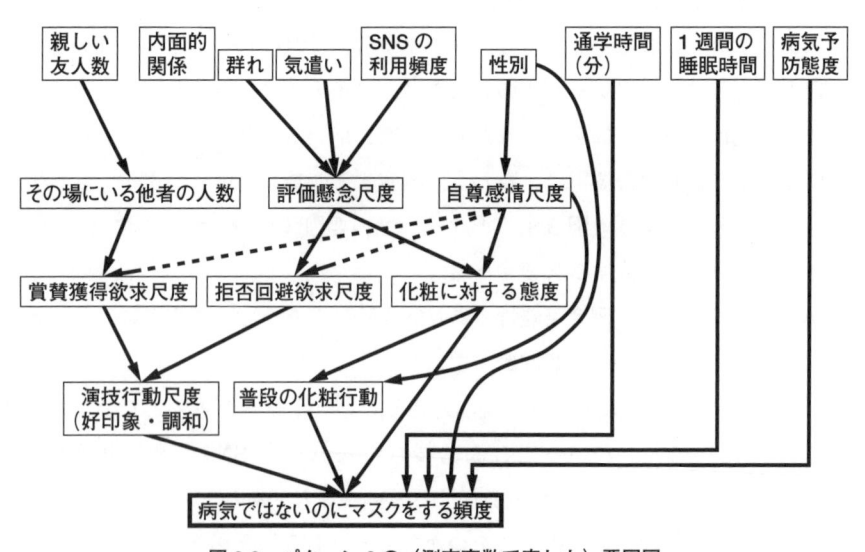

図 3.3　パターン 2 の（測定変数で表した）要因図

どの「性格特性」なのかというような変数の特徴を意識することである。心理学の調査研究においては，たとえば「性格特性が○○に影響を与える」といったことを検証する場合もあるが，マーケティングや，社会問題に対する対処のあり方を提言するような「処方」を目的とする心理学的研究においては，デモグラフィック変数や性格特性が要因図の中で重要な位置を占めてしまった場合，研究結果から具体的な処方（対応策）を提言しにくくなってしまう。なぜなら，これらの変数は変化させにくい固定的な要因であるためである。そうした場合には，マーケティングにおいては，固定的な変数によってセグメンテーションして要因を考えていくことになる。セグメンテーションとは，市場細分化を意味し，不特定多数の人々（消費者）を同じ性質やニーズをもついくつかのかたまり（セグメント）に分けることである。心理学においては，「女性の場合，男性の場合」といったように，何かの特徴をもとに回答者を群に分けて考えることに類似している。性別の例でいえば，群に分けなければ，性別に共通した特徴しか描けないが，「女性の場合，男性の場合」と群分けをすれば，両性に共通の特徴に加え，女性あるいは男性特有の特徴も描くことが可能になるという利点がある。

図 3.3 に示すパターン 2 の要因図をみてみよう。パターン 2 の要因図では，パターン 1 の要因図で「SNS の普及」となっていた社会的要因が「SNS の利用頻度」というように個人に測定できる変数に変化している。また，心理尺度は「日常生活演技尺度」（定廣・望月，2011），「友人関係尺度」（岡田，1999），「評価懸念尺度」（山本・田上，2001），「自尊感情尺度」（山本・松井・山成，1982），「賞賛獲得欲求・拒否回避欲求尺度」（小島・太田・菅原，2003）といったように測定する変数に沿って置き換えられている。

3.3.3 要因図作成の利点

研究計画を立てるうえで，パターン 1 とパターン 2 に共通して，要因図を作成することを勧める理由は以下のような点があげられる。第 1 に，研究計画立案上の抜け落ちを防ぐことができることである。これは網羅性とも関連するが，要因図をみることで，足りないところや抜け落ちている部分への気づきが生ま

れるということである。第2に，自分の要因の位置づけを理解できることである。言い換えれば，要因図のどのボックスがどういう研究文脈で研究されているかがわかる。たとえば，「日常生活演技尺度と賞賛獲得欲求尺度・拒否回避欲求尺度との関連は，定廣・望月（2011）で検討されている」とか，「友人関係スタイルと賞賛獲得・拒否回避欲求は自己意識との関係で検討されている（岡田，1999；菅原，1986）」といった具合である。すると，自分の研究の位置づけを理解することができ（たとえば，「だてマスクは自己意識研究の文脈に位置づけられるかもしれない」など），理論的な新規性を指摘しやすくなる。第3に，新しい要因を発見できることである。網羅的に要因を整理できていれば，（第2の利点とも関連する部分があるが）従来の研究で注目されていない要因があったとすれば，それは新しい要因ということとなる。第4に，グループ研究や共同研究などを行う際の意見調整に有益であることである。グループや共同で研究を行う場合，メンバー同士が異なる意見や立場をもっていることが少なくない。その際に，図の形で意見交換をすることで，意見の調整が可能になり，共通の目的意識をもって研究に取り組むことが可能になる。

　さらに，パターン2の要因図を作成することは，分析するうえでの抜け落ちを防ぐことができるという利点もある。要因図中で調査において尋ねたボックスを絞ったとき，そのボックス間の関連をくまなく検討しているか，また，仮説の分析もれがないかをチェックするために利用可能である。要因図のボックス間に分析方法や検定方法を記入しておくことで（たとえば，性別で病気ではないのにマスクをする頻度が異なるかどうかは「対応のないt検定」で検討する，賞賛獲得欲求，拒否回避欲求，演技行動と，病気ではないのにだてマスクをする頻度との関係の分析ではまず「相関係数」を算出する，など），一目瞭然で必要な分析が理解できる。

3.3.4　要因図から目的と仮説を考える

　実際に，研究計画を作成するうえでは，パターン1の要因図をまず作成し，その要因図を眺めながら研究の核やリサーチ・クエスチョンを見つけていくことが多い。ここでの**リサーチ・クエスチョン**とは，研究遂行上の素朴な問題設

定を意味している（村井，2012）。要因図の利点を生かし，どこが研究されていないか，注目した行動や現象をどのような変数で説明していくことに意味があるかを吟味することで，研究の核やリサーチ・クエスチョンが明確になってくる。

このようにパターン1の要因図を作成し，要因の絞り込みを行った後は，パターン2の要因図を作成しよう。要因図の中から，自分の研究で検討可能な要因のみに絞り込んだり，要因図のボックスの名前を測定可能な名称に置き換えていったりする作業である。パターン2の要因図は，そのまま質問紙作成に不可欠な変数や構成概念となる。質問紙作成の際には，パターン2の要因図に含まれていたそれぞれのボックスを，調査内容としてもれなく尋ねているかを確認していくことが重要である。

さて，ここで研究の「目的」と「仮説」，「作業仮説」の意味と表現について整理しておこう。先に，リサーチ・クエスチョンとは，研究遂行上の素朴な問題設定であると指摘した。研究を実施していくうえでは，リサーチ・クエスチョンを「目的」や「仮説」として論理的に整理する必要がある。

目的とは，その研究でデータにもとづいて明らかにできる内容である。理想や目標ではなく，その研究で取得したデータで明らかにできる範囲の事柄に限られる。松井（2010）は，心理学論文の「目的」について**表3.3**のように整理している。研究の目的が，「記述」か「探索」か「説明」かによって，目的の設定の仕方が変わってくる。また，目的は，ある程度抽象度の高い表現にはな

表3.3 **研究目的にもとづく心理学研究の分類**（松井，2010に筆者が加筆）

個性記述的……………………………………………【記述】 　　自然状態の特定の個人や少数集団の心理を記述。 **法則定立的** 　　普遍的な人の心理的な法則を発見し理論化。 　　**探索発見的**……………………………………………【探索】 　　　　得られたデータから何らかの相関関係や研究仮説を探索。 　　**仮説検証的**……………………………………………【説明】 　　　　データをとる前に仮説を用意し，仮説が検証されるか否か。

るが,先行研究で指摘されてきた要因や変数の用語を用いて記述する必要がある。

目的に対して,**仮説**とは,検証方法に合わせた予測であり,具体的な用語で検証可能なレベルの表現にする必要がある。検証可能とは,反証可能であるということを意味している。**作業仮説**とは仮説をさらに具体的に記述したもので,データで真偽を確認する具体的な予測で,統計の検定方法に沿った表現となる。

表3.4には,**図3.2**と**図3.3**に示した要因図の例をもとに考えた,目的・仮説・作業仮説の表現例を記す。とくに留意すべきは,目的・仮説・作業仮説の論理的な整合性である。この3つは,表現の抽象度は異なっているが,同じ研究で明らかにしたいことを表しているのだから,論理的に一貫している必要がある。

実際に,仮説探索型の研究を行う場合,「目的」を考えることは,たくさんの仮説を立て,それらを眺めて,それらに共通する言葉で目的を設定することも考えられる。この際,意識すべきは表現や概念の抽象度となる。

表3.4 目的・仮説・作業仮説の表現例

目　　的:	「病気ではないのにマスクをする行動の規定因を探索する。」
仮　　説:	「性別で病気ではないのにマスクをする頻度が異なる。」
	「拒否回避欲求が高い人は,日常生活の演技行動を媒介して,病気ではないのにマスクをする頻度が増加する。」
作業仮説:	「女性は男性よりも病気ではないのにマスクをする頻度が高い。」
	「拒否回避欲求と日常生活の演技行動は,病気ではないのにマスクをする頻度との間に正の相関関係がある。」

3.3.5 概念の抽象度を意識する

「目的」に限ったことではないが,研究計画を考えたり,研究に対するコメントを考えたりするときには,**概念の抽象度**を意識することが重要である。概念の抽象度を意識するうえで,岩崎 (2008) が指摘する**抽象の階段**という考え方が参考になる。抽象の階段とは,縦軸に抽象度をとり,上部ほど抽象度が高く,下部ほど抽象度が低くなる図を原型としている(岩崎,2008)。そして,

3.3 研究計画を立てる

この抽象の階段の中に，関心をもった事項や現象を抽象度の違いを意識しながら位置づけることで，仮説や作業仮説，さらには目的を考えるうえでの指針とすることができる。

　抽象度が高いものの例としては，普遍性の高いものや理論などが，抽象度が低いものの例としては，具体的なもの，個別の事例，現実にある事象などがあげられる。岩崎は，問題の立て方には，【What】（何），【Why】（なぜ），【How to】（どうすれば）があり，それぞれの問題に対し，回答の作法は，「叙述」「説明」「処方」となると述べている。これらと，**表 3.3** の心理学研究の目的の分類とを対応させると，「叙述」が【記述】と【探索】の一部，「説明」が【探索】の一部と【説明】となるであろう。心理学において，実証的に【処方】を目的とすることもあるが 1 つの調査研究の中で【処方】を目的とすることは多くないと考えられる。

　図 3.4 は，岩崎（2008）が，個人の関心から，研究としての問題設定を経て実証していくプロセスを「抽象の階段」に位置づけ図示したものである。**図 3.4** は個人の興味・関心から問題設定に至るまでに，抽象の階段を上っていき，また，それを実証・検証しようとするときには，抽象の階段を下り，抽象度の低い具体的なレベルで実証していくことを端的に表している。また，調査結果を分析し，研究の目的に沿って結論を述べていく際には，再度，抽象の階段を

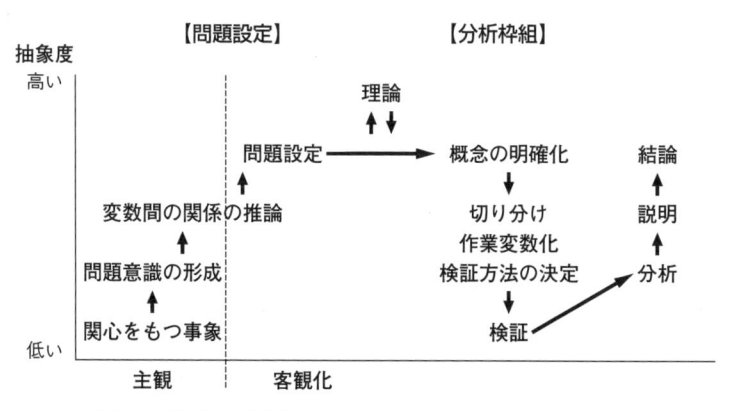

図 3.4 「抽象の階段」における研究の各作業（岩崎，2008）

上っていくのである。さらに，主観を客観化し問題設定をするプロセスには，「考え抜く」という大きなハードルがあることも示されている。今自分が言おう，あるいは，書こうとしている内容の「抽象の階段」を意識し，「要因図」を活用することによって，「目的」やリサーチ・クエスチョンの設定がしやすくなるであろう。

3.4 スケジュールを立てる

　心理学における実証的な研究の実施は，一朝一夕でできることはあり得ない。質問紙調査はすべて言語を通して，紙や画面の上で行われるため，入念なスケジュールを立てておくことが必要である。そして，入念な計画を立てていたとしても，予定はたいていの場合後ろにずれていくことが多いので，とくに，期限の定められている卒業研究や修士論文を作成する場合には注意が必要である。卒業研究であれば，3年生の中盤から，あるいは，4年生の冒頭から始めることが多いと想定される。たとえば，三井（1990）は，3年生の3月に，松井（2010）は3年生の2月にテーマを決定するほうがよいと推奨している。テーマの決定は，各大学のカリキュラムや各指導教員の方針によって変動があると予想されるので，教員の指導に従ってほしい。

　1つの調査を実施するという観点でいえば，調査の実施から分析・報告までにどのような作業があるのかを見通しておくことが重要である。調査を実施し完成させるまでには，長い道のりがあり，いくつかのプロセスが存在する。すなわち，逆算をして，いつから始め，期限はいつかということの見当をつけておくことが必要である。

　まず調査を実施するまでのプロセス（図 3.5）では，はじめに調査目的と仮説を明確にする段階がある。その次が調査デザインの段階である。調査デザインの段階は，調査手法と調査対象者（サンプリング）を決定することと，質問紙の作成（調査内容の決定）することとに大別され，それぞれ重要なプロセスである。とくに質問紙調査は，言語を用いて紙の上で行われるので，質問紙作成には，内容面・レイアウト面を含め細心の注意を払わなければならない。

3.4 スケジュールを立てる

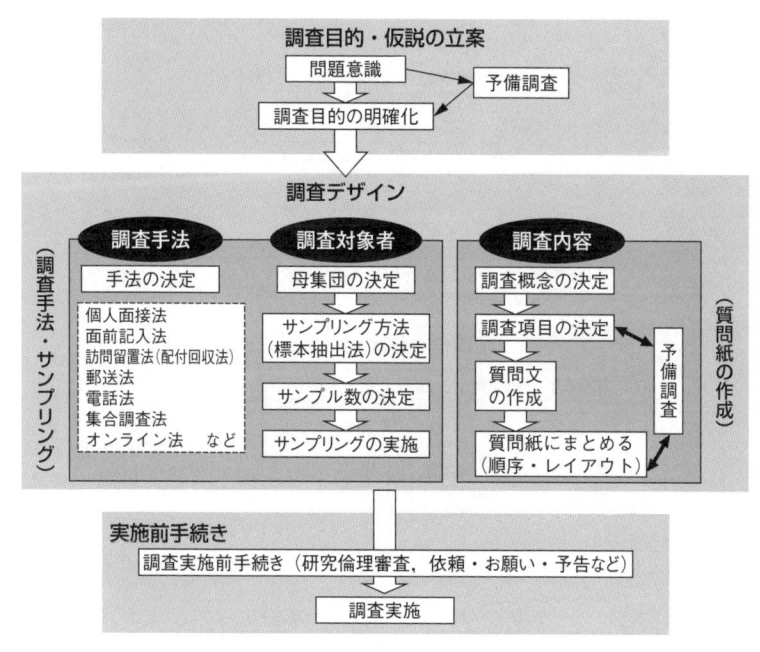

```
調査目的・仮説の立案
  問題意識 → 予備調査
  調査目的の明確化
     ↓
調査デザイン
（調査手法・サンプリング）
  調査手法                調査対象者              調査内容            （質問紙の作成）
   手法の決定              母集団の決定            調査概念の決定
   個人面接法              サンプリング方法         調査項目の決定 ←→ 予備調査
   面前記入法              （標本抽出法）の決定      質問文の作成
   訪問留置法（配付回収法）  サンプル数の決定         質問紙にまとめる
   郵送法                 サンプリングの実施        （順序・レイアウト）
   電話法
   集合調査法
   オンライン法 など
     ↓
実施前手続き
  調査実施前手続き（研究倫理審査, 依頼・お願い・予告など）
     ↓
  調査実施
```

図 3.5 調査を実施するまでのプロセス

　質問紙を作成し終わると，調査実施前の段階は終わったと安心するかもしれないが，質の高いデータを得るためには，調査実施前の手続き段階が重要である。研究倫理審査が必要な場合には，審査の申請を行い，判断を仰ぐための時間が必要となったり，集合調査法（大学の教室での依頼など）では，依頼の場を確保するために各所にお願いをしたりすることもある。また，大学の外で調査を行う場合には，サンプリング（標本抽出）に時間を要したり，質問紙を配付するためのお願いに足を運んだり，実際に配付のための労力をかけることが重要となってくる。調査を成功させるためには，調査対象者にとって快く協力してもらえる環境作りが重要であり，研究協力者が必要な調査の場合には誠意をもって協力者にお願いをする姿勢が重要となってくる。

　調査を実施してからのプロセス（**図 3.6**）では，はじめに検票・データ入力の段階にはじまり，データ分析の段階，執筆・後始末の段階と道のりは長い。

　卒業論文等で調査研究を行う場合，調査実施までに3カ月以上，調査実施後

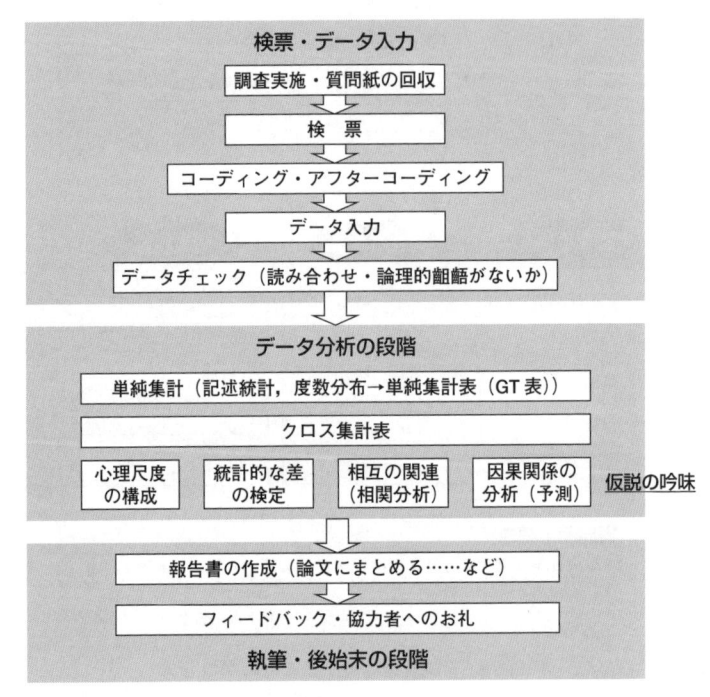

```
┌─────────────────────────────────────┐
│           検票・データ入力            │
│   ┌─────────────────────────┐       │
│   │   調査実施・質問紙の回収   │       │
│   └─────────────────────────┘       │
│              ↓                      │
│   ┌─────────────────────────┐       │
│   │          検　票          │       │
│   └─────────────────────────┘       │
│              ↓                      │
│   ┌─────────────────────────┐       │
│   │ コーディング・アフターコーディング │   │
│   └─────────────────────────┘       │
│              ↓                      │
│   ┌─────────────────────────┐       │
│   │        データ入力         │       │
│   └─────────────────────────┘       │
│              ↓                      │
│   ┌─────────────────────────────┐   │
│   │データチェック（読み合わせ・論理的齟齬がないか）│ │
│   └─────────────────────────────┘   │
└─────────────────────────────────────┘
                 ↓
┌─────────────────────────────────────┐
│          データ分析の段階             │
│ ┌─────────────────────────────────┐ │
│ │単純集計（記述統計，度数分布→単純集計表（GT表））│ │
│ └─────────────────────────────────┘ │
│ ┌─────────────────────────────────┐ │
│ │            クロス集計表           │ │
│ └─────────────────────────────────┘ │
│ ┌──────┬──────┬──────┬──────┐      │
│ │心理尺度│統計的な差│相互の関連│因果関係の│ 仮説の吟味│
│ │の構成 │の検定 │(相関分析)│分析(予測)│      │
│ └──────┴──────┴──────┴──────┘      │
└─────────────────────────────────────┘
                 ↓
┌─────────────────────────────────────┐
│ ┌─────────────────────────────────┐ │
│ │  報告書の作成（論文にまとめる……など） │ │
│ └─────────────────────────────────┘ │
│              ↓                      │
│ ┌─────────────────────────────────┐ │
│ │   フィードバック・協力者へのお礼    │ │
│ └─────────────────────────────────┘ │
│          執筆・後始末の段階           │
└─────────────────────────────────────┘
```

図 3.6　調査実施後のプロセス

も 3 カ月程度の期間を必要とするのが一般的であろう。筆者のゼミでは，卒業論文に関する調査実施までに短くても 6 カ月以上，調査実施後に 3 カ月程度かけている（実際には，仮説探索型の調査研究が多いので，3 年生の中盤からトータルで 15 カ月程度をかけている）。「自分は何とかなる」と考えたり，「来週がんばりますから（と言って，がんばらない）」と言う学生を見かけることが少なくないが，ぜひ過信や先延ばしをせず自分に厳しく時間を見積もってほしい。そして，自らの頭で試行錯誤を重ねてリサーチ・クエスチョンを練り上げ，現実に根ざした質の高い研究知見を生み出すことを願ってやまない。

コラム 3.1　文献検索の方法

　どのような検索エンジン，あるいは，データベースで文献検索をするかによって，実際の検索方法は異なってくるが，本コラムでは，「CiNii Articles」を例にあげながら，文献検索方法の具体的な手順について紹介する。

1. 検索対象を選ぶ

　論文の書誌情報（タイトルや雑誌名など）で検索したい場合は「論文検索」を，著者の名前で検索したいときは「著者検索」を，本文が電子化されている論文の全文から検索したい場合は「全文検索」のタブを選ぶ。「論文検索」においては詳細検索が可能な仕組みとなっており，雑誌名や出版年での検索も可能である。

2. 検索語の入力方法

　GoogleやYahoo！などの検索エンジンでも共通であるが，検索する際に検索のためのキーワードをどのように入力するかで検索結果は異なり，検索の効率が大きく変わってくる。

　たとえば，「社会心理学」と検索したいとき，検索語を「社会心理学」とするか「社会　心理学」とするかでは結果が大きく変わってくる。以下に，頻繁に検索に用いる主要な状況ごとの検索方法を列挙する。

- AND 検索（AとBの両方の語を含むもの）をしたいとき
  [社会　心理学]：2つの検索語の間にスペースを入れる。
- OR 検索（AかBのいずれかの語を含むもの）をしたいとき
  [社会　OR　心理学]：2つの検索語の間にORを入れる。
- 検索語の一部がわからないとき
  [社会心理学*]：検索語のあとに＊（アスタリスク）を入れる。
- ある検索語を含み，もう一つの検索語を含まないものを検索したいとき
  [社会　-心理学]：含まずに検索したい語の前に-（マイナス）を入れる。
- 検索方法の組合せで検索したいとき（例：「社会学」か「心理学」を含んでいるもので，「政治」を含んでいる）

[(社会学　OR　心理学) AND　政治]：必要な条件に沿って（　）でくくる。

3. 検索結果の見方

検索結果の例を図 3.7 に示す（ここでは「社会心理学　青年」と検索してみた）。

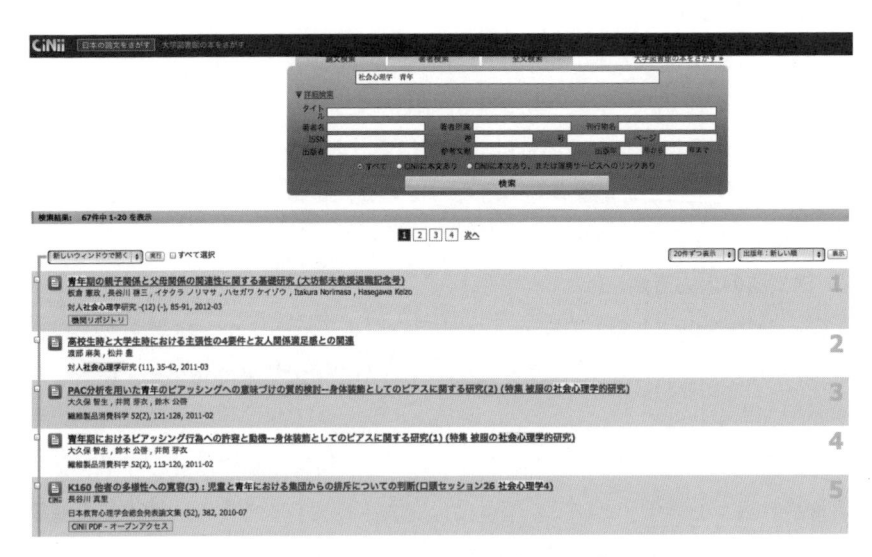

図 3.7　CiNii Articles における検索結果一覧の表示

検索結果をみて，当該論文のリンクをクリックすると，その論文の書誌情報や要約（アブストラクト）などの詳細を閲覧することができる。個々の論文の詳細な情報の欄には，その論文が掲載されている雑誌を所蔵している大学図書館を検索することができるリンクなども貼られており，その雑誌にふれる方法を探すうえで探しやすくなっている。

また個々の検索結果の下部に，「機関リポジトリ」「CiNii PDF」「J-STAGE」などのリンクが現れていた場合，それらのリンクをクリックすることで，その論文を電子的に PDF ファイルなどで閲覧することができることを意味する。

4 心理測定尺度の概要

市村美帆

　本章では，心理測定尺度を利用するために必要な知識として，心理測定尺度とは何か，心理測定尺度はどのような構成になっているかについて説明する。加えて，心理測定尺度を使用する際に重要となる尺度の信頼性と妥当性についてとりあげる。なお，本章は，第1章でとりあげた「賞賛獲得欲求・拒否回避欲求尺度」（小島・太田・菅原，2003）を用いて説明する。

4.1 心理測定尺度とは

　第1章において，「賞賛獲得欲求・拒否回避欲求尺度」（小島ら，2003）に回答し，他者からの肯定的な評価を獲得したいと思っていたり，否定的な評価を避けたいと思っていたりするという特徴に，自分自身がどの程度あてはまるのか，知ることができたのではないだろうか。「賞賛獲得欲求・拒否回避欲求尺度」のように，人間のある心理的特徴をとらえるための「物差し」を**心理測定尺度**という。体重を測定する体重計や，体温を測定する体温計と同様に，心理測定尺度は心理的特徴をとらえる測定機器であるとみなすことができる。ただし，心理測定尺度が測定しようとしている心理的特徴は，体重や体温のように明確なものではない。心理的特徴は見たり触れたりできるものではなく，抽象的な概念であるため，測定は容易ではない。

　心理測定尺度が測定しようとしている心理的特徴の抽象的な概念を，**構成概念**とよぶ。構成概念とは，先行研究をふまえた理論的な検討から導かれる定義である。測定しようとしている心理的特徴を明確に定義することによって，心理測定尺度を構成する測定項目を作成することができる。なお，心理測定尺度が測定しようとしている心理的特徴は，抽象的なものであるがゆえに，単一の

項目でその特徴を測定することは困難である。そのため，心理測定尺度の多くは，理論的に検討された構成概念や，予備的な調査をふまえて，複数の項目を作成し，構成されていることが多い。

たとえば，「賞賛獲得欲求・拒否回避欲求尺度」の2つの欲求は，公的自意識（他者からみられる自己への意識の向けやすさ）の背景となる欲求としてとりあげられている（菅原，1986）。菅原（1986）は，先行研究の知見を整理し，公的自意識の強い人の中には，他者から賞賛され，好かれたいという欲求（賞賛獲得欲求）をもつ者と，他者から嘲笑されたり，拒否されたくないという欲求（拒否回避欲求）をもつ者が存在することを指摘している。小島ら（2003）は，菅原（1986）の研究をふまえて，短文収集や項目選定を目的とした複数の調査を実施し，賞賛獲得欲求の高さを測定する9項目と，拒否回避欲求の高さを測定する9項目の計18項目を作成している[1]。

4.2 尺度の構造

心理測定尺度の構成には，測定しようとしている心理的特徴を単一の次元から1次元的にとらえるものと，複数の次元から多次元的にとらえるものがある。前者を**1次元性尺度**とよび，尺度を構成する全項目への回答の合計得点を算出して，その得点から心理的特徴をとらえる。後者を**多次元性尺度**とよび，尺度を構成する項目は，いくつかのまとまりで構成されている。この項目のまとまりを**下位尺度**とよび，多次元性尺度は複数の下位尺度から構成されている。多次元性尺度では，下位尺度ごとに項目への回答の合計得点を算出し，複数の側面から心理的特徴をとらえる。

1次元性尺度の代表例として，自分自身に対する肯定的な評価を測定する

---

[1] 公的自意識の強い人の2つの欲求は，もともと，菅原（1986）によって「賞賛されたい欲求」と「拒否されたくない欲求」と命名され，尺度が開発された。ただし，菅原（1986）が作成した賞賛されたい欲求と拒否されたくない欲求尺度は，項目数が少ないことや，分散が小さく，2つの欲求間の相関が高いなどの問題点があり，小島ら（2003）によって，新たに「賞賛獲得欲求・拒否回避欲求尺度」が作成された。

4.2 尺度の構造

「自尊感情尺度」（山本・松井・山成，1982）や，落ち込みなどの抑うつの症状を測定する「ベック抑うつ尺度」（林，1988）があげられる。前述したように，1次元性尺度は，尺度項目への回答を合計して，心理的特徴をとらえていることから，尺度の得点の高さのみを議論する（**図 4.1**）。

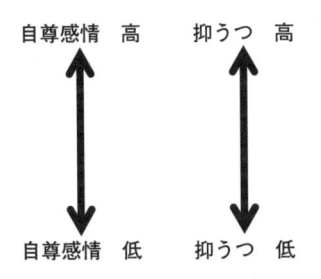

図 4.1 自尊感情尺度および抑うつ尺度の得点のイメージ

第1章でとりあげた「賞賛獲得欲求・拒否回避欲求尺度」（小島ら，2003）は，公的自意識の背景となる欲求を賞賛獲得欲求・拒否回避欲求と2次元的にとらえており，多次元性尺度として構成されている。また，日常生活において人が感じるさまざまな感情を，抑うつ・不安，敵意，倦怠，活動的快，非活動的快，親和，集中，驚愕という8つの下位尺度から多面的にとらえている「多面的感情尺度」（寺崎・岸本・古賀，1992）や，人の心理的健康を表す指標としての幸福感を，人生に対する前向きな気持ち，達成感，自信，人生に対する失望感のなさという4つの下位尺度からとらえている「主観的幸福感尺度」（伊藤ら，2003）なども，多次元性尺度として構成されている。

なお，多次元性尺度は，複数の下位尺度から構成されているため，下位尺度間の関連をふまえて議論することが可能である。下位尺度間の関連については，下位尺度間が密接に関連する（例：ある下位尺度の得点が高ければ，もう一方の下位尺度の得点も高い）場合や，下位尺度間が独立している（例：ある下位尺度の得点が高くても，もう一方の下位尺度の得点が高いとは限らない）場合などがある。

たとえば，「主観的幸福感尺度」（伊藤ら，2003）を構成する4つの下位尺度（「人生に対する前向きな気持ち」「達成感」「自信」「人生に対する失望感のな

さ」）は，すべての下位尺度の得点が高いほど幸福であることを示している。主観的幸福感尺度は，4つの下位尺度によって，幸福感を複数の側面から，包括的にとらえており，各下位尺度間は密接に関連するものとして設定されている（図4.2）。

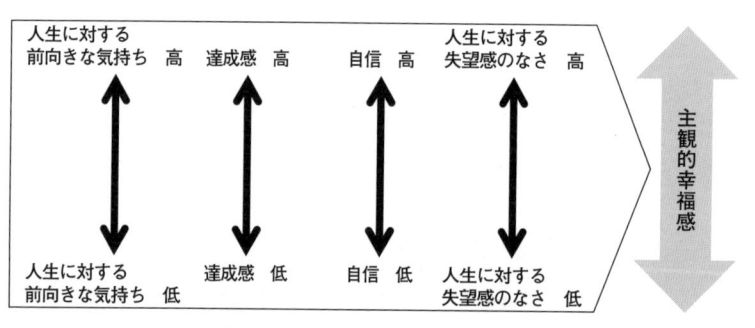

図4.2 主観的幸福感尺度の構造イメージ

一方で，多次元性尺度の下位尺度を，それぞれ独立したものとしてとらえることも可能である。たとえば，「多面的感情尺度」（寺崎ら，1992）を構成する8つの下位尺度（抑うつ・不安，敵意，倦怠，活動的快，非活動的快，親和，集中，驚愕）には，ポジティブな感情やネガティブな感情が含まれている。感情を測定する際に，ある一時点においてこれらの感情をすべて感じているとは考えにくく，その時点の感情状態を示す下位尺度の得点のみが高くなると予想される。このように，多面的感情尺度では感情を複数の側面から個別的にとらえており，各下位尺度が独立したものとして設定されている（図4.3）。

また，独立した下位尺度を図4.4のように，組み合わせることによってとらえることも可能である。たとえば，笹川・猪口（2012）は，賞賛獲得欲求・拒否回避欲求が対人不安に与える影響について検討する際に，賞賛獲得欲求と拒否回避欲求の得点の平均値をもとに高低群に区分し，①賞賛獲得欲求および拒否回避欲求が高い群，②賞賛獲得欲求が高く，拒否回避欲求が低い群，③賞賛獲得欲求が低く，拒否回避欲求が高い群，④賞賛獲得欲求および拒否回避欲求が低い群の4群を設定している。

心理測定尺度の構成は，構成概念をふまえて設定されている。前述した多次

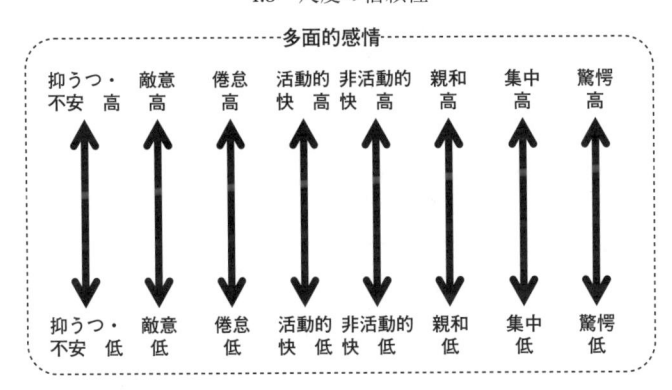

図 4.3　多面的感情尺度の構造イメージ

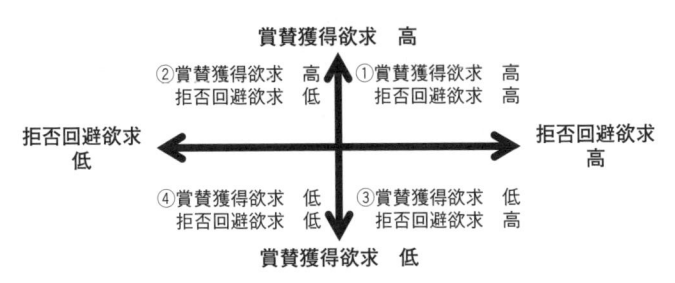

図 4.4　賞賛獲得欲求・拒否回避欲求尺度の構造イメージ

元尺度の下位尺度間の関連も，多次元性尺度のすべてに応用できるわけではなく，構成概念に沿って議論することが必要である。

4.3　尺度の信頼性

　人間の心理的特徴をとらえるための「物差し」である心理測定尺度が，正確にある心理的特徴をとらえるためには，精度の高い測定機器である必要がある。精度の高い測定機器は，何度も繰返し測定を行っても，同じ値を示す。測定する度に，大きく値が変化する測定機器は信頼することができないであろう。しかし，実際には，心理的特徴に限らず，物理的量の測定であっても，測定には**誤差**が生じる。たとえば，ある体重計を用いて，短時間に何度も体重を計った

場合，0.1 kg などの誤差がでる場合がある。この誤差は，測定時に偶然生じるものであり，完全にコントロールすることができない。このように，ある測定機器によって測定される測定値は，測定しようとしているものの「真の値」と，「誤差」から構成されている（**図 4.5**）。

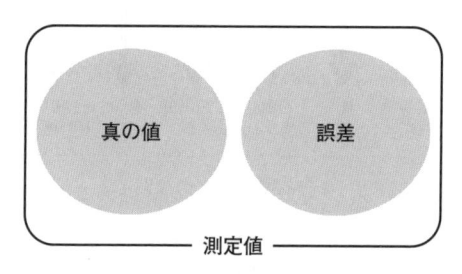

図 4.5　測定値の構成イメージ

　心理測定尺度を使用したり，開発したりする際には，誤差の少ない安定した測定ができること，すなわち，心理測定尺度の**信頼性**が重要となる。心理測定尺度の信頼性を示すには，**信頼性係数**を算出する必要がある。信頼性係数については，古典的テスト理論において説明されているが，厳密には，信頼性係数は真の値を測定しなければとらえることができない[2]。そのため，信頼性係数を推定する方法を用いて，心理測定尺度の信頼性が検討されている。本書では，信頼性係数の推定方法を，大きく2つに区分してとらえる（**図 4.6**）。

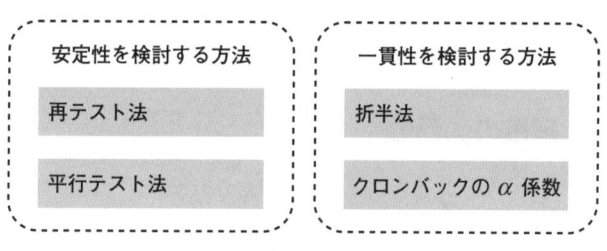

図 4.6　信頼性係数の推定方法

---

[2] 古典的テスト理論については，カーマインとツェラー（1979）や吉田（2001）などを参照してほしい。

4.3 尺度の信頼性

第1は，心理測定尺度の信頼性として，**安定性**を検討する方法である。安定性を検討する方法には，再テスト法と平行テスト法がある。安定性を検討する方法では，何度も繰返し測定を行っても，安定したデータが得られるかどうかを検討する。第2は，心理測定尺度の信頼性として，**一貫性**（内的整合性）を検討する方法である。一貫性を検討する方法として，折半法とクロンバックの α 係数（第8章参照）を算出する方法がある。心理測定尺度の多くは，複数の項目から構成されており，測定しようとしている心理的特徴は，各項目の共通した部分であると想定できる。一貫性を検討する方法では，ある心理測定尺度を構成する複数の項目に共通した反応（回答）が得られるかどうか検討する[3]。

4.3.1 尺度の安定性を検討する方法——再テスト法および平行テスト法

心理測定尺度の安定性を検討する方法として，再テスト法と平行テスト法がある。**再テスト法**とは，同一対象者に複数回調査を実施し，得られたデータ間の関連の強さを検討する方法である。たとえば，同じ体重計を用いて，体重を2回測定した場合，1回目の体重と2回目の体重の値が同じであれば，用いた体重計は信頼できるものであると判断できる。心理測定尺度では，同一対象者に複数回調査を実施し，1回目の測定における尺度の得点と2回目の測定における尺度の得点間の相関係数を算出し，信頼性係数の推定値とする[4]。算出さ

---

[3] 吉田（2001）は，心理測定尺度の信頼性として，安定性と一貫性を検討する方法を以下のように説明している。すなわち，安定性を検討する方法は同一対象者に繰返し測定を行い，安定したデータを得ることが可能か検討しているが，一貫性を検討する方法は尺度を構成する複数の項目が繰返し測定の代用となっている。繰返し測定の一貫性（安定性）が項目間の一貫性（類似性・同質性）に置き換えられているととらえることができる。

[4] 相関係数（r）とは，2変数間の関係の強さを示しており，-1から1までの範囲の値をとり，1に近いほど関係が強い。また，2変数のうち，一方が得点が高いほど，もう一方も得点が高いという関係の場合には正の値となり，一方が得点が高いほど，もう一方の得点が低いという関係の場合には負の値となる。

れた相関係数が正の相関であり，かつ，相関係数の値が高いほど，1回目の測定と2回目の測定のデータの関連が強く，2回の測定がほぼ同様の値を示していると解釈することができる。これにより，用いた心理測定尺度から安定したデータが得られると判断でき，尺度の信頼性を示すことができる。

「賞賛獲得欲求・拒否回避欲求尺度」を作成した小島ら（2003）の研究では，同一対象者に第1回調査の後，2カ月後（第2回調査）および9カ月後（第3回調査）に調査を実施し，「賞賛獲得欲求尺度」の第1回調査の得点と第2回調査の得点との相関係数，第2回調査の得点と第3回調査の得点との相関係数，第1回調査の得点と第3回調査の得点との相関係数をそれぞれ算出している。その結果，すべての相関係数が$r=.70$以上の高い正の相関を示しており，第1回調査で賞賛獲得欲求の得点が高い者ほど，第2回調査や第3回調査でも賞賛獲得欲求の得点が高かった。「拒否回避欲求尺度」についても，同様の結果が得られており，「賞賛獲得欲求・拒否回避欲求尺度」の信頼性が確認されている。

なお，再テスト法を用いて尺度の信頼性を検討する場合には，調査を実施する間隔の長さを考慮する必要がある。体重のような物理的量とは異なり，心理的特徴を測定する場合には，第1回調査の回答の記憶が第2回調査の回答に影響を与える可能性がある。調査に参加した対象者が，過去の調査への回答の記憶にもとづいて，同じ回答をしようと試みたり，回答を変化させようとしたりすることがある。「賞賛獲得欲求・拒否回避欲求尺度」（小島ら，2003）では，2カ月および9カ月の期間をとっているが，2～3週間や1カ月といった期間で実施している研究もある。調査期間が短ければ記憶の影響を受けやすく，長ければ測定しようとしている心理的特徴が変化する可能性もある。心理測定尺度の構成概念等をふまえて，調査時期を設定する必要があるだろう。また，再テスト法では，同一対象者に複数回調査を実施する必要があるが，第1回調査に参加した対象者が，必ず第2回調査に参加するとは限らず，十分なデータ数を確保するのは容易ではない。

一方，**平行テスト法**（代替テスト法）では，心理測定尺度の代替項目を作成し，同時期もしくは一定の期間を設けて調査を実施する。そのため，再テスト

4.3 尺度の信頼性

法のように，回答の記憶がその後の回答に影響を与えることはない。ただし，平行テスト法（代替テスト法）を行う際には，項目数や難易度などが同レベルの代替項目を作成する必要があり，現実的には実施困難である場合が多い。

4.3.2 尺度の一貫性を検討する方法――折半法およびクロンバックのα係数

尺度の一貫性を検討する方法として，折半法とクロンバックのα係数を算出する方法がある。**折半法**は，ある心理的特徴を測定する心理測定尺度の項目を均等になるように2つに分け，それぞれ別に得点を算出し，2得点の関連の強さを検討する方法である。折半法は，1つの尺度を2つに分けることによって，同じ項目数でかつ難易度が同レベルとなる項目を構成することができ，前述した平行テスト法（代替テスト法）と類似するものととらえることもできる。

折半法の具体例として，尺度の項目番号の奇数と偶数番号から2グループに分け，それぞれの得点を算出し，両得点間の相関係数を算出する方法があげられる。ただし，算出された相関係数は，平行テスト法（代替テスト法）をふまえると，一方のグループの項目から構成される尺度の信頼性係数となってしまう。そのため，統計的な修正を行う必要があり，**スピアマン＝ブラウンの公式**を用いて検討される[5]。

折半法を用いる際に項目を2つに分ける方法は何通りもあり，その方法によって信頼性係数は変化してしまう。そこで，可能なすべての折半法を考慮し，一般化した信頼性係数として，**クロンバックのα係数**を算出する方法がある[6]。クロンバックのα係数は，0から1までの範囲の値をとる。松井（2006）によれば，0.6以上であれば「高い」，0.8以上であれば「非常に高い」と表記されることが多い。ちなみに，「賞賛獲得欲求尺度」は$\alpha=.83$，「拒否回避欲求尺

---

[5] スピアマン＝ブラウンの公式は，折半され算出された合計得点間の相関係数をrとすると，$\rho=\dfrac{2r}{1+r}$となる。

[6] クロンバックのα係数は，ある心理測定尺度の項目がn個の場合，項目の分散をσ_i^2とし，全項目の合計得点の分散をσ_x^2とすると，$\alpha=\dfrac{n}{n-1}\left(\dfrac{\sum \sigma_i^2}{\sigma_x^2}\right)$となる。

度」は $\alpha=.82$ と十分に高い値が示されている（小島ら，2003）。

4.4 尺度の妥当性

前述したように，心理測定尺度は，研究者によって設定された構成概念にもとづいて作成される。しかし，心理測定尺度を用いて測定しようとしている心理的特徴は曖昧なものであるために，先行研究をふまえた理論的検討を重ね，丁寧に項目を作成したとしても，測定しようとしている心理的特徴を本当に測定しているのかどうか，はっきりしていないことが多い。心理測定尺度を使用したり，開発したりする際には，精度の高さである信頼性だけではなく，測定しようとしている心理的特徴を測定する測定器具として適切であるかどうか，すなわち，尺度の**妥当性**についても確認する必要がある。

吉田（2001）によれば，妥当性の検討方法については，尺度の内容を専門家が理論的に考察し，項目が適切であるかどうか検討する内容的妥当性（理論的内容的妥当性）と，データを得て統計的に分析することで妥当性を評価する統計的妥当性（経験的統計的妥当性）に区分することができる。

4.4.1 内容的妥当性

内容的妥当性とは，ある測定器具が，測定しようとしているものを，過不足なくとらえることができているかどうかを示すものである。たとえば，英語の能力をとらえるためにテストを実施する場合，リスニングやリーディング，ライティングなどさまざまな視点から問題が構成される。もし，テスト問題がリスニングのみであった場合，英語の聞きとりの能力をとらえるためのテストとなり，英語の能力全体をとらえるためのテストとしては妥当ではない。

第1章でとりあげた「賞賛獲得欲求・拒否回避欲求尺度」（小島ら，2003）の拒否回避欲求を測定するための項目を概観すると，「意見を言うとき，みんなに反対されないかと気になる」や，「不愉快な表情をされると，あわてて相手の機嫌をとる方だ」というように，他者に意見を言う場面や他者の表情をよみとる場面，他者の意見を気にしたり，機嫌をとるという行動など，さまざま

な場面や行動が設定されている。拒否されたくないと感じる場面や，拒否されないための行動を幅広くとらえ，拒否回避欲求の尺度が構成されていることがうかがえる。

内容的妥当性は，信頼性の検討の際に用いる信頼性係数のように，何らかの基準を設けることができないため，主に尺度の作成過程で検討される。新たに心理測定尺度を開発する際には，測定しようとしている心理的特徴の内容（構成概念）をもとに，関連する先行研究を徹底的に調べたり，それらの知見を整理するなどして，数多くの項目を作成する。作成した項目を用いて，予備的な調査を実施して，項目を選定したり，複数の専門家によって，作成された項目の内容が妥当であるか判断されたりすることもある。このような手続きを経て項目を作成・選定し，測定したい心理的特徴を明確にとらえる測定機器として，内容的に妥当である心理測定尺度を開発する必要がある。

4.4.2 統計的妥当性

統計的妥当性とは，測定器具の妥当性を，統計的な手法を用いて検討しており，基準関連妥当性と構成概念妥当性の2つに区分することができる（図4.7）。

```
┌─────────────────┐  ┌─────────────────┐
│  基準関連妥当性  │  │  構成概念妥当性  │
│  ┌───────────┐  │  │  ┌───────────┐  │
│  │ 併存的妥当性│  │  │  │ 収束的妥当性│  │
│  └───────────┘  │  │  └───────────┘  │
│  ┌───────────┐  │  │  ┌───────────┐  │
│  │ 予測的妥当性│  │  │  │ 弁別的妥当性│  │
│  └───────────┘  │  │  └───────────┘  │
└─────────────────┘  └─────────────────┘
```

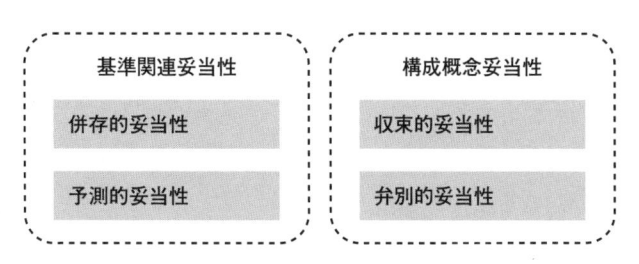

図 4.7 統計的妥当性の種類

1. 基準関連妥当性

基準関連妥当性では，尺度の妥当性を検討するために，外的な基準との関連を検討する。たとえば，境界性や自己愛性の人格（パーソナリティ）障害を測定する尺度を新たに作成した場合，調査時に既存の尺度もあわせて実施し，両尺度の得点間の相関係数が高ければ，新たに作成した尺度がそれぞれの人格障

害を測定する尺度として妥当であると判断することができる。また，新たに作成した尺度を，医師によって人格障害と診断された者と，診断されなかった者を対象に実施し，両者の得点に差があれば，新たに作成した尺度の妥当性を確認することができる。このように，心理測定尺度が測定しようとしている心理的特徴を示す他の指標を外的基準とし，関連を検討することによって示される妥当性を基準関連妥当性という。なお，前述したように，外的基準を同時期の調査や診断から得た場合には**併存的妥当性**とよぶ。一方で，職業などの適正テストを実施した後に，数年後に実際の職業との関連を検討するなど，外的基準が調査実施の時間的後（未来）に存在する場合には**予測的妥当性**とよぶ。

「賞賛獲得欲求・拒否回避欲求尺度」（小島ら，2003）では，併存的妥当性を検討している。具体的には，「賞賛獲得欲求・拒否回避欲求尺度」のもととなっている菅原（1986）によって作成された9項目（賞賛されたい欲求5項目，拒否されたくない欲求4項目）との関連を検討し，賞賛獲得欲求と賞賛されたい欲求，拒否回避欲求と拒否されたくない欲求との間に，それぞれ高い相関が示された（小島ら，2003）。

なお，基準関連妥当性を検討する際には，以下の点に注意する必要がある。基準関連妥当性の検討として，新たに開発した尺度と既存の尺度との関連を検討する場合，両尺度の関連がきわめて強い場合には，新たに尺度を作成する必要がないことを示すことになる。また，基準関連妥当性を検討するための適切な外的基準をつねに設定できるとは限らない。心理測定尺度が測定しようとしている心理的特徴は，抽象的なものであるがゆえに，妥当性を示す外的基準を設定することが困難な場合もある。

2. 構成概念妥当性

構成概念妥当性では，尺度の妥当性を検討するために，他の心理的特徴との関連を理論的に予測し，実際にデータを収集して，予測通りの関連がみられるかどうか検討する。

たとえば，「賞賛獲得欲求・拒否回避欲求尺度」（小島ら，2003）では，構成概念妥当性を検討する際に，先行研究等をふまえ，以下のような予測をしている。小島ら（2003）は，賞賛獲得欲求と拒否回避欲求は，他者が自分に対して

抱くイメージを操作すること（自己呈示）に影響を与える要因であり，賞賛獲得欲求が高い人ほど，他者に好ましく評価されるように，積極的に行動しているのに対し，拒否回避欲求が高い人ほど，他者に嫌われないように，消極的に行動しているととらえている。また，賞賛獲得欲求と拒否回避欲求の高さの違いは，他者の自分に対する反応（フィードバック）の受け止め方も異なることが予想される。すなわち，賞賛獲得欲求が高い人ほど，他者から否定的な反応を受けると，他者から賞賛されたいという目標とは一致しない反応であるために，相手に対して不満や怒りを感じ，逆に他者から肯定的な反応を受けると，他者から賞賛されたいという目標が満たされることから，満足を感じると予想される。一方で，拒否回避欲求が高い人ほど，他者から否定的な反応を受けると，他者からの拒否を避けたいという目標を達成することができず，自分に対して不安や嫌悪を感じ，逆に他者から肯定的な反応を受けると，他者からの拒否を避けたいという目標よりも期待以上の結果を得たために，照れたり困惑を感じたりすると予想される。小島ら（2003）は，これらの予測を検証するために，想定場面法を用いて検討している。具体的には，小集団で意見を出し合う状況で，自身が発言した際に，周囲から肯定的な反応を受ける条件と，否定的な反応を受ける条件を設定し，各条件下での情緒的反応を測定し，賞賛獲得欲求・拒否回避欲求の高さとの関連を検討している。その結果，予測通りの結果が得られ，「賞賛獲得欲求・拒否回避欲求尺度」の構成概念妥当性を示している。

　なお，構成概念妥当性の検討として，他の心理的特徴との関連を理論的に予測する際には，関連がある（例：正や負の相関）という視点と，関連がない（例：無相関）という視点を設定することが可能であり，前者を**収束的妥当性**，後者を**弁別的妥当性**とよぶ。

　なお，本章でとりあげた信頼性と妥当性を，バビー（2001）はダーツの的を用いて，**図 4.8** のように示している。信頼性は，ダーツの的のどこであっても，同じ場所に一貫して当たることであり，妥当性は，ダーツの的の中心の近いところに当たることである。**図 4.8** からイメージできるように，ダーツをする際

には，ばらつきなく（信頼性），的の中心に当たる（妥当性）ことが必要となる。心理測定尺度においても，信頼性と妥当性のどちらか一方が不足している場合は有効な尺度とは言い難い。

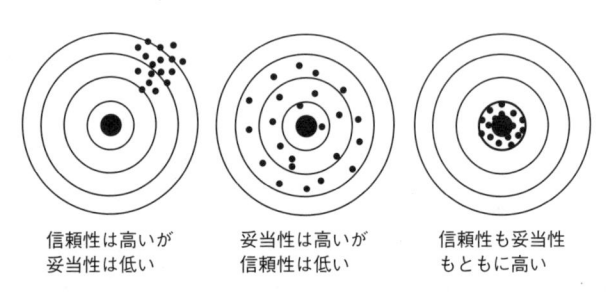

信頼性は高いが妥当性は低い　　妥当性は高いが信頼性は低い　　信頼性も妥当性もともに高い

図4.8　信頼性と妥当性の関係（Babbie, 2001をもとに作成）

　最後に，信頼性と妥当性に関して，研究・調査をする際の注意点について述べる。他の研究者によって作成された既存の尺度を用いる場合には，単に項目文をそのまま用いるのではなく，尺度がとらえようとしている心理的特徴は何か，構成概念をきちんと理解したうえで，尺度の信頼性と妥当性が十分に検討されているかどうか，確認する必要がある。同様に，新たに心理測定尺度を開発する際にも，構成概念の設定や，尺度の信頼性と妥当性の検討は必要である。しかし，実際には，1つの研究ですべてを明確にするには限界があったり，注目する心理的特徴によっては検討できないものもあったりするため，検討が不十分である尺度も少なくない。複数の研究者がある既存の尺度を自身の研究で用いることによって，研究が積み重ねられ，尺度の信頼性や妥当性がより明確になる場合もある。検討が不十分であったり，情報が不足したりしている場合には，先行研究をふまえて理論的に検討することや，新たに調査を計画し検討することが必要である。

5 心理測定尺度の探し方・使い方

丹野宏昭

　心理測定尺度を用いて質問紙調査を行う際には，大きく分けて「既存の尺度をそのまま使用する方法」と「尺度を独自に作成する方法」の二通りがある。いずれの方法をとる場合でも，調査を実施する前に，関連研究の資料や尺度を探すことが不可欠である。本章では，最初に資料や尺度の探し方について説明していく。次に，既存の尺度を使用する場合の注意と，尺度を独自に作成する方法について説明していく。

5.1 資料を探す

5.1.1 資料の種類

　既存の心理測定尺度を探す場合だけでなく，独自に尺度を作成する場合においても，関連する研究の資料を探すことが必要不可欠となる。ひとくちに研究資料といっても，内容は千差万別である。研究論文の中には質の高いものが多いが，中には情報をそのまま鵜呑みにしてはいけない質の低いものもある。質の高い論文とそうでない論文とを区別できる視点を養う必要がある。資料の信頼の高さを大雑把に示すと**表 5.1** のように並べることができる。

　多くの場合，学会誌論文と専門書は質が高めであり，これらを中心に資料を集めることを推奨する。その理由として，学会誌論文は掲載前に審査が行われ，その内容に不備がないか複数名の専門家による厳密な検討がなされている。専門書においても，すでに学会誌等で発表されたデータなどをもとに専門家が執筆しているものがほとんどである。一方で，大学紀要論文や報告書，学会大会発表論文においては，審査が学会誌論文ほど厳密ではなかったり，もしくは審査がまったく行われていない場合がほとんどである。そのため，まずは学会誌

表 5.1 資料の種類と信頼の高さ

資料の種類
高　学会誌論文（心理学研究，教育心理学研究など），専門書
↑　　大学紀要論文，報告書
信頼性　学会の大会発表論文，心理学等の教科書
↓　　一般雑誌の記事，新聞記事
低　素性のわからない人間が書いたインターネット上の情報（個人ブログなど）

論文や専門書を中心に資料を探し，必要に応じて大学紀要論文や学会大会発表論文などにも目を通すようにしていくとよい。また，独自に尺度を作成する場合には，項目作り等のヒントを得るために一般雑誌の記事や新聞記事にも目を向けることがあるが，あくまでも心理学領域における専門的知見ではないことを前提としてとらえ，その扱いには注意する必要がある。

5.1.2 本（書籍）を探す

　現在，Amazon などのインターネットサービスによって，国内外の専門書の検索や購入は，昔に比べて簡単になった。しかし，検索や購入が簡単になったとはいえ，学生が自分の研究と関連する書籍すべてを購入することは金銭的な面から難しいだろう。また，専門書の中には絶版となっていて購入が不可能である場合も多い。そのため，学生が低コストに大量の資料を集める手段としては，旧来と変わらず図書館の利用がもっとも有効であるといえる。現在ではたいていの大学図書館に蔵書検索システムが設置されているため，それを利用した関連資料の検索が非常に簡単になっている。また，所属する大学の図書館に目当ての本が所蔵されていない場合，「CiNii Books」などのインターネットサービスを利用して，国内の図書館の蔵書を検索することができる。大学図書館を通じて国内の図書館から本を取り寄せたり，複写を依頼することが可能である場合も多い。資料収集を始める前に，自分の所属する大学図書館のシステムを確認しておくとよいだろう。

5.1.3 論文を探す

第3章でも述べたが，心理学の研究で資料として使われる論文の多くは，「学会誌論文」か「紀要論文」である（修士論文，博士論文などが用いられる場合もあるが，ここでは省略する）。学会誌論文は，各学会で募集・審査が行われ，学会誌に掲載される形で発表される。一方で紀要論文は，研究機関（多くの場合は大学・大学院）が発行する論文集に掲載されている。前述の通り紀要論文は審査が行われない場合も多い。心理測定尺度を用いた研究が掲載されることの多い心理学系学会誌のうち，代表的なものを抜粋して**表 5.2**に示す。各学会のホームページや，「CiNii」「J-STAGE」（後述）などには，各学会誌の論文題目一覧情報や論文抄録が掲載されている場合もある。これらの情報を確認しながら関連しそうな論文を探し，本文を確認していくとよいだろう。

表 5.2 国内の心理学系学会誌のうち，心理測定尺度を用いた研究の多い代表的なもの

雑誌名	発行学会	創刊	論文のウェブ公開	補足
心理学研究	日本心理学会	1926 年	J-STAGE	
教育心理学研究	日本教育心理学会	1953 年	CiNii	
Japanese Psychological Research	日本心理学会	1954 年	J-STAGE	英文
実験社会心理学研究	日本グループ・ダイナミックス学会	1960 年	J-STAGE	10 号（1971 年）まで「教育・社会心理学研究」
カウンセリング研究	日本カウンセリング学会	1968 年		
応用心理学研究	日本応用心理学会	1978 年		
心理臨床学研究	日本心理臨床学会	1983 年		
社会心理学研究	日本社会心理学会	1985 年	CiNii	
青年心理学研究	日本青年心理学会	1987 年	CiNii（有料）	
産業・組織心理学研究	産業・組織心理学会	1987 年		
健康心理学研究	日本健康心理学会	1988 年		
発達心理学研究	日本発達心理学会	1990 年	CiNii（有料）	
パーソナリティ研究	日本パーソナリティ心理学会	1993 年	CiNii	12 号（2003 年）まで「性格心理学研究」

注）上記の情報はいずれも 2013 年 9 月時点のものである。

5.1.4 資料の探し方のコツ

1. 新しい資料から古い資料へ

まずは新しい資料から探すことで，最新のデータや尺度の改訂版の有無が確

認できる。また，新しい文献で引用されている文献を確認し，さらにまたその文献の引用文献をたどっていく，という探し方をすると，手間も少なくなり研究の流れも把握しやすい。

2. レビュー論文（展望論文）を探す

レビュー論文とは，あるテーマに該当する複数の文献を網羅的に紹介し，概観した論文である。もしも自分の研究したいテーマと関連するレビュー論文を見つけることができれば，そのテーマに関する研究の流れや様子が把握でき，大量の関連文献を入手することが簡単になる。

3. 重要な資料が見つかったら，その著者の論文・著書をくまなく調べる

研究者は同様のテーマで複数の研究を発表している可能性が高い。そのため，有用な資料が見つかったら，その著者の他の文献を調べることで，関連する資料が見つかる場合も多い。また，より最新のデータや改訂された尺度が公開されていることもある。「CiNii」や「J-STAGE」（後述）は論文の著者名から検索することができ，簡単に同一著者の論文の有無を調べられる。

4. キーワードをたくさん用意する

同じ概念を扱っている研究であっても，使われている用語が異なっている場合がある。とくにインターネットで情報を収集する場合，検索キーワードが少しでも異なると，検索にひっかからない場合が多い。たとえば「友人」というキーワードで検索するだけでは，「友達」という用語を用いている研究は検索結果からもれる可能性がある。自分が扱いたい概念について，異なる表記の用語がみられたらメモをしておく習慣をつけておこう。また，シソーラス（類語辞典）などを利用して，検索するキーワードをできるだけ多く用意しておくと，収集もれを防ぎやすい（**コラム 5.1** も参照）。

（例）「自信」に関する研究を調べたい場合のキーワード

自尊感情，自尊心，自己評価，自己効力感，自己肯定感，プライド，誇り，セルフエスティーム，自己愛，ナルシシズム，本来感，有能感，仮想的有能感，など。

5.1.5 尺度リストの活用

 もっとも簡単に心理測定尺度を探すためには，尺度を収集・掲載したリストを活用するとよい。心理測定尺度のリストの定番としては『心理測定尺度集』第Ⅰ～Ⅵ巻（サイエンス社）があげられる。この本では領域別に多数の尺度を紹介しており，その項目内容だけでなく，測定概念，作成過程，信頼性，妥当性，尺度の特徴，出典論文の情報を掲載している。

 日本パーソナリティ心理学会では，機関誌「パーソナリティ研究」において発表された心理測定尺度の一部を，ホームページ上で紹介している（心理尺度の広場：http://jspp.gr.jp/doc/scale00.html）。これらのリストを活用して，自分の研究と関連する尺度を収集すると非常に簡単である。ただし，実際に尺度を利用する際には，必ず出典元の論文を確認してから使用するようにしよう。

5.1.6 インターネットを利用した資料検索

 近年は，資料検索サイトが充実し，資料を探す際にはまずインターネットを利用することが一般的となっている。無料で論文の本文ファイルをダウンロードできる学会誌も増えており（**表5.2**参照），手軽に資料検索を行うことが可能となっている。論文や雑誌記事を検索するうえで有用なサイトについては，以下の書籍において幅広く紹介されているので，そちらもあわせて参照されたい。

西岡達裕（2008）．オンライン情報の学術利用――文献探索入門―― 日本エ
　ディタースクール出版部

伊藤民雄（2013）．インターネットで文献探索2013年度版 JLA図書館実践シ
　リーズ7 日本図書館協会

 ここでは国内の学会誌論文の資料収集の際に活用される代表的なサイトである「CiNii」と「J-STAGE」の使い方を解説する。なお，以降の情報は2013年9月時点でのものであり，仕様変更が生じる場合もある。

1. CiNii

 CiNii（サイニィ）とは「Citation Information by NII」の略であり，国立情報学研究所（NII）が運用する論文や図書・雑誌などの学術情報を検索できる

サービスである。国内の論文を探すことができる「CiNii Articles」と，大学図書館の蔵書を検索することができる「CiNii Books」のサービスがある。CiNii Articlesでは，一部の論文は自由に無料でダウンロードすることができる。また有料の論文に関しても，大学などの研究機関が「機関定額制」の申込みをしている場合，その機関の端末からダウンロードすることができる。

【もっとも簡単な使い方】
(1) CiNiiのトップページ（http://ci.nii.ac.jp/）で，①検索したいワードを入力し，②「論文検索」をクリックする（図5.1）。論文タイトルやキーワードだけでなく，著者名・刊行物名（雑誌名）・学会名を入力して検索してもよい。

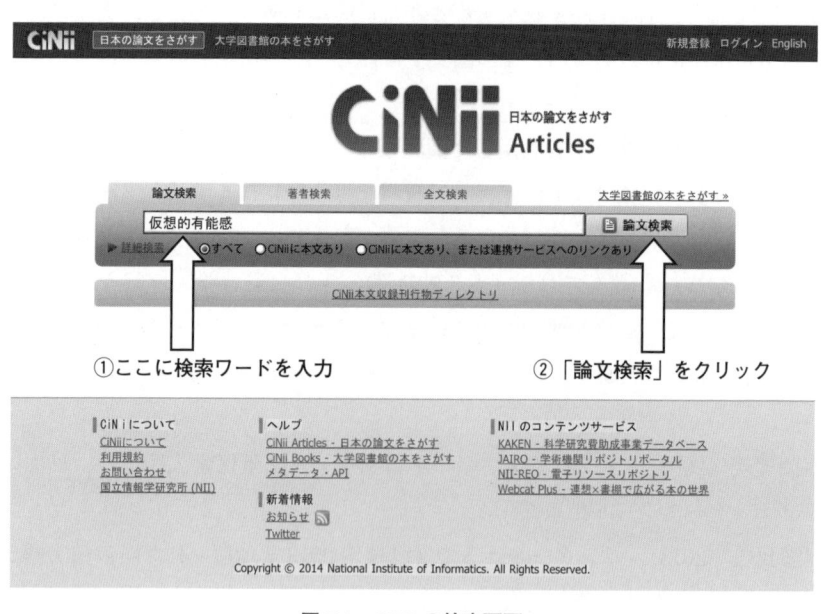

図5.1　CiNiiの検索画面

(2) 検索結果は，図5.2のように得られる。検索結果は「文献情報のみが示される場合」「論文の要約が掲載されている場合」「論文の本文ファイルへのリンクがある場合」と，学会誌によって得られる情報量は異なる。

いくつか条件を設定して検索したい場合は「詳細検索」などを用いる。またCiNiiには検索マニュアルがホームページ上に掲載されているので，そちらも

参考にするとよい（CiNii 検索マニュアル：http://ci.nii.ac.jp/info/ja/articles/quickguide.html）。

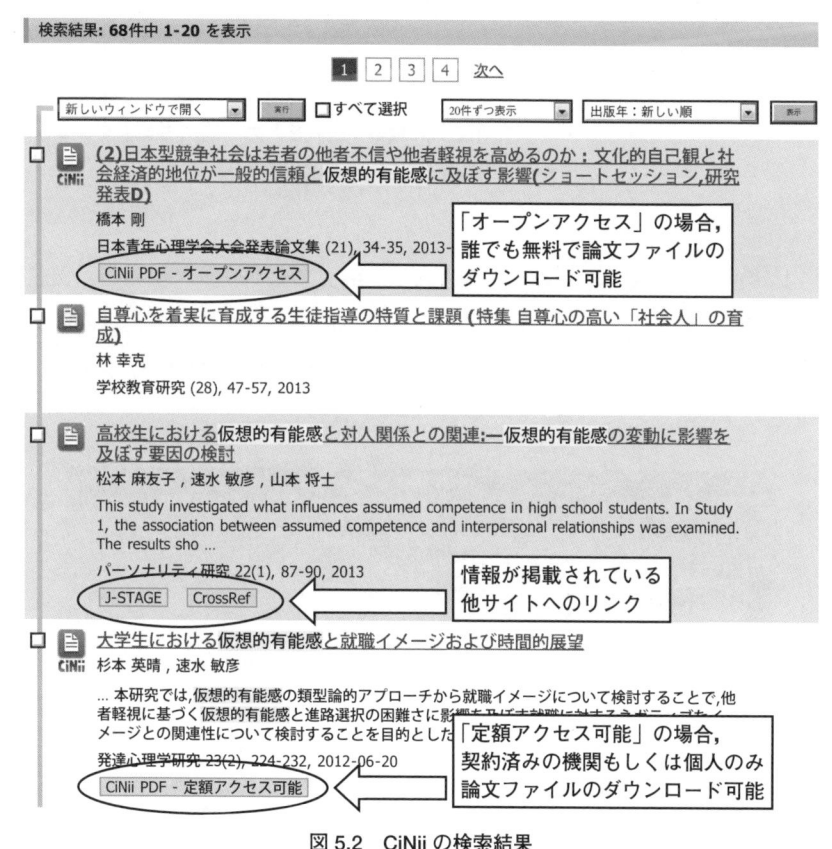

図 5.2　CiNii の検索結果

2．J-STAGE

　J-STAGE とは独立行政法人科学技術振興機構（JST）が運用する電子ジャーナルの情報提供サービスである。国内の電子化された論文を収集し，インターネット上に公開している。

【もっとも簡単な使い方】

(1) J-STAGE のトップページ（https://www.jstage.jst.go.jp/）で，①検索したいワードを入力し，②「検索」をクリックする（図 5.3）。

5 心理測定尺度の探し方・使い方

①ここに検索ワードを入力　②「検索」をクリック

図 5.3　J-STAGE の検索画面

(2) 検索結果は，図 5.4 のように得られる。論文名をクリックすると，文献情報のページに移動する。文献情報のページでは論文のキーワード，抄録，引用文献情報などもみることができる。「本文 PDF」をクリックすると本文のファイルをダウンロードできる。

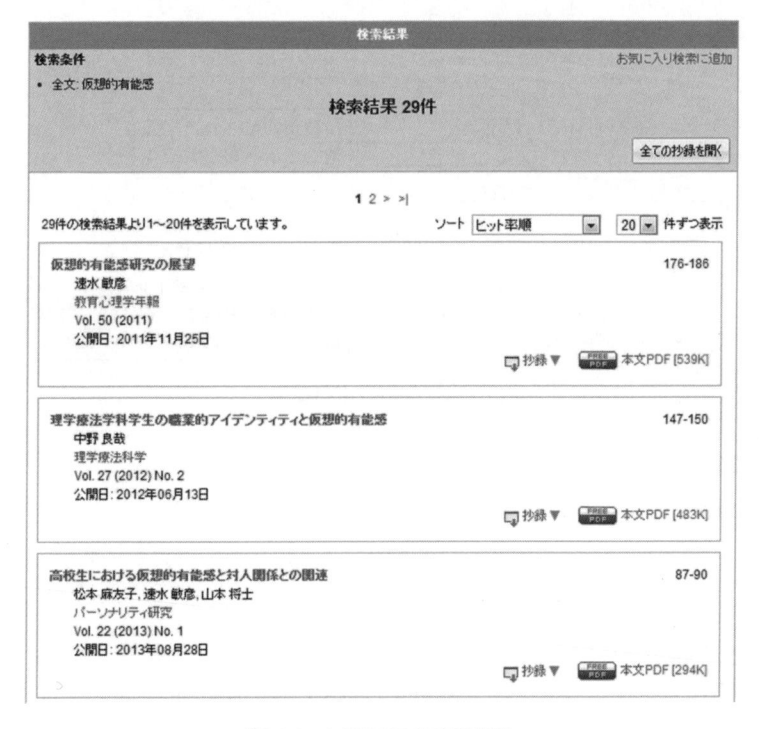

図 5.4　J-STAGE の検索結果

インターネット上で本文が公開されていない論文に関しては，発行されている論文雑誌を図書館などで探してコピーをとって入手しよう。大学図書館に目当ての論文雑誌が所蔵されていない場合は，大学図書館を通じて国内の各図書館に複写を依頼することができる。なお，図書や雑誌は著作権があるため，一般的には著作物の半分まで複写が可能とされている（あくまで図書・雑誌の半分であり，論文は全文の複写が可能）。

5.2 心理測定尺度を使う

資料が手に入ったら，その中に利用できそうな心理測定尺度がないかを検討する。使用できそうな心理測定尺度かどうかを判断するために，以下の点を確認するとよい。
- 測定している概念が研究目的と合致しているか。
- 妥当性や信頼性の確認は十分か（第4章，第8章参照）。
- 尺度の内容が今回の調査対象に適したものとなっているか。
- 言葉遣い（ワーディング）や用語に問題はないか。
- 質問文や質問形式（選択肢）は妥当か。

上記の点を確認したうえで，問題がなければ尺度をそのまま利用することができる。その際は項目だけでなく，質問文や選択肢もそのまま使用することが基本である。そうすることで尺度得点を先行研究と比較することも可能となる。

場合によっては項目・質問文・選択肢を改変して使用することもできる。その場合は原則として先行研究の結果と尺度得点の単純な比較はできなくなる。また，海外の研究で開発された尺度を日本語に翻訳して用いることもある。この場合も先行研究の結果と単純に比較することが可能かどうか，慎重に判断する必要が生じる。なお，国内外の尺度には，市販されていて使用するための著作権を有するものもあるため，その点も確認してから使用を検討すべきである。また，市販されていない尺度であっても，調査結果を発表する際には引用元を必ず明記しなければならない。

5.3 心理測定尺度を独自に作る

調査目的と完全に合致した尺度が見つからない場合は,尺度を独自に作成して調査に使用することになる。心理測定尺度を作成するために,何を尋ねるか(項目はどうするか,質問文はどうするか)と,どのように尋ねるか(質問形式・選択肢はどうするか)を考える。

尺度作成に関しては,以下の書籍においても詳しく書かれているので,必要に応じて参照されたい。

小塩真司・西口利文(編)(2007).質問紙調査の手順 心理学基礎演習 Vol.2 ナカニシヤ出版

鈴木淳子(2011).質問紙デザインの技法 ナカニシヤ出版

5.3.1 項目案を考える

まず研究の目的と,測定したい概念を再度確認しよう。尺度を作成しているうちに,だんだん当初の目的からずれていった尺度が作成されることがよくある。項目を作成する際には,「測定したい概念と合致した項目になっていること」と「測定したい概念を網羅した項目になっていること」が非常に重要となる。項目を作成する前に,研究計画や要因図(第3章参照)なども再度確認し,質問紙調査によって何を測定しなければいけないかを明確にすべきである。

項目を作成する際には,これまで集めてきた資料が重要な役割を果たすことになる。まず自分の測定したい概念の定義や範囲を考えるうえで,先行研究は重要な指針となる。先行研究での概念の扱われ方が自分の研究とはずれていないか,もしもずれている場合は修正するべきか,それとも新たな定義づけを行うべきか,慎重に検討しよう。

また,これまで集めてきた尺度の一部が活用できそうであれば,積極的に利用してもよい。たとえば先行研究の尺度をそのまま使えない場合であっても,いくつかの項目はそのまま自分の尺度に適用できるかもしれない。その際は尺度作成に参考とした文献として紹介する必要がある。

尺度を独自作成するうえで新たな項目案が想定できない場合は,予備調査

5.3 心理測定尺度を独自に作る

(第3章 3.1) を実施して新たな資料を得ることも有効な手段となる。自由回答調査や面接調査で得られた回答を整理することで，新たな項目のアイディアを得ることができたり，測定したい概念と項目の合致や網羅性を確認できる。

その他，項目を作成するときは以下の点に注意する必要がある。

- **目的に応じた必要最低限の質問項目にとどめる**

  回答者への負担やプライバシー保護の理由から，必要以上の事柄について回答者に尋ねないようにする。

- **内容が回答者にとって適当なものであるか**

  回答者に該当しない質問項目や理解が難しい質問項目を設定しない。

- **回答を期待できる質問項目となっているか**

  多くの回答者が回答したくないような項目ばかりになっていないか，慎重に検討する。とくに個人の内面に深く関わる内容は注意すべきである。

- **結果の整理や分析ができる質問項目であるか**

  質問の仕方や項目によっては分析がしにくい形式のデータが取得される場合もある。得られるデータの分析方法は調査前に検討しておこう。

1. ワーディング

ワーディングとは，言葉遣いや言い回しという意味である（第6章も参照）。多数の回答者に同一の媒体を用いて一斉に調査を行う質問紙調査では，回答者によって質問文や項目の受け取り方が異なってしまう場合がある。たとえば有名な悪文として「黒い髪の長いきれいな女の子」というものがある。この文章では読み方によって意味が何重にもとられてしまう。質問紙を作成する際にはワーディングに最大限の注意を払って，誰が読んでも同一の意味で受け取られるような質問文や項目を作成しなければいけない。そのために，前置きや条件の多い文章を避け，簡潔な表現を心がけるとよい。

用語に関しては，できるだけ簡単な用語を用いなければならない。回答者の理解力や事前知識にはばらつきがあるため，調査対象となる回答者が全員理解できるように平易な表現を心がける。難しい漢字は避け，ルビ（読み仮名）をつけるなどの工夫を行う。専門用語などは極力使わないようにして，もしも使わなければいけない場合は，教示文や質問文にて説明を添える。また，回答者

2. 質問文

同じ質問項目や選択肢を用いても，質問文によって得られる結果が大きく異なってしまう。目的や調査対象に応じて質問文の工夫が必要である。

(1) 個人的質問と一般的質問

その回答者自身のことについて尋ねる**個人的質問**（パーソナル質問）と，回答者が世間一般のことをどのようにとらえているかを尋ねる**一般的質問**（インパーソナル質問）がある。個人的質問は，回答者自身の経験や態度と密接な関連があるため，実態的なデータを得やすい。しかし個人的質問は，内面的な質問やプライバシーと関連するものであるほど，回答に対する拒否感が強くなり得る。また，個人的質問への回答は，回答者の「そうでありたい」という理想が混入する危険がある。一方で，一般的質問に対する回答は「社会的に望ましい」と感じる方向に偏ることがある。下記の例の場合，前者は自身がどうありたいかという理想が回答に大きく反映される一方で，後者は社会的価値観が回答に反映され得る。

> （例）「あなたはもっと日本の歴史について勉強するべきだと思いますか？」
> 　　　「日本人はもっと日本の歴史について勉強するべきだと思いますか？」

(2) 意見と行動

意見（態度）と行動（実際）は必ずしも一致はしない。意見について尋ねた回答は「社会的に望ましい」と感じる方向に偏る傾向がある。

> （例）「あなたは，学生も政治に対して関心をもつべきだと思いますか？」
> 　　　「あなたは，ふだんから政治に関する情報を積極的に調べていますか？」

(3) 常態的質問と実態的質問

ふだんどうであるかについて質問する**常態的質問**と，調査時点に近い一定期間内の事実について質問する**実態的質問**は区別して使用しなければならない。常態的質問は漠然とした印象を尋ねており，必ずしも実態と合致した回答とは

ならない。実態的質問は，回答を求める期間をどの程度の長さに設定するかが重要となる。期間を長めに設定しすぎると記憶の薄れや印象に回答が左右される傾向が増す。一方で期間を短めに設定しすぎると，限定した期間が特殊な状況下である場合に回答も特殊性をもってしまうという短所をもつ。

> （例）「あなたはふだん映画館に行くことはどれくらいありますか？」
> 「あなたはこの1カ月の間，映画館に何回行きましたか？」

3. 作ってはいけない項目・質問文
(1) 否定形の表現
　質問文に否定形が多いほど，回答者の混乱を招く。回答ミスが多くなるため，否定形の表現はできるだけ使用しないほうがよい。

> （悪い例）「増税反対運動は，しないほうがよいとは思わない」
> （そう思う・そう思わない）

(2) ダブルバーレル
　1つの質問文の中に論点が2つ存在する状態のことを**ダブルバーレル**という。複数の論点が1つの質問の中に並列されていると，回答者はどの点に回答すべきか迷ってしまう。得られた回答結果をみても，どの論点に対する反応であるか判断ができなくなる。そのため，1つの質問文や項目の中に複数の論点を並列しないように注意する。

> （悪い例）「あなたは野球やサッカーなどの球技が好きですか？」
> （はい・いいえ）

　この例の場合，野球とサッカーのどちらかだけが好きな場合は，「はい」「いいえ」どちらで回答するべきか，回答者によって反応が分かれる。
(3) 誘導尋問
　回答を誘導するような表現をしてはいけない。

> (悪い例)「路上喫煙のマナーの悪さや副流煙の影響など，さまざまな喫煙の問題が指摘され続けています。あなたは喫煙の規制をより強化すべきだと思いますか？」
>
> 「近年は喫煙に対する規制も広がり，やや行き過ぎともいえる喫煙反対行動も増えていることが指摘されています。あなたは喫煙の規制をより強化すべきだと思いますか？」

(4) 回答が偏りすぎる質問

回答が一定方向に偏る質問は設定しても意味をもたない場合が多い（ただし，特定の少数者を抽出する目的で設定された質問の場合を除く）。たとえば5件法で1～5の選択肢をもつ質問に対して，すべての回答者が1と回答した場合，その項目は分析対象として何の意味ももたなくなる。

> (悪い例)「もっとも親しい友人を1名想定してください。その友人のことはどれくらい大切ですか？」
> (1. 全く大切ではない　2. あまり大切ではない　3. どちらともいえない
> 4. やや大切である　5. 非常に大切である)

この例の場合，1～3の選択肢はほとんど選ばれず，4と5に集中する可能性が高い。

4. 質問形式と選択肢の設置

一概に心理測定尺度といっても，さまざまな質問形式が存在する。それぞれの質問形式には長所と短所が存在しているため，特徴をよく理解したうえで，研究目的と合致した方法を選択する必要がある。ここでは代表的な質問形式をいくつか紹介する。

(1) 評定尺度法

> (例)「あなたのふだんの友人関係についてお聞きします。質問文を読み，1～5のうちもっとも当てはまるもの1つに○印をつけてください」

5.3 心理測定尺度を独自に作る

		全くあてはまらない	あまりあてはまらない	どちらともいえない	ややあてはまる	非常にあてはまる
1	お互いに隠しごとをしないように心がけている	1	2	3	4	5
2	お互いに気を使うことがない	1	2	3	4	5
3	お互いの距離感を大切にしている	1	2	3	4	5
4	悩みがあったら打ち明ける	1	2	3	4	5
5	いつも一緒に楽しく遊ぶ	1	2	3	4	5

評定尺度法は1つの質問に対して，意味的に連続している選択肢を設置し，1つを選択させる方法である．心理測定尺度でもっとも一般的に用いられる方法の一つである．回答者にとって負担が少なめであり，1つの質問文で多くの項目への回答を得ることができる．評定尺度法によって得られるデータは厳密には順序尺度（第1章，第7章参照）であるが，量的変数として分析を行うことが慣例となっている．なお，量的変数として用いるためには，前提として選択肢のもつ意味が等間隔に並んでいる必要がある．

なお，選択肢数を奇数個とした場合，中央の「どちらともいえない」に該当する回答が集中することがある．これを防ぐために，中央の「どちらともいえない」を除いて選択肢を偶数個にする方法をとる場合もある（上記の5件法の例の場合，「どちらともいえない」を除いて「1. 全くあてはまらない」「2. あまりあてはまらない」「3. ややあてはまる」「4. 非常にあてはまる」の4件法にする）．しかし選択肢数を偶数個にすると，回答者が曖昧・中庸な態度であっても強制的にいずれかの態度を選択しなければいけないため，得られた回答が回答者の態度を適切に反映していない可能性が生じる．

また，回答が一方向に偏ることを防ぐために，中央に「どちらともいえない」を設置せずに選択肢を並べることもある．たとえば上記の例の場合，回答が「3. どちらともいえない」「4. ややあてはまる」「5. 非常にあてはまる」といった，「あてはまる」側の選択肢に集中する可能性が考えられる．そのよう

な場合は，下記の例のように，回答が少ないと考えられる「あてはまらない」側の選択肢を減らし，「あてはまる」側の選択肢を多くするとよい。

（例）回答に「どちらともいえない」を設置しない場合

	あてはまらない	どちらかといえばあてはまる	あてはまる	かなりあてはまる	非常にあてはまる
1　お互いに隠しごとをしないように心がけている	1	2	3	4	5
2　お互いに気を使うことがない	1	2	3	4	5
3　お互いの距離感を大切にしている	1	2	3	4	5
4　悩みがあったら打ち明ける	1	2	3	4	5
5　いつも一緒に楽しく遊ぶ	1	2	3	4	5

ここまでの例で示したような社会的評価・態度を測定する方法を**リッカート**（Likert）**法**とよぶ。評定尺度法ではその他に，ある測定対象に対する印象を測定する **SD**（Semantic Differential）**法**という測定手法もよく用いられる。SD法では，印象語の対を並べ，いずれかを選択させる。なおSD法を用いる際には，印象語の対がそれぞれ概念的に対極にある語となっているか，慎重に検討する必要がある。

（SD法の例）「あなたは友人関係に対して，どのようなイメージをもっていますか？　もっともあてはまるものに○をつけてください」

　　　　優しい：　7　6　5　4　3　2　1　：厳しい
　　　　単純な：　7　6　5　4　3　2　1　：複雑な
　　　　楽しい：　7　6　5　4　3　2　1　：苦しい

---

(2) 2項選択法

（例）「あなたは友達に対してどのような関係を望んでいますか。以下の2つの関係性のうち，より望んでいるほう1つに○をつけてください」

5.3 心理測定尺度を独自に作る

1. お互いに配慮する関係
2. 気を使わない関係

2項選択法とは，2択の質問によって回答を求める方法である。「賛成―反対」「はい―いいえ」などの形式をとる場合もある。どちらか一方を選ぶ形式のため，確定的な判断を求めることができる。回答も簡単であり，回答者の負担も少ない。ただし，回答者が曖昧・中庸な立場であってもどちらか一方を選ばなければいけないため，質問によっては極端な結論が導き出される恐れがある。

(3) 多肢選択法（単一回答／複数回答）

(例)「あなたは友達に対してどのような関係を望んでいますか。以下の1～6の事柄について，もっとも望んでいる関係性1つ（もしくは，すべて）に○をつけてください」

1. 一緒に楽しく遊べる関係
2. 悩みを打ち明けることができる関係
3. お互いに配慮する関係
4. 嘘をつかない関係
5. 気を使わない関係
6. 距離感を大切にする関係

多肢選択法とは，質問に対する回答を選択肢から選ばせる方法である。1つだけを選ばせる**単一回答**と，当てはまるものすべてを選ばせる**複数回答**がある。

いずれの方法においても回答が選択肢に限られているので，結果の整理が簡単である。回答者の負担もやや少ないが，選択肢数は多くて10個程度が限界である。2項選択法ほど回答を強制することもない。

選択肢の作成にはいくつか注意すべき点がある。まず第1に，予想される回答が過不足なく網羅されていなければならない。あらかじめどのような選択肢を作成すればよいか慎重に検討する必要がある。「あてはまるものはない」「その他」といった選択肢を加えることもある。

第2に項目の重複・類似がないことが重要である。重複・類似する項目があ

ると，とくに単一回答の場合は，回答が分散してしまうことがある。例をあげると「あなたは以下のスポーツのうち，どれがもっとも好きですか？　1つ選んでください」という質問に対して，「サッカー／フットサル／野球……」といった選択肢を作った場合を想定してみよう。「サッカー」が好きな人と「フットサル」が好きな人は重複している可能性が高い。「サッカー」「フットサル」の両方とも好きな回答者はいずれか1つの選択肢のみが回答として反映され，もう一方の選択肢は選択されない。集計結果として，「サッカー」「フットサル」の選択率は低くなってしまうことが予想される。このように，重複や類似する項目があると，実際以上に選択率が低い結果となってしまう可能性がある。

　第3に項目の価値次元（カテゴリーのレベル）を同一に揃える必要がある。たとえば「あなたは以下の料理のうち，どれがもっとも好きですか？」という質問に対して，「和食／洋食／中華／寿司……」といった選択肢を作った場合，「和食」「洋食」「中華」と「寿司」は次元が異なる（寿司は和食の中の一部ではないか？）ととらえられるため，回答が歪んでしまうことが予想される。

　なお，単一回答でも複数回答でもなく，「あてはまるもの3つ選んで○をつけてください」といったように，2つ以上の回答数を指定する方法を**限定回答**という。質問紙調査では，この限定回答をできるだけ使用しないほうがよい。たとえば「プロ野球12球団のうち，好きな球団を3つ選択して○をつけてください」といった質問について考えてみよう。この質問に対する回答で好きな球団3つがあげられたとしても，1番目に好きな球団として選ばれたものと3番目に好きな球団として選ばれたものがそれぞれどれなのか，回答結果をみても判断できない。さらに，1番目に好きな球団と3番目に好きな球団の情報が等価として扱われてしまうため，回答者の態度・意見が正しく回答結果に反映されない可能性が非常に高くなる。

(4) 順位法

> （例）「あなたは友達に対してどのような関係を望んでいますか。以下の事柄について，もっとも望んでいるものから順番をつけてください」

5.3 心理測定尺度を独自に作る

( ) 一緒に楽しく遊べる関係
( ) 悩みを打ち明けることができる関係
( ) お互いに配慮する関係
( ) 嘘をつかない関係
( ) 気を使わない関係
( ) 距離感を大切にする関係

順位法とは，複数の項目を並べて，強制的に順序をつけさせる方法である。同順位はできるだけ認めないほうが回答者の態度・意見が回答に反映されやすく，処理も簡単である。

この方法の長所として，評定尺度法を用いると項目間に回答差が生じないような項目（たとえばどの項目についても「非常にあてはまる」と回答されるような場合）に，強制的に順序をつけさせられる点がある。短所として，回答者への負担がやや大きいことがあげられる。順番をつけられる項目の数はせいぜい10個程度が限界である。また，上位や下位の項目は判断しやすいが，中位は判断がしにくい。

(5) 一対比較法

(例)「あなたは友達に対してどのような関係を望んでいますか。以下にいくつかの事柄がペアにして書いてあります。それぞれ2つの事柄のうち，あなたが友達に対してより望んでいる関係性を○で囲んでください」
1. (一緒に楽しく遊べる関係　or　悩みを打ち明けることができる関係)
2. (悩みを打ち明けることができる関係　or　距離感を大切にする関係)
3. (一緒に楽しく遊べる関係　or　嘘をつかない関係)
4. (距離感を大切にする関係　or　一緒に楽しく遊べる関係)
5. (悩みを打ち明けることができる関係　or　嘘をつかない関係)
6. (嘘をつかない関係　or　距離感を大切にする関係)

一対比較法とは，すべてのペアについて提示し選択を求める（n個の項目の場合，nC_2対に比較判断を行わせる）方法である。ペアの配列の順序はランダ

ムにする。

　この方法の長所として，評定尺度法を用いると項目間に回答差が生じないような項目（たとえばどの項目についても「非常にあてはまる」と回答されるような場合）に強制的に順序をつけることが可能となる点があげられる。短所として，同じ項目が反復出現するので回答者が飽きやすい，項目数が増えるとペアの数が非常に多くなる，集計整理に労力がかかる，といった点があげられる。

(6) 自由回答法

> （例）「あなたはふだん友達にどのようなことを求めていますか。思いつくことを以下の空欄に自由に書いてください」

　自由回答法とは，回答者に対して自由な回答を求める方法である。回答者への負担はやや大きく，質問内容によっては無回答が多くなったり，想定している回答を得られないことも多くなる。得られる情報量は豊かであるが，結果を数量的に処理しにくいため，質的考察に重点がおかれることが多かった。そのため，尺度項目を作成する前の基礎資料の収集など，予備調査に向いている方法であった。しかし近年，テキストマイニングの技術が進み，自由回答法によって得られたテキストデータを数量的に処理し分析できるようになってきた（詳細は第 12 章参照）。

(7) 文章完成法（SCT）

> （例）「次の文章のぬけたところに，適当な文章を入れてください。正しい答えというものはありませんので，あなたの思いつくままに自由にお書きください」
> 1. 私が友人に求めることは，＿＿＿＿＿＿＿＿＿＿＿＿＿＿＿＿＿＿
> 2. 友人は私のことを，＿＿＿＿＿＿＿＿＿＿＿＿＿＿＿＿＿＿＿＿＿

　文章完成法（SCT；Sentence Completion Test）とは，投影法的な方法であり，調査よりも検査で多く用いられる。自由回答法とも近いが，それよりもこの方法は回答に多少の制限を加えている。回答者への負担はやや大きい。自由回答法と同様に結果を数量的に処理しにくいため，質的考察に重点がおかれる。

尺度項目を作成する前の基礎資料の収集など，予備調査に向いている方法である。

5.3.2 項目の並べ方

質問紙の個々の項目は，それぞれの回答内容に対して相互に影響を与え合うことが多い。そのため，項目の順序にも注意する必要がある。

【項目を並べる際に注意すべき事柄】
1. 当たりさわりのない質問から始める
2. 一般的な質問から，特殊な質問へ
3. 客観的な事実から，意見へ

回答しやすいものは先に回答させる。回答しにくい複雑・困難な項目を先にすると，回答への協力率が減少したり，回答ミスが増加したりする。

4. 回答者の心理的流れに沿って配置する

質問項目は「過去→現在→未来」といった時系列順や，「事実→動機」といったように，心理的に想定しやすい流れを厳守する。

5. 調査の核心にふれる問いを優先的に尋ねる

調査への回答は，後半になるほど動機づけや集中力が落ち，正確さが減少する。また，先行の項目が後続の項目の回答に何らかの影響を与えることがある（キャリーオーバー効果，第6章参照）。これを防ぐためには，調査でもっとも重要な問いを前半で尋ねるとよい。

【キャリーオーバー効果が生じてしまう例──「増税に対する意見」が調査の核心である場合】

(1) 日本の不景気が続き，生活苦を訴える貧困層が増加していることに対して，どう思いますか。
(2) 日本の税金制度に不満をもち，海外に移住する人が増えているという報道を見たことがありますか。
(3) 国民の税金は正しく使われていると思いますか。
(4) あなたは増税に賛成ですか，反対ですか。

(1)～(3)の質問項目によって，調査の核心に当たる(4)の質問項目への

回答が歪んでしまう。

6. 関連のある質問をまとめて配置する

関連する質問項目を続けて配置して連続的に回答を求めると，回答者は想定がしやすいため回答への負担が減少される。ただし，項目相互の影響が生じやすいため，キャリーオーバー効果などが生じやすいという欠点もある。

5.3.3 逆転項目

測定したい概念について逆方向から尋ねる項目のことを**逆転項目**（反転項目）という。逆転項目を設定することで，回答者が本当に質問項目を理解したうえでしっかりと判断しているか，回答の整合性を確認することができる。

（例）「以下の事柄について，当てはまるものに〇をつけてください」
1. この学級が好きである　　　　　（はい・どちらともいえない・いいえ）
2. もっとこの学級の仲間と仲良くなりたい
　　　　　　　　　　　　　　　　（はい・どちらともいえない・いいえ）
3. この学級の雰囲気が苦手だ
　　　　　　　　※逆転項目（はい・どちらともいえない・いいえ）
4. また来年もこの学級に所属したい
　　　　　　　　　　　　　　　　（はい・どちらともいえない・いいえ）

本章では心理測定尺度を探す方法と作成する方法について述べた。あくまで本章で述べているものは心理測定尺度作成における「初歩の初歩」である。実際に尺度を作成したり，作成した尺度を用いて調査してみても，うまく結果が得られないかもしれない。できるだけ良い尺度を作成したいのであれば，作成の前に入念な下調べを行うことや，実施する前に尺度の確認を複数の他者に依頼して検討を繰り返すことが重要である。そのためにも調査実施までのスケジュールには十分な余裕をもつことを心がけよう。

コラム 5.1　インターネット検索の便利な方法

インターネットでキーワードを入力して情報を検索するときに，検索結果に余計な情報が大量に引っかかってしまったり，目当ての情報になかなかたどりつけないといった経験をしたことはないだろうか。ここでは，インターネット検索における簡単なコツをいくつか紹介する。

以下に紹介するコツは，Google や Yahoo！などの検索エンジンにおいても活用できるが，CiNii や J-STAGE においても活用が可能である。

1. 特定のキーワードを除外し，膨大な検索結果を絞る（NOT 検索）

除外したいキーワードの前に「 - 」（半角ハイフン）もしくは「NOT（大文字）」を入れて検索を行う。

（例）「自尊感情　-大学生」「自尊感情　NOT　大学生」

上記例のように検索を行うと，「自尊感情」という語句を含むが「大学生」という語句は含まない検索結果が得られる。

2. 複数のキーワードのいずれかを含む検索結果を得る（OR 検索）

検索したい複数のキーワードを「OR（大文字）」で区切り，指定する。

（例）「自尊感情　OR　自尊心　OR　自己評価」

上記例のように検索を行うと，「自尊感情」「自尊心」「自己評価」のいずれかの語句を含んだ検索結果が得られる。

3. 検索キーワードと一字一句違わない検索結果を得る（フレーズ検索）

検索したいキーワードを「"　"」（ダブルクォーテーション）でくくって検索を行う。

（例）「"self esteem"」「"自尊感情"」

上記例のように検索を行うと，「self esteem」「自尊感情」というフレーズを用いてる検索結果のみが得られ，「esteem yourself」「自尊心の高い人間の

感情」などの検索結果は除外される。

4. キーワードの一部が一致した検索結果を得る（ワイルドカード検索）

　キーワードの一部がわからない場合や，複数の用語が該当し得る場合には，その部分に「*」（アスタリスク）を入力して検索を行う。

（例）「"高い自尊*をもつ者の特徴"」

　上記の例だと「高い自尊心をもつ者の特徴」「高い自尊感情をもつ者の特徴」などの検索結果が得られる。

6 質問紙の作成から配付まで

日比野 桂

6.1 質問紙の作成方法

　質問紙を用いた調査を行う場合，質問紙の作成に時間を割く必要がある。実験や面接では研究協力者と直接やりとりし，研究者と研究協力者が互いの意図を確認したり，伝えたりすることができる。しかし，質問紙の回答は研究者のいる場所で行われるとは限らないため，調査回答者が調査内容を間違いなく理解し，回答できるように質問紙を作成する必要がある。質問紙は実験に比べて作成も実施も簡単にできると思われているかもしれないが，データを収集するためには作成の段階から気をつけなければならないことが数多く存在する。本節では，質問紙作成の基礎について説明していく。

6.1.1 レイアウトと設問順序

　質問紙は見やすく，わかりやすいことがもっとも重要である。そのうえで重要となってくるのが，質問紙のレイアウトと設問の順序である。レイアウトは作成の前にある程度確定しておいたほうがよい。測定に用いる尺度などによりある程度決まってしまう部分はあるが，空白部分や文字の大きさなどは自由に決めることができる。空白部分が多く1ページの質問数が少ないと，質問紙全体のページ数が増えてしまうが，1ページにたくさんの質問を詰め込むと見にくくなったり，回答し忘れたりすることがある。どちらも調査回答者は負担を感じるであろう。全体のページ数も考慮しつつ，レイアウトを考える必要がある。

　当然，文字の大きさや書体にも注意しなければならない。小さい文字はやはり調査回答者の負担になるが，かといって大きければよいというものでもない。

また，文字の書体によっては太字（ボールド体）にしていても印刷してみると標準との違いがわからないものもある。わかりやすくするために，1つの質問紙の中で文字の大きさや書体を多彩にすると，逆にわかりにくくなることが多い。どのようなことでも極端にならないよう注意し，質問紙全体のバランスとわかりやすさを考慮する必要がある。

　また，質問紙をどのサイズの用紙で作成するか，印刷を片面にするか両面にするか，複数ページの質問紙をどこで綴じるかなどもレイアウトに影響するため，作成前に検討しておく必要がある。たとえば，A4用紙に両面印刷し左綴じした質問紙の場合，ページをめくった際に裏側となる部分の質問に気づかれないということも起こり得る。そうならないようするためには，質問紙にページ数を入れたり，教示文の前に質問番号をつけたりするなどの工夫が必要となってくる。質問番号をつけることには回答もれを防ぐ意味もあるが，入力や分析の際などのわかりやすさを高めるという意味もある。質問が箇条書きに並ぶよりも，通し番号がついているほうが，研究者・調査回答者の両者にとって有意義であると思われる。

　また，回想法を用いて過去の複数のエピソードについて回答を求める場合などは，それぞれのエピソードに関する質問が同じページ内にあるほうが答えやすいこともある。レイアウトにこだわる必要はないが，見やすさなどを考慮しなければ測定がうまくいかないことも起こり得るので，気をつけなければならない（図 6.1）。

　なお，複数項目からなる尺度などを用いる場合，偶数項目・奇数項目で背景色を変えたり，4もしくは5項目ごとに線を引いたり，行間をあけたりするほうがよい。そうすることで見やすくなり，二重回答や回答もれのようなミスを防ぐことができ，データ入力の際にもどこを入力しているのかわかりやすくなる（図 6.2）。

　設問順序も回答に大きな影響を与える。まず，質問紙への回答は後半になるほど動機づけや集中力が落ちて正確さが減少するため，重要な設問は前半で尋ねるほうが望ましい。しかし，質問紙の最初は当たりさわりのない（調査回答者が答えやすい）質問から始めるほうがよい。重要であっても回答しにくい内

6.1 質問紙の作成方法

あなたが普段感じる感情として，以下のそれぞれの感情はどれくらいあてはまりますか。非常にあてはあまる〜まったくあてはまらないの内で，最もあてはまると思うところの数字に〇印をつけてください。

	まったくあてはまらない	ほとんどあてはまらない	どちらともいえない	少しあてはまる	非常にあてはまる
うきうきする	1	2	3	4	5
苦しい	1	2	3	4	5
おそろしい	1	2	3	4	5
つまらない	1	2	3	4	5
愛しい	1	2	3	4	5
優越感	1	2	3	4	5
そわそわする	1	2	3	4	5
うらやましい	1	2	3	4	5
嬉しい	1	2	3	4	5
憎らしさ	1	2	3	4	5
幸せ	1	2	3	4	5
不満	1	2	3	4	5
切ない	1	2	3	4	5
劣等感	1	2	3	4	5
怯える	1	2	3	4	5
喜ばしい	1	2	3	4	5
罪悪感	1	2	3	4	5
煩わしい	1	2	3	4	5
わくわくする	1	2	3	4	5
もどかしい	1	2	3	4	5
後悔する	1	2	3	4	5
楽しい	1	2	3	4	5
怠ける	1	2	3	4	5
虚しい	1	2	3	4	5
哀れむ	1	2	3	4	5
安らかさ	1	2	3	4	5
不安	1	2	3	4	5
いらいらする	1	2	3	4	5
悲しい	1	2	3	4	5
のどか	1	2	3	4	5

図 6.1 見にくいレイアウト例（尺度の項目は架空のものである）

あなたが普段感じる感情として，以下のそれぞれの感情はどれくらいあてはまりますか。「非常にあてはまる」〜「まったくあてはまらない」の中で，最もあてはまると思うところの数字に○印をつけてください。

	まったくあてはまらない	ほとんどあてはまらない	どちらともいえない	少しあてはまる	非常にあてはまる
1. うきうきする	1	2	3	4	5
2. 苦しい	1	2	3	4	5
3. おそろしい	1	2	3	4	5
4. つまらない	1	2	3	4	5
5. 愛しい	1	2	3	4	5
6. 優越感	1	2	3	4	5
7. そわそわする	1	2	3	4	5
8. うらやましい	1	2	3	4	5
9. 嬉しい	1	2	3	4	5
10. 憎らしさ	1	2	3	4	5
11. 幸せ	1	2	3	4	5
12. 不満	1	2	3	4	5
13. 切ない	1	2	3	4	5
14. 劣等感	1	2	3	4	5
15. 怯える	1	2	3	4	5
16. 喜ばしい	1	2	3	4	5
17. 罪悪感	1	2	3	4	5
18. 煩わしい	1	2	3	4	5
19. わくわくする	1	2	3	4	5
20. もどかしい	1	2	3	4	5
21. 後悔する	1	2	3	4	5
22. 楽しい	1	2	3	4	5
23. 怠ける	1	2	3	4	5
24. 虚しい	1	2	3	4	5
25. 哀れむ	1	2	3	4	5
26. 安らかさ	1	2	3	4	5
27. 不安	1	2	3	4	5
28. いらいらする	1	2	3	4	5
29. 悲しい	1	2	3	4	5
30. のどか	1	2	3	4	5

図6.2　見やすいレイアウト例（尺度の項目は架空のものである）

6.1 質問紙の作成方法

容や複雑・困難な質問を先にすると，研究への協力率が減少したり，回答のミスが増加したりするためである．たとえば，失恋に関する研究をするために，過去の失恋について回答を求めたとしよう．研究者は調査回答者の負担も考え，最初から過去の失恋状況についての設問を配置するだろう．しかし調査回答者の立場に立って考えてほしい．いきなり，自分の失恋について回答することに戸惑いを感じないだろうか．とくに質問紙への回答に慣れていない場合はその傾向が顕著である．失恋について研究する際にも，まずは現在の状況や恋愛に対する考え方などから回答を求めることが重要である．最初に性別や年齢を尋ねる質問紙が多いのは，このような理由である．

また，当然ながら関連する質問項目は続けて配置するほうがよい．たとえば，現在の友人関係，現在の恋愛，過去の恋愛に関する質問をするとしよう．この場合に「現在の恋愛→現在の友人関係→過去の恋愛」や「過去の恋愛→現在の友人関係→現在の恋愛」などの順番で配置すると，恋愛に関する質問の間に友人に関する質問が入ってしまい，回答しにくい．関連する質問項目を続けるように「過去の恋愛→現在の恋愛→現在の友人関係」の順で配置すると回答しやすいのがわかるだろう．

回想法や場面想定法を用いた質問紙を作成する際には，調査回答者の心理的な流れにも気をつけて設問の順序を考えなければならない（**図6.3**）．通常，質問項目は過去・現在・未来といった時間の流れや，事実から動機といった心理的な流れを意識して配置される．たとえば，アルバイト先での不満の解消方法について検討するために，不満内容，不満を感じ始めたきっかけ，不満の解消方法，解消方法の効果などを検討するとしよう．その場合，解消方法の測定が目的であっても，まずは不満の内容についての設問をするべきである．不満の解消方法を尋ねた後で不満内容や不満を感じたきっかけを尋ねることは可能だが，回答しやすいとはいえない．

また，心理的な流れは実際の時間経過に従うとは限らない．先ほどの例でいえば，最初に不満を感じ始めたきっかけがあるわけだが，きっかけを先に尋ねるより，不満内容について尋ねた後にきっかけを尋ねるほうが，思い出しやすいのである．不満内容を先に尋ねることで，想定した場面や記憶にある過去の

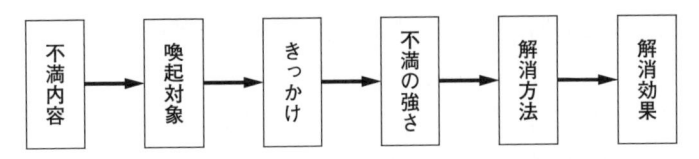

不満内容 → 喚起対象 → きっかけ → 不満の強さ → 解消方法 → 解消効果

図 6.3　調査回答者の心理的な流れに沿った設問順序

解消方法やその効果の測定が目的であっても，まずは不満内容から測定する。解消方法を質問した後，不満内容を尋ねられても回答しにくいであろう。まずは不満内容を尋ね，どのような場面なのかを明確にさせてから，関連する質問をするのがよい。

場面がより明確となる。先に解消法を尋ねると，研究協力者の中でどの場面であったかが漠然としたまま回答されてしまう可能性がある。

　さらに，ある状況での感情と行動を測定する場合などは設問順序の影響で測定する内容が変わってしまうことがある。先に感情を尋ねた場合，行動はその感情喚起の結果であるが，逆に，先に行動を尋ねた場合，感情はその行動の結果もふまえて喚起したものを回答するであろう。このように同じ設問であっても，設問の順序で意味合いが異なってしまうということが起こる。質問紙は研究者が重要と考える順序ではなく，あくまで調査回答者の立場に立って作成する必要がある。そうしなければ，自らが意図したものを正確に測定できない質問紙となる可能性がある。

　このように，質問紙の個々の項目は回答内容が相互に影響を与え合うことがある。たとえば，前の設問の回答が後の設問の回答に影響を与えることがあり，これを**キャリーオーバー効果**という。具体的な例をあげると，環境問題を尋ねた後で，自動車（バス）と自転車のどちらの通勤・通学を増やすべきかを尋ねた場合，自転車を増やすべきという回答が増加するといったことである。環境問題を尋ねられると環境への意識が高まる。そのため，環境破壊につながらない自転車が選択されやすくなるのである。このようなキャリーオーバー効果がデータに与える影響を最小限にする方法としては，それぞれの設問の独立性が保たれるよう，設問の位置を離すことが考えられる。もしくは，設問の順序が異なる質問紙も作成し，複数の質問紙を用いて調査することで**カウンターバランス**をとる方法も有効となる（図 6.4）。

6.1 質問紙の作成方法

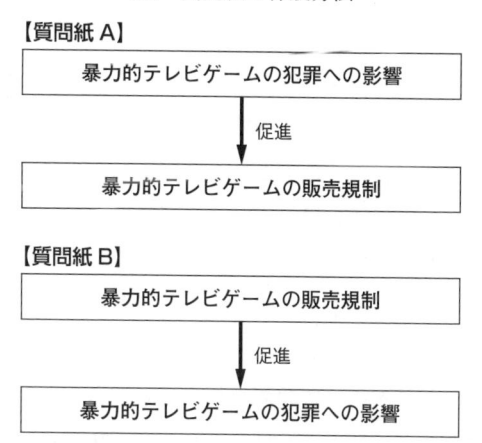

【質問紙A】

```
暴力的テレビゲームの犯罪への影響
          ↓ 促進
暴力的テレビゲームの販売規制
```

【質問紙B】

```
暴力的テレビゲームの販売規制
          ↓ 促進
暴力的テレビゲームの犯罪への影響
```

図6.4 カウンターバランスの例

質問紙Aでは，犯罪に影響すると思うほど販売規制の承認が高まる。質問紙Bでは，販売規制を承認しているほど，犯罪への影響を高く評価する。両方の質問紙を作成・配付することでそれぞれの効果を打ち消し合う。場面想定法で2場面提示する際などもカウンターバランスをとることで回答への慣れの影響を排除することができる。

6.1.2 ワーディング（言い回し）

先に示したように，質問紙の作成の際には，調査回答者に調査内容が正確に伝わる必要がある。そのため，質問紙上の文章や用いる表現にも注意が必要となる。不特定多数に配付する質問紙だからこそ，わかりやすいのはもちろん，間違った解釈がなされないように気をつけなければならない。たとえば，家族の関係性に関する質問紙を作成したとしよう。一見，問題がないように思うかもしれないが，そもそも研究の対象としている「家族」とはどのような対象であろうか。同居・別居，何親等以内，配偶者の親族はもちろん，ペットを家族とみなす人がいる現状では，その扱いも明記しておかなければ研究の対象ではない家族が含まれかねない。また，たとえば学生に在籍している学校の構内で好きな場所を尋ねる場合に「あなたは学校のどこが好きですか？」などと尋ねてしまうことがある。この場合，空間的なことだけではなく，校風や施設の充実度，教員の態度などの特徴を回答されることが考えられる。直接言語的なやりとりができる場合は，相手の誤解に気づいた時点で再度質問ができるが，質問紙ではそうはいかない。自らの意図が正確に伝わるような表現の仕方を複数

考えるなど，何度も表現を推敲する必要があろう。

　上記の例のような曖昧な用語以外にも，一般的に通用していない用語（省略語，流行語，方言など）や専門用語の使用は避けるべきである。調査回答者が知らない単語を調べて回答することはあまり期待しないほうがよいし，そもそも調査回答者が知らない単語を用いている質問紙はけっして良いものではない。研究者にとってどれだけ馴染みがある言葉であっても，通用しない言葉では意味がないのである。また，わかりやすさを考えるならば，長い文章も避けるべきであろう。文章が長くなればなるほど，わかりにくく誤解が生じやすくなる。さらに，文章が長いと必然的に質問紙全体の量も増えることになる。質問紙作成において「明確さ」と「簡潔さ」はさまざまな意味で重要な要素である。

　ふだんはあまり意識しないかもしれないが，文章を正確に理解してもらうには構文が大事である。たとえば，「あなたはなぜ今の大学で心理学を勉強しているのですか？」という質問を考えてみよう。この文章では「なぜ」がどこにかかっているかがわかりにくい。つまり「心理学を勉強するために今の大学を選んだのはなぜか？」（「なぜ」が今の大学にかかる）と「今の大学で勉強するものとして心理学を選んだのはなぜか？」（「なぜ」が心理学にかかる）の二通りに解釈できる。いくつも解釈できる文章では正確な情報が伝わらないし，求めていない回答（今の大学で心理学を選んだ理由が知りたいのに，心理学を勉強するために今の大学を選んだ理由を回答されてしまう）により，分析に必要なデータ数がなかなか集まらないという事態になりかねない。日本語そのものが曖昧さを内包しており，また日本文化には明言を避ける傾向があるため，質問紙を作成する際には，構文のようなふだん意識しない部分も意識し，表現や言い回しを考える必要がある。正確なデータ収集には，正確な文章で作成された質問紙が必須であろう。

6.1.3　フェイスシート（調査協力の依頼）

　従来，質問紙の**フェイスシート**といえば，性別や年齢などの個人情報，デモグラフィック（人口統計的）変数に関する質問項目のことであった。これらは，データ分析において基礎となるデータであり，質問紙の冒頭，すなわち表紙に

置かれることが多かったため，フェイスシートとよばれていた。しかし現在では，これらの質問項目を質問紙の最後に設置することも多くみられる。一方，質問紙の表紙には，研究の目的，回答方法やデータ処理の方法などを載せるのが一般的になっている。これは，調査実施前に調査協力への意思の確認が非常に重要なためである。様式が決まっているわけではないが，表題（タイトル），研究の目的，回答方法，データ処理方法，プライバシーの保護，フィードバック方法，研究者の氏名および連絡先などは載せるべきであろう。

　表題（タイトル）は抽象的であっても具体的であってもよい。当然，具体的であれば調査の内容を明確に伝えられるが，研究目的などにより表現を考えるべきである。たとえば，援助行動に関する調査であった場合，表題に「援助行動」と明記することで社会的望ましさが影響し，より援助を行ったという方向にデータが歪む可能性がある。また，「性」などのプライバシーが深く関わる場合も抽象的なほうがよいであろう。プライバシーの保護にどれほど気をつけたとしても，プライバシーがすべて明らかになってしまうといった不必要な誤解をされたり，協力拒否をされたりしかねない。この場合，実際の質問箇所で個々に詳しく教示する必要があるだろう。なお，質問紙で多様な質問を行う場合は，それを包括するような表題をつける必要がある。

　研究協力を得るにあたり，その研究の目的や意義などは重要な要素となる。協力する側としても，目的が明確で協力価値がある研究に協力したいと思うのは当然であろう。そのため，フェイスシート（表紙）に研究の目的を明記する必要がある（**図 6.5**）。また，質問紙のページ数や回答時間，質問紙全体の回答方法なども先に示しておくのがよい。回答時間は協力する際に必要な情報であるし，調査全体の内容を理解してもらうためにも先に回答方法を示しておくのが効果的である。複数の尺度や異なる内容を質問する場合には，そのことも書いておくべきである。

　また，データ処理方法，プライバシーの保護，フィードバック方法は明確に示しておく必要がある。調査を実施するにあたり，質問紙の扱いやプライバシーの保護はもっとも重要なことであり，調査回答者に不安を感じさせないためにも丁寧な記述を心がけるべきであろう。また，研究者の氏名および連絡先を

怒り経験に関する調査ご協力のお願い

研究者：○○大学　山田太郎
E-mail：yamada@××××.ac.jp

● 調査の目的

　近年，衝動的に怒りを表してしまうことが社会的に問題視されています。今までは，怒りを感じた原因や促進要因について研究されてきましたが，むしろ，いったん生じてしまった怒りをどのようにコントロールするかが重要であると考えています。この調査は，怒りを感じた相手と話し合うことが与える影響を明らかにすることを目的としています。ご協力いただき，怒りを感じた相手との話し合いが怒りの鎮静に与える影響について有益な情報を提供できればと考えています。

● 調査の内容について

　この調査は，今までに他の誰かに怒りを感じた際に，相手と話し合いを行った経験についてお尋ねするものです。過去の経験を1つ思い出していただき，その時に，どのようなことを感じたり，行ったりしたか，についてお答えいただきます。
　質問紙はA4用紙3枚で回答にかかる時間は15分程度です。

● 回答について

　この調査への回答は強制ではありません。回答するかどうかは皆さんが自由に決めることができます。回答したくない場合は，回答の途中であっても回答を拒否することができますし，回答したくない質問には回答しなくても構いません。回答しないことで不利益が生じることはございません。
　回答は，研究目的のみに使用し，それ以外の目的には一切使用いたしません。使用の際もまとめて統計的に処理した上で用いますので，皆さんの情報がそのまま利用されること，プライバシーが明らかになることは絶対にありません。

● 結果のフィードバックについて

　この調査の結果を知りたい方は，最後に連絡先の記入欄がありますので，メールアドレスをお書きください。調査結果はファイルを添付する形にてお伝えする予定です。携帯電話のメールアドレスはご遠慮ください。

　調査の目的・内容についてご確認いただき，協力に同意してくださる方のみ，別紙の調査用紙への回答をお願いいたします。

　この研究は，調査回答者の皆様に不利益がないよう万全の注意を払って行われます。研究協力への同意後においても，調査回答者となることを不利益を受けずに随時撤回することができます。
　本研究の内容に関してご意見・ご質問などがございましたら，お気軽に研究者にお尋ねください。

図6.5　フェイスシートの例

示すのは，最低限の礼儀であるし，調査回答者が調査に対する質問や感想などを研究者に伝えるためにも必要である．とくに，質問紙の配付から回収までに数日を要する場合，回答方法への質問を受けるためにも連絡先は明記するほうがよい．なお，研究監督者である教員の立場からすると，研究者である大学生自身のプライバシーを保護するために，携帯電話などの個人的な連絡先を記載するのは避け，所属先で配付される連絡先などを利用するべきであると考える．

6.2 質問紙の配付と回収

　質問紙を作成したら，研究計画に従い，研究を実施することとなる．つまり，作成した質問紙を配付し回収することが必要である．しかし，配付する際にも配付の対象，配付方法や協力の依頼方法など注意すべきことが数多くある．また，回収の際にも気をつけるべきことがある．本節では，質問紙調査の実施にあたり注意すべき点などを説明していく．

6.2.1　研究対象とサンプル（母集団，サンプリング，サンプルサイズ）

　研究を実施する際には，自分の研究の対象を明確にしておく必要がある．たとえば親子関係に関する研究をする場合，対象となるのは親と子の両方なのか，両親のみなのか，もしくは片方の親だけなのか，子どもの年齢は制限するのかなど，多くの観点から対象の範囲を定義しなければならない．このように定義した研究対象全員を**母集団**とよぶ．母集団について，逆に研究結果からその定義を考えてみると，「研究結果を適用できる対象」といえるかもしれない．通常，母集団の成員すべてに研究を実施すること（これを「全数調査」という）は非常に難しいことである．そのため，母集団を形成する一部の成員に研究を実施し，その結果をもとに母集団への推測を深めることになる．この実際に研究を実施する成員を**サンプル**（**標本**）といい，サンプルの抽出を**サンプリング**（**標本抽出**）とよぶ（図 6.6）．

　サンプリングでは，母集団全体の傾向を把握するため，母集団を代表するようなサンプルを選択する必要がある．当然，偏りのあるサンプリングを行えば，

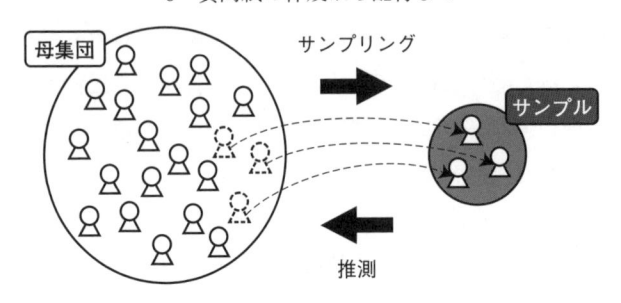

図 6.6　母集団とサンプル（標本）

結果の妥当性が低くなってしまい，母集団を推測することは難しくなってしまうため，サンプリングには注意が必要である。

　サンプリングにはさまざまな方法がある。もっとも理想とされるのが**ランダムサンプリング（無作為抽出）**である。ランダムサンプリングは，成員すべてが協力者となる確率が同一となる方法でサンプリングすることである。ランダムサンプリングを実施すると偏りがないサンプリングができるが，そのためには母集団成員のリストが必要である。住民基本台帳などを利用すれば，ランダムサンプリングは可能であるけれども，実施するためには多くの費用と時間が必要となる。そこで，心理学の研究の多くはランダムサンプリングではなく，**機会サンプリング**（Searle, 1999；宮本・渡邊訳, 2005）とよばれる方法でサンプリングを行う。機会サンプリングとは，標本となり得る成員の中で，依頼・研究実施がしやすい成員をサンプリングする方法である。たとえば，研究者の友人や家族，大学生でいえば指導教員の担当する授業を履修する学生などが該当するであろう。当然，ランダムサンプリングとは異なり偏りがあるサンプリングではあるが，簡単に研究が実施でき，母集団が全人類対象であるなら機会サンプリングでも十分である。とはいえ，偏りがあるサンプリング方法であることには変わりないので，データ分析や考察の際に偏りがあることを意識する必要がある。

　サンプリングには，他にも系統サンプリング，層化サンプリング，割当サンプリングとよばれる手法がある。**系統サンプリング**とは，ランダムサンプリングする際の選択手法の一つであり，サンプルの選択を一定間隔で行う方法であ

る。たとえば，学籍番号が3の倍数である学生のみをサンプリングするなどがあげられる。

　層化サンプリングとは母集団を変数の組合せでグループ化（層化）し，それぞれのグループが母集団でどの程度の割合かを考慮したうえで，グループからランダムにサンプリングを行う方法である。たとえば，全従業員8,500人から100人のサンプルを抽出する際に，年齢層（40歳以上7：40歳未満3），性別（男性8：女性2）を考慮して，40歳以上の男性56名，40歳未満の男性24名，40歳以上の女性14名，40歳未満の女性6名を抽出することとなる。層化サンプリングは小さなサンプルサイズで大規模な母集団を代表するサンプリングが得られる方法である。しかし実施するためには，母集団の特徴（たとえば男女比）などを把握し，また，どの特徴が研究に影響を及ぼすのかを理解している必要があり，非常に難しいサンプリングであるともいえる。層化サンプリングと似ている方法として，**多段抽出法**がある。多段抽出法は，層化サンプリングのように母集団を層化せず，ランダムサンプリングを何度か繰り返して必要数のサンプルを抽出する方法である。たとえば，日本全国からランダムサンプリングをしていくつかの県を抽出し，さらにその各県からいくつかの市町村をランダムサンプリングする。そのうえで，その市町村に住む住民から必要サイズのサンプルをランダムサンプリングするような方法である。層化のように特徴の把握などを行っていないため，サンプルが母集団の特徴を代表しているとは限らないサンプリングである。

　また，**割当サンプリング**は，層化サンプリングと機会サンプリングを組み合わせたものである。層化サンプリングと同様に母集団を層化するが，実際の抽出においてはランダムではなく，機会サンプリングを行う方法である。研究者がサンプルを抽出するのではなく，調査回答者が他の調査回答者を選択（紹介）するサンプリングを**スノーボールサンプリング**とよぶ。サンプルが雪だるま式に増えていくので，このようによばれる。研究対象者を見つけるのが困難な場合やある個人の人的ネットワーク・人間関係などを研究する際に用いられる方法である。

　上記のようにサンプリングにもさまざまな種類が存在する。これらは，大き

く無作為抽出法と有意抽出法の2つに分類できる。**無作為抽出法**とは，研究者の主観や意図が入らないようにサンプリングする方法であり，**有意抽出法**とは，たとえば「代表的」なサンプルを意図的にサンプリングする方法である。ランダムサンプリングや層化サンプリングは無作為抽出法，機会サンプリングや割当サンプリングは有意抽出法といえる。サンプリングには長所・短所があるため，実施の際にはそれぞれの長所・短所を検討したうえで，サンプリング方法を決定すべきであろう。

サンプリング方法が決まれば，次に**サンプルサイズ**（標本の大きさ）を決める必要がある。サンプルサイズが大きいほうが，より母集団に近い標本となるが，いくらサイズが大きくともサンプルが偏っていれば意味はない。実際にサンプルサイズを決める際には，サンプリング方法や研究者の個人的資源（金銭，人脈，時間など）により決まってしまうといってよいだろう。しかし収集したデータを統計的に処理するならば，それに合わせた最低限のサンプルサイズを満たす必要がある。それぞれの検定の信頼性や結果の安定性を保つためには，ある程度のサイズになるようにしなければならないであろう。

6.2.2 質問紙の配付の依頼方法

サンプリング，サンプルサイズが決定したら，次にすべきことは質問紙の配付と回収である。鎌原ら（1998）は，配付と回収を研究者が調査回答者に直接行う「直接型」，第三者に依頼する「間接型」という2種類に分類した。研究者が自らの個人的資源だけでサンプルサイズを満たすことができれば，「間接型」を行う必要はない。しかしながら，大学生・大学院生が質問紙を配付・回収する場合，個人的資源だけでは限界があるし，研究対象が小・中学生や高校生である場合や幼児の保護者を対象とした調査の場合などは，自ら配付するより担任教員に配付を依頼することが多いであろう。ここでは質問紙配付の依頼方法について説明する。

まず，研究者は研究対象とサンプルサイズを考え，誰に依頼するかを決めなければならず，当然，複数名に依頼することもある。依頼相手には，なるべく偏りがない対象に配付が可能な相手を選ぶべきであるが，質問紙の配付に協力

6.2 質問紙の配付と回収

的すぎて，調査回答者に回答を強要しかねない相手には依頼しないほうがよい。研究協力はあくまで同意のうえで行われるものであり，義務ではない。研究者が自ら配付できない場合は，調査回答者に対する配慮にはとくに注意を払う必要がある。

通常，質問紙の配付を依頼する場合，依頼状，研究計画書，質問紙，ブリーフィングの資料を相手に示し，研究について説明する必要がある。目的も実施内容も説明できていない状態で質問紙の配付を依頼することは，相手に失礼である。つまり，ある程度実施の準備ができてから依頼に行くことが重要である。もちろん，礼儀として相手の都合を確認し，説明に行く日時を決めなければならない。当然，授業の進捗状況や他の調査との兼ね合い，日程の問題などさまざまな事情により，質問紙の配付の協力を断られることもあるだろう。協力が得られることを前提とせず，誠意をもって依頼することが重要である。研究内容や結果が相手にとっても有益であることも配付に協力してもらえる理由となるであろう。つまり，依頼時には協力することの意味，研究価値などを十分に理解してもらえるように丁寧な説明が必須となる。なお，小・中学校などでの配付の場合，学校を代表する校長先生に依頼しても，その後，職員会議を経ないと協力できるか判明しないこともある。実際に調査が実施できるまで時間がかかることを前提に，早めに行動することが重要となろう。

協力が得られた場合，配付可能な数と日程などを確認し，質問紙を渡す日取りと回収する日取りを決める必要がある。また，もし質問紙について調査回答者から質問があった場合，配付と回収に何か問題等が生じた場合の対応についても確認しておく必要があるであろう。

6.2.3 質問紙の配付と回収（ブリーフィング，倫理的配慮）

質問紙を作成し，研究に必要な部数を揃え，サンプリングを終えたら，実際に質問紙を配付し，回答を求める段階となる。本項では，配付・回収の際の注意点について説明する。質問紙調査実施の際の流れを**表 6.1** に示す。配付と回収が別の機会になることもあるが，基本的な流れは同じである。

配付対象が個人であっても集団であっても，ブリーフィング内容に変わりは

6 質問紙の作成から配付まで

表6.1 質問紙調査実施の際の流れ

1. 挨拶・自己紹介（あわせて，協力の依頼に来た旨と説明（実施）にかかる時間を伝える）
2. 質問紙の配付
3. ブリーフィング（研究の目的，回答方法の説明，回答に関する注意点，回答後の質問紙の扱い，回収方法などを説明する）
4. 協力への同意の確認
5. 調査回答者に質問紙への回答を求める
6. 質問紙の回収
7. お礼とディブリーフィング

ない。**ブリーフィング**とは，端的にいえば質問紙調査実施の前の説明のことである。まずは，研究目的と研究内容を伝え，そのうえで回答方法を説明する。次に，回答された質問紙のデータ処理の方法，プライバシーの保護について説明し，回収方法，フィードバック方法を述べる。最後に，質問等がないか確認する必要がある。このように書くと，フェイスシートと同じと感じるかもしれない。実際，フェイスシートをそのまま音読し，ブリーフィングの代わりとすることもある。確かに重要な情報はフェイスシートに示されているが，フェイスシートは必要最低限の内容を示しているにすぎない。むしろ，フェイスシートを利用して情報が正確に伝わるよう，足りない部分を補ってブリーフィングすべきである。その際，事前にブリーフィングの流れと内容を検討し，しっかりと説明できるようにしておく。準備不足でまとまりがないブリーフィングでは情報が伝わらず，実施や回答に支障をきたす恐れがある。なお，調査に慣れている対象にブリーフィングの前に質問紙を配付すると，ブリーフィング（説明）を聞かずに回答を始める者がいる。回答もれや回答ミスが起こりやすく，トラブルにもなりかねないので，質問紙配付のタイミングには，注意が必要である。

　研究者として，質問紙の配付の際にはしっかりと心構えをしておくとよい。配付の際の服装やブリーフィングの態度などにより印象が決まり，それが研究協力への同意や質問紙への回答に影響を与える。服装は公式な場を意識してフォーマルな服装がよいが，権威による強制とならないよう注意が必要である。また，ブリーフィングにおいて，要領を得ない説明をする，小声で話す早口で

6.2 質問紙の配付と回収

話すなどはもちろん，事前に準備した原稿ばかり見ていて，調査回答者のほうを一切見ないといった態度では，協力が得られないこともあり得る。グループ研究においては，役割分担がなされておらず，互いに押し付け合ったり，研究者のみで通じるようなことを話したりすることも悪影響を及ぼすであろう。当然，調査回答者が質問紙に回答している際に，関係のない話をすることは良い印象を与えない。あくまで，調査回答者の善意により協力が得られることを忘れず，真摯な姿勢で臨まなければならない。

　配付の際に，とくに注意すべきことがプライバシーの保護を含めた倫理的な問題への対応である。先に述べたブリーフィングも，その対応の一部ともいえる。実施の前に十分な説明を行い，同意を得たうえで実施することは大前提である。また，たとえば援助行動に関する研究など，事前に研究内容を正確に伝えられない場合でも，抽象的な目的や「仮の」目的などの説明をする。調査実施前に正確な研究内容を伝えられないときは，実施後に本当の目的とその目的を伏せて研究を実施した理由について丁寧に説明する必要がある。調査実施後でも，誤解がないよう，相手の理解が得られるまで繰返し説明することが重要である。

　回答においても，協力を断ることに不利が生じてはならない。質問紙全体への回答はもちろん，個別の設問についても同様である。同意が必要なことからもわかるが，回答は強制ではない。最初から回答しない，途中で回答をやめる，特定の項目のみ回答しないことは許容されることである。さらに，単なる許容ではなく，何の不利益もないようにする必要がある。未回答が多い場合は，なぜ未回答が多くなったのかを検討する必要がある。質問項目の量，教示文のわかりやすさ，質問内容の回答のしやすさはもちろん，レイアウトを含めて問題点を明らかにし，未回答を防ぐために，対応できることは対応を検討するのがよいであろう。

　回答された質問紙の管理も重要なことである。質問紙は調査回答者の個人情報のかたまりといってよい。管理の際には情報の漏洩が生じないよう，細心の注意が必要である。保管の際には，金庫などの施錠できる場所に保管し，厳重に管理するのがよい。また，データ入力の際など保管場所から出す場合には，

他者に見られないように配慮する必要がある。さらに，研究上の必要性がなくなり次第速やかに廃棄するべきであろう。なお，質問紙そのものの管理も重要であるが，質問紙調査を実施することで得られた情報が，調査回答者の関係者や所属集団にもれることがないように注意する必要もある。

　また，調査結果をフィードバックすることも倫理的な問題への対応である。質問紙の回収をもって調査終了ではない。研究目的や内容を理解し，回答した調査回答者にその協力の結果を示すことは当然といえよう。ただし，結果には興味がない調査回答者もいる。結果を通知するには，調査回答者の匿名性を保ったまま再度連絡をとることが必要な場合もあるし，フィードバックそのものも強制的に行わないように心がけなければならない。分析に必要なデータ数が集まるのに時間がかかることもあるが，時間経過により調査回答者が調査の内容を忘れてしまう可能性もある。フィードバックは，なるべく早いほうがよいであろう。

　最後に，質問紙の回収の際には，協力に対するお礼を忘れずに伝える必要がある。実施できればよいという考え方では，そのときはよくとも次の研究には少なからぬ影響が出るであろう。また，回収においては，回収数と回収率を意識しなければならない。回収数とは実数のことであり，回収率とは割合のことである。当然回収率を算出するには，配付数を把握しておかなければならない。集団に対して質問紙を配付する場合，配付数がわからなくならないように注意が必要である。データ分析のことなどを考えれば回収数は多いほうがよいが，単純にたくさん配付すればよいわけではない。いくら回収数が多くても，回収率が低ければ結果の信頼性が低下する。その結果は，母集団全体を反映しているのではなく，一部のサンプルのみの結果を反映したものと考えられるだろう。回収率は，配付と回収方法に大きな影響を受ける。郵送調査などは回収率が低くなりがちであるし，配付と回収が別の機会であれば，やはり回収率は低くなりがちである。一般に回収率がどのくらいあればよいかは明確にはできないが，それぞれの方法でもっとも回収率を高めるための努力は必要であろう。

コラム 6.1　適切な質問紙の量とは

　質問紙を作成している学生から，必ずといってよいほど「質問紙全体でどのくらいの量（項目数）がよいのか」という質問をされる。しかし，この質問に明確に答えることはできない。考えてみてほしい。すべて自由回答法で5つ回答する場合と，段階評定で5項目に回答する場合では，回答者の負担はまったく異なる。質問紙を作成する際には，当然ながら適切な量を意識する必要があるけれども，単純に量を答えることはできない。

　質問紙の量に影響する要因として，大きく3つの要因がある。まず1つ目は，最初の例にもあげた回答方法の違いによる回答者の負担である。回答方法により回答者に与える負担が変わるので，適切とされる質問紙の量も変化する。自由回答法は回答者の負担が高くなりがちであり，逆に2件法は回答がやや容易といえよう。2つ目は，信頼性と妥当性の問題である。何かしらの尺度を作成して調査を行う場合，項目数が多いほうが信頼性は高くなる。一方，妥当性については，項目数が多いと包括的な測定ができるが，関連の薄い項目も含まれてしまう。逆に，項目数が少ないと測定したいものが正確に測定できているとはいいにくい。信頼性と妥当性の両方を考えるならば，ある程度の項目数（各下位尺度に5〜7項目ぐらい）を確保することが必要となる。最後に3つ目は，回答者の属性である。回答者が子どもや高齢者の場合，当然ながら項目数は少なくする必要がある。質問紙調査に慣れている場合はともかく，慣れない作業を長時間することは回答の質を低下させることにつながりかねない。

　また，設問が多くなれば，回答の際の集中力も低下するため，回答がいい加減になってしまう可能性も考慮しなければならない。質問紙への回答時間が10〜20分程度（どんなにゆっくり回答しても30分程度）を適切な量の目安として考えてほしい。まずは，質問紙を作成したら確認も含めて自ら回答し，回答にかかる時間を確認すべきである。自ら回答する場合は，質問紙の内容を把握していることもふまえて，回答時間を検討するべきであろう。

コラム 6.2　大学の授業時間を利用した質問紙の配付

　大学生・大学院生が調査を実施する場合，よく用いられる方法が授業時間を利用した調査の実施である。実施する授業を選ぶ際には，サンプルサイズ以外にも授業の履修者の性別や学部が偏っていないか，授業内容が研究実施に影響しないかなどを確認する必要がある。複数の授業で実施する場合は，履修者が被っている可能性についてもあわせて検討しておく。なお，教員の授業への態度なども質問紙調査の実施や回収率に影響することがあるので注意しよう。

　調査の実施の手続きは，基本的に他者に質問紙の配付を依頼する場合と変わりがない。依頼状，研究計画書，作成した質問紙，ブリーフィングの資料を示して研究内容を説明し，許可を得るのである。指導教員に依頼する場合は，この手続きは除いてもよいかもしれない。そして，実際のブリーフィングや配付・回収を研究者が行う必要がある。そのため，配付・回収の許可が得られた場合，調査を実施する日時と履修人数を確認するとともに，授業中のどのタイミングで配付するのか，いつどこで待っていればよいかも確認する必要がある。配付と回収が別の日となるときは回収の日程とタイミングなどもあわせて打ち合わせておく。配付と回収でタイミングが違うこともあるので，思い込みで行動しないようしっかりと確認すべきであろう。

　突然，教員を訪ね，次の授業の際にその場で配付・回答・回収までさせてほしいと依頼する学生がいるが，いかなる場合であっても，授業時間での配付は教員の厚意であり，義務でも当然の行為でもない。そもそも授業時間は調査を実施するための時間ではないし，授業の進行状況との兼ね合いもある。依頼する教員とどれだけ親しくとも，相手に甘えるのではなく，しっかりと理解したうえで依頼するべきであろう。また，実施の許可が得られたとき，実際に質問紙を配付したとき，回収したときには相手にお礼を伝えることを忘れてはならない。実施に夢中になり礼節を欠くことはあってはならないことである。なお，大学によっては指導教員以外への依頼を認めていないこともあるので確認が必要であろう。

コラム 6.3 「良い参加者」としないために——要求特性への対策

　人間は無意識に他者の意図を汲み，それに対応して行動することがある。たとえば，窓際に座っているときに他の人が上着を羽織るのを見たら，窓を閉めようとするだろう。実は，質問紙への回答の際にも同様のことが起こる可能性があり，それを**要求特性**とよぶ。要求特性とは，研究の目的を予測しその通りに反応しようとすることである。研究方法に関わらず，心理学の研究に参加する多くの研究協力者は研究者が求めている反応（仮説）を無意識に推測し，その推測からもっとも適切な反応をしようとする。実際は自然な反応がもっとも重要であるにも関わらず，協力的な参加者ほど自然な回答ではなく「研究にとって良い回答」をする「良い参加者」になろうとしてしまうのである。このような推測のもとでの回答では，研究結果の妥当性が疑問視されてしまうため，研究者は要求特性への対策をする必要がある。

　研究者が求めている反応をどのように推測しているのかに関しては，たとえば，質問紙を配付する際の研究者の説明，フェイスシートに書かれた表題（タイトル）や研究の目的，また，個々の質問の説明文などさまざまな手がかりがあげられる。研究者が無意識に手がかりを示してしまうこともあり，要求特性への対策は重要となる。たとえば，独立変数と従属変数を別の質問紙（異なる研究として）にて回答を求めるといったことは，参加者の正確な推測を避ける方法の一つといえよう。他にも研究の目的とは関わりのない質問項目（ダミー）を質問紙に追加しておくことも考えられる。ただし，どちらも回答の負担につながるため，つねに実施できる方法ではない。そもそも要求特性の影響を完全に取り除くことは難しい。まずは質問紙が完成したら，数人に回答をお願いし，そのうえで要求特性に関わることを尋ねてみるのがよいであろう。正確な推測がなされている場合は，研究の目的から外れないように注意しながら質問紙の修正を行い，なるべく要求特性の影響が出ないように心がけることが重要である。また，研究結果についても，要求特性の影響が出ていないか慎重に検討することが必要といえる。

第III部

データの整理と解析

7 データの整理

竹中一平

　本章では，調査を実施した後，回収した質問紙を目の前にしてまずするべきことは何なのかを解説する。7.1では，回収した質問紙の整理について説明する。回収した質問紙は，コンピュータに向かっていきなりデータ入力を始めるのではなく，いくつかの前処理を必要とする。この節では，それらの前処理がどのようなもので，なぜ必要なのかを説明する。7.2は，コンピュータを利用したデータ入力の方法に関する説明である。入力形式の説明に始まり，多くの調査者が遭遇する回答ミスへの対処方法，逆転項目の処理や尺度レベルの設定について解説する。7.3は，分析計画に則った本格的な分析を実施する前段階として，得られたデータの概要を把握するための分析について説明する。

7.1　回収した質問紙を整理する

　あなたの目の前には，回収した質問紙が積み上げられている。データ分析の方法は心理統計の授業で学んでいるため，何となく見通しはつく。しかし，心理統計の授業ではすでに入力されたサンプルデータを使用しており，今目の前にある質問紙をどうやってサンプルデータのような形のデータにするのかは学んでいない。さあ，どうしようか。

　ここで，おもむろにパソコンに向かい，Excelを立ち上げて，訳もわからず一番上に重なっている質問紙の丸がついている数字を入力し始めてはいけない。データ入力の際に最初にやるべきことは，パソコンに向かうことではなく，積み上げられている質問紙を整理することである。本節では，ナンバリング，コーディング，エディティングという3つの作業について説明する。これらを行ってはじめて，パソコンに向かってデータ入力ができる状態になる。

7.1.1 ナンバリング

　ナンバリング（numbering）とは，質問紙に通し番号を振る作業のことを意味する。データ入力をする際には，この通し番号をまず入力し，その後それぞれの項目についてコードを入力していく。後述のコーディングはやらなければデータが入力できないが，ナンバリングはやらなくてもデータ入力自体はできてしまう。しかしながら，もしナンバリングをしなかった場合，たとえば，データ上で入力ミスを発見しても，その入力ミスがどの質問紙のものなのかわからず正しい値を入力できなかったり，誤って入力済みの質問紙と未入力の質問紙が混じってしまったときに，どれが入力済みでどれが未入力なのか判断できなかったりと，さまざまな不都合が生じる。人間である以上ミスは避けられないため，そのミスに対処できるように事前にナンバリングをしておくとよい。

　ナンバリングは，後々その質問紙を確認することを前提として行うべきである。すなわち，特定の番号の質問紙を探す際に，迅速に見つけることができるように通し番号を振る。まず，通し番号を振る場所は，質問紙の表紙上部がよい。とくに理由がなければ，ホッチキス止めした場所の側に番号を振っておくとよいであろう。横書きの質問紙の場合，質問紙の左肩にホッチキス止めをするため，そのすぐ右側に通し番号を振ることになる（図7.1）。

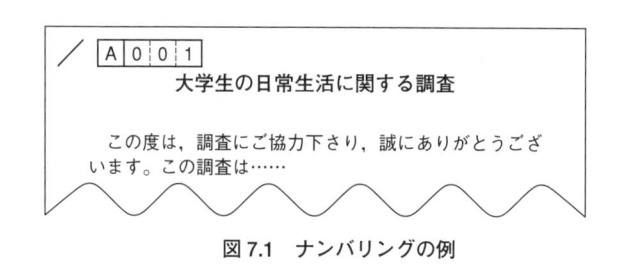

図 7.1　ナンバリングの例

　次に，番号をどのように振っていくかであるが，1人で入力をするのであれば，「1」から始めて順番に1ずつ番号を増やしていけばよい。この方法なら，通し番号がそのまま質問紙の回収数になるため，ナンバリング作業によって回収数の確認も同時にできる。実習授業のように，複数でナンバリング作業をする場合は，個人を識別する記号とともに通し番号を振っていくとよい。たとえ

ば，3人で作業する場合，「A」「B」「C」の3つの記号を用意し，Aさんは「A 001」から順番に，Bさんは「B 001」から順番に，Cさんは「C 001」から順番に番号を振っていく．入力を終えた質問紙は，AさんからCさんの順番で昇順に通し番号が並ぶように重ねて保管しておけば，いざというときに迅速に目的の質問紙を見つけることができるだろう．

つづいて，通し番号を振る作業に関して，質問紙の部数が多い場合にはナンバリングマシンのような事務機器を使用することを勧める．作業時間を短縮できるだけでなく，同じ番号を2回書いてしまうような単純なミスを防ぐこともできる．最後に，通し番号は質問紙の表紙にのみ記入することが多いであろう．その場合，質問紙を綴じているホッチキスはけっして外してはならない．理由があってホッチキスを外すような場合には，質問紙のそれぞれのページにも通し番号を振る作業を行ってから外すことを忘れてはならない．

7.1.2 コーディング

コーディング（coding）とは，質問紙の個々の項目への回答を，記号や数字などの符号（code）に置き換えることを意味する（中澤，1998）．たとえば，図7.2のような質問項目の場合，調査回答者はそれぞれ「父親」や「母親」を回答する．しかし，得られた回答をデータ化する際に，そのまま「父親」や「母親」として入力すると非常に煩雑である．ローマ字変換であれば，前者は「t」「i」「t」「i」「o」「y」「a」の7文字を入力し変換キーを押さなくてはならない．かな変換であっても，「ち」「ち」「お」「や」の4文字である．そこで，「父親」であれば「1」を，「母親」であれば「2」を，それぞれを示すコードとして決めておき，そのコードを入力することによって，入力の手間を省くようにすればよい．これがコーディングの目的である．このような回答とコードとの対応づけのことを**コーディングルール**とよぶ．

問　あなたがここ1週間で最も多く接した人は誰ですか．以下に挙げた選択肢のうち最も当てはまる数字1つに○をつけて下さい．

　　1．父親　　2．母親　　3．兄弟姉妹　　4．友人　　5．恋人　　6．その他

図7.2　事前にコードが決められている質問項目①

7.1 回収した質問紙を整理する

コーディングには，事前にコードを決めておくものと，質問紙を回収した後でコードを決めるものの二通りがある。図7.2は事前にコードが決められているパターンである。それぞれの選択肢の横に数字を割り振っているため，選択された数字をその項目のコードとしてそのまま使用すればよい。同様に，図7.3の1のような質問形式もよく使用される。この場合も，丸がついた数字がそのまま入力するコードとなる。図7.3の2のように，コードを質問紙に直接示さない場合もあるが，それぞれの回答場所に対応した数字を事前に割り振っておき，その数字を入力することに変わりはない。

【1. 選択肢に数字を明示する場合】

問　普段のあなた自身についてお聞きします。以下に挙げた各項目について，あなたはどの程度当てはまりますか。それぞれの項目について最も当てはまると思う数字1つに○をつけて下さい。

		当てはまらない	あまり当てはまらない	どちらとも言えない	やや当てはまる	当てはまる
1	人と話すときにはできるだけ自分の存在をアピールしたい	1	2	3	4	5
2	自分が注目されていないと，つい人の気を引きたくなる	1	2	3	4	5
3	大勢の人が集まる場所では，自分を目立たせようとはりきる方だ	1	2	3	4	5

⋮

【2. 選択肢に数字を明示しない場合】

問　普段のあなた自身についてお聞きします。以下に挙げた各項目について，あなたはどの程度当てはまりますか。それぞれの項目について最も当てはまると思う箇所1つに○をつけて下さい。

		当てはまらない	あまり当てはまらない	どちらとも言えない	やや当てはまる	当てはまる
	（回答例）毎日早起きする方だ			○		
1	人と話すときにはできるだけ自分の存在をアピールしたい					
2	自分が注目されていないと，つい人の気を引きたくなる					
3	大勢の人が集まる場所では，自分を目立たせようとはりきる方だ					

⋮

図7.3　事前にコードが決められている質問項目②
（「賞賛獲得欲求尺度」(小島・太田・菅原，2003) より一部引用）

一方，質問紙に記載されている数字と，入力するコードとが一致しない場合もある。**図7.4**は，一見すると**図7.2**と同じように見えるが，質問の形式が異なっている。**図7.2**は単一回答形式であるため，回答は6つの選択肢のうちどれか1つだけを選ぶ。したがって，入力する値は1つであり，使用する変数も1つになる。ところが，**図7.4**は多重回答形式であるため，6つの選択肢すべてに丸がつく可能性もある。したがって，変数は6つ用意しなければならない。必然的に，入力する値も6つになる。**図7.4**では，選択された場合に「1」を，選択されなかった場合に「0」を割り振るようにコーディングしている。**図7.2**と異なり，各項目の前に付記されている数字はコードではなく，変数名に使用するものであると考えておくとよい。

問　あなたは<u>ここ1週間</u>で接した人は誰ですか。以下に挙げた選択肢のうち当てはまる<u>数字すべて</u>に○をつけて下さい。

① 父親　② 母親　3. 兄弟姉妹　④ 友人　5. 恋人　6. その他

変数名	問△_1	問△_2	問△_3	問△_4	問△_5	問△_6
入力するコード	1	1	0	1	0	0

図7.4　事前にコードが決められている質問項目③

　また，自由回答法のように，どのような回答が返ってくるかがわからないため，事前にコードを決めにくい質問項目もある。この場合，質問紙を回収した後でコードを決めることになる。自由回答法を用いた項目をコーディングする場合，データ入力の前に，回収した質問紙で自由回答法を用いた項目をまず確認し，どのような回答があるのかをリストアップする。そして，回答件数が一定以上あるものに対してコードを割り振っていく。件数の少ない回答に関しては，まとめて「その他」を示すコードを割り振るとよい。

　データ入力を終えた後で，特定の質問項目について別のコードを割り振る場合もある（**アフターコーディング**）。たとえば，大学1，2年生を主な対象として調査を実施したところ，18歳や19歳が大半を占める一方で，21歳や22歳など20歳以上も少数みられるような場合がある。この場合の20歳以上の調査回答者のように，件数の少ないカテゴリーをそのまま使用すると，比較対象が

7.1 回収した質問紙を整理する 127

膨大になって分析が煩雑になるだけでなく，少数のサンプルでそのカテゴリーを代表させることになり，データの解釈を誤る可能性もある．そこで，18歳を「1」，19歳を「2」，20歳以上を「3」のように新たなコードを割り振り，カテゴリーを少なくしたうえで分析を行うことがある．統計ソフトのSPSSでは，「値の再割り当て」を用いてアフターコーディングを行うことができる（「値の再割り当て」の使い方は次節参照）．

7.1.3 エディティング

エディティング（editing；検票）とは，回収した質問紙の内容をチェックし，回答もれや回答ミス，回答方法の間違い，矛盾する回答やでたらめな回答がみられないかどうかを確認する作業のことである．加えて，エディティングの中で，合理的にみて修正可能な部分があれば回答を修正する場合もある．

それでは具体的なエディティングの例をみていこう．図7.5の項目1は正しく回答された例である．一方で，項目2は回答もれとなっている．項目3と項目4は，回答パターンは異なるものの，いずれも「2」か「3」か判断できないため，無効回答とするべきである．項目5のように，選択肢に重なっているような場合は，重なっているほうの「3」とみなしてよいであろう．この例の場合，項目1を「4」，項目2から4までが欠損値となり，項目5を「3」と入力することになる．

また，特定の対象に限定された質問に対して，該当しない調査回答者が回答してしまうことがある．図7.6の1は，問1で「会話していない」と回答しているにも関わらず，問2でその相手を回答してしまっている．この場合，問1と問2の回答のどちらが正しいのか判断できないため，すべて無効回答として対応するべきである．一方，同様に条件分岐が生じる項目において，回答の修正が可能な場合もある．図7.6の2は，問1は無回答であるが，問2は回答されている．合理的に考えて，問2が回答できるということは昨日誰かと会話したことを示しているため，問1の回答は「1」であろうと判断できる．したがって，問1の回答もれは，問2の回答結果から「1」と修正することができる．

1つの質問紙に含まれる無効回答が少数であれば，後述（7.2.2）のように欠

問　普段のあなた自身についてお聞きします。以下に挙げた各項目について，あなたはどの程度当てはまりますか。それぞれの項目について最も当てはまると思う数字1つに○をつけて下さい。

	当てはまらない	あまり当てはまらない	どちらとも言えない	やや当てはまる	当てはまる
1　人と話すときにはできるだけ自分の存在をアピールしたい	1	2	3	④	5
2　自分が注目されていないと，つい人の気を引きたくなる	1	2	3	4	5
3　大勢の人が集まる場所では，自分を目立たせようとはりきる方だ	1	②	③	4	5
4　高い信頼を得るため，自分の能力は積極的にアピールしたい	1	2○3		4	5
5　初対面の人にはまず自分の魅力を印象づけようとする	1	2	○3	4	5

⋮

図7.5　回答ミスの含まれる質問紙①
（「賞賛獲得欲求尺度」（小島・太田・菅原，2003）より一部引用）

【1. 無効回答となるパターン】

問1　あなたは**昨日**誰かと会話しましたか。当てはまる選択肢に○をつけて下さい。
　　　　　　1. 会話した　　　　② 会話していない

問2　問1で「会話した」と回答した方にお伺いします。あなたが**昨日**会話した人は誰ですか。以下の選択肢のうち当てはまる**数字すべて**に○をつけて下さい。
　　① 父親　　② 母親　　3. 兄弟姉妹　　④ 友人　　5. 恋人　　6. その他

【2. 問1を修正できるパターン】

問1　あなたは**昨日**誰かと会話しましたか。当てはまる選択肢に○をつけて下さい。
　　　　　　1. 会話した　　　　2. 会話していない

問2　問1で「会話した」と回答した方にお伺いします。あなたが**昨日**会話した人は誰ですか。以下の選択肢のうち当てはまる**数字すべて**に○をつけて下さい。
　　① 父親　　② 母親　　3. 兄弟姉妹　　④ 友人　　5. 恋人　　6. その他

図7.6　回答ミスの含まれる質問紙②

損値として処理し，有効回答者に含めることができるが，ある程度多い場合はその質問紙自体を無効回答者として分析から除く必要がある。実際に，どの程度の無効回答の数であれば分析から除くべきなのかは，調査目的や使用する分析の種類，欠損値の処理に対する方針などによって異なる。授業を担当する教員や指導教員と相談し，全項目数の何％の無効回答までを許容するかを決めて

おくべきである。

7.2 データを入力する

通し番号を振り，コーディングルールを決め，質問紙のエディティングを済ませると，ようやくデータ入力の準備が整う。本節では，Excel を使ってデータを入力し，SPSS のデータに変換したうえで，本格的なデータ分析を行う前にするべきいくつかの処理について説明する。

7.2.1 データ入力の形式

データを入力する際には，「SPSS」等の統計ソフトのデータ編集画面から入力するのではなく，「Excel」等の表計算ソフトを使用して入力することを勧める。とくに理由がない限り，1 行目に変数名（項目名）を入力し，その後，2 行目から横方向（行方向）に向かって 1 人の調査回答者の各項目の回答を入力していく。SPSS で Excel ファイルを読み込む場合，1 行目を変数名として読み込み，2 行目以降をデータとして読み込むためである。

図 7.7 は入力されたデータの例である。この図のように，A 列に通し番号を記入し，B 列から 1 列ずつ順番に質問紙の各項目を変数として設定する。そして，2 行目から順番に各調査回答者のコードを入力していく。点線で囲った部分は，通し番号「007」番の調査回答者が，「性別」は「1」，年齢が「18」歳，学年が「1」年次で，問 1_1 から順番に「2」「3」「2」「1」と回答していることを示している。

入力しているデータを SPSS で分析する場合は，変数名の設定にいくつか注意事項がある（以下の解説は，SPSS Version 19 に準拠する）。まず，変数名は重複してはならない。たとえば，「その他」が複数あったとしても，それぞれ異なる変数名（たとえば，「問 1_その他」など）を設定する必要がある。次に，変数名の長さは，全角で 32 文字，半角で 64 文字までであり，それを超える長さの変数名は設定してはならない。変数名として使用できる文字は，全角文字，全角または半角の英数字と記号（ピリオド，アンダーライン，＄，＃，

	A	B	C	D	E	F	G	H	I
1	ID	性別	年齢	学年	問1_1	問1_2	問1_3	問1_4	問1_その他
2	001	1	18	1	1	1	2	4	
3	002	1	18	1	1	3	2	変数名	
4	003	2	18	1	1	1	2		
5	004	1	19	1	3	2	3	1	
6	005	2	18	1	1	3	4	5	両親
7	006	2	19	1	1	2	1	2	
8	007	1	18	1	2	3	2	1	
9	008	1	19	1	1	4	1	2	
10	009	2	20	2	2	2	3	2	
11	010	1	10	1	3	1	2	5	母親
12									
13	通し番号			通し番号007番の回答者の回答					
14									

図7.7　入力されたデータの例

@）であるが，変数名の先頭は文字，末尾は文字または数字である必要がある。また，空白文字は変数名には使用できない。これらの命名規則に従わない変数名を設定したExcelファイルをSPSSで読み込んだ場合，SPSSが自動的に命名規則に則った変数名を割り振って読み込む場合と，読み込みが失敗する場合とがある。いずれにせよ，スムーズに読み込みができない場合があるため，Excelの段階で適切な変数名を設定しておくべきである。なお，使用するSPSSのバージョンによって，変数名の命名規則が異なる場合がある。事前に使用しているSPSSのヘルプを参照することを勧める。

　Excelを使用してデータを入力する場合，いくつかの便利な機能を使用できる。まず，「表示」リボンにある「ウィンドウ枠の固定」機能である（図7.8）。この機能は，上下や左右にスクロールする際に，特定の行や列をつねに表示した（固定した）状態でスクロールすることができる機能である。この機能を使わずにデータ入力をすると，調査回答者の人数が画面表示可能な行数を超えたところで，変数名の行が表示されなくなる。図7.8の下図では，2行目から6行目およびB列からD列までがスクロールによって表示されていないが，通し番号も変数名も表示されたままである。

　次に，「データ」リボンにある「データの入力規則」機能である。この機能は，指定したセルに入力された値が設定した範囲外の場合に，警告メッセージや警告マークを表示する機能である。たとえば，5件法の項目は「1」から「5」

7.2 データを入力する

「ウィンドウ枠の固定」を使わない場合

	E	F	G	H	I
7	1	2	1	2	
8	2	3	2	1	
9	1	4	1	2	
10	2	2	3	2	
11	3	1	2	5	母親

画面をスクロールさせると，変数名や通し番号が消えてしまう。

↓

「ウィンドウ枠の固定」を使った場合

	A	E	F	G	H	I
1	ID	問1_1	問1_2	問1_3	問1_4	問1_その他
7	006	1	2	1	2	
8	007	2	3	2	1	
9	008	1	4	1	2	
10	009	2	2	3	2	
11	010	3	1	2	5	母親

網掛け部分が固定したセル。上図と同様の位置までスクロールさせたが，変数名と通し番号は表示されたままである。

図7.8 ウィンドウ枠の固定

までの数値しか入力されないため，それ以外の値が入力された場合に警告が出るように設定しておけば，入力ミスを減らすことができる。加えて，「データの入力規則」機能では，日本語入力のオン／オフを制御することもできる。先ほどの**図7.7**では，「問1_4」までは半角の数字が入力され，「問1_その他」では全角文字が入力されている。このような場合，事前に「ID」から「問1_4」の列は日本語入力がオフになるように設定し，「問1_その他」の列で全角ひらがな入力になるように設定しておけば，いちいち日本語入力のオン／オフを気にすることなく，スムーズにデータ入力を行うことができる。これらの機能を実際に使用する際には，インターネット上の解説サイトやExcelに関する書籍を参照しながら設定するとよい。

　Excelでデータ入力が終われば，次はSPSSに入力したデータを読み込ませる段階に進む。SPSSでは，Excel 2003までのxls形式と，Excel 2007からのxlsx形式の両方のExcelファイルを開くことができる。Excelを終了し，入力していたExcelファイルを閉じた後，SPSSの「ファイル」メニューから「開く」→「データ」を選択することで，ファイルを開くための画面が表示される。

ここで「ファイルの種類」を「Excel (*.xls, *.xlsx, *.xlsm)」に変更することで，Excel ファイルを開くことができるようになる。続いて開くウィンドウで，「データの最初の行から変数名を読み込む」にチェックが入っていることを確認し，「ワークシート」の項目でデータが入力されているワークシートを指定したうえで開けばよい。なお，ピボットテーブルが埋め込まれていたり，図形描画等が含まれていたりすると，Excel ファイルを正常に開けない場合がある。その場合には，一度入力されたデータの範囲をコピーし，別の Excel ファイルに値のみ貼り付けをして，コピー先の Excel ファイルを開けばうまくいくことがあるため，試してみるとよいだろう。

7.2.2 欠損値の処理

前節でも述べたように，質問紙調査を実施すると，多くの場合無効回答を含んだ質問紙が返ってくる。あまりにも無効回答が多すぎる場合には，その調査回答者を無効回答者として分析対象から除外することになるが，さほど多くない場合には無効回答を**欠損値**として扱い，残りの有効回答を分析に使用する。

SPSS では，欠損値をシステム欠損値とユーザー欠損値に分けて処理する。そのため，Excel を使用してデータ入力をする際にも，これを前提として入力しておくとよい。「システム欠損値」は，男性を対象とした質問項目における女性の回答のように，その項目に該当しないために無回答になっているような回答に対して利用する欠損値であり，分析対象にはならない。システム欠損値にするためには，Excel 上でその部分に何も入力しなければよい。

一方，「ユーザー欠損値」は，無回答や回答ミス，回答拒否といった，調査回答者に依存する何らかの理由によって，有効回答とならなかった回答に対して利用する欠損値である。単純集計やクロス集計といった一部の分析の対象となる。たとえば，特定の項目のユーザー欠損値が非常に多いということは，その項目に対して答えにくい何らかの理由があることが考えられる。このような欠損値の偏りは，実施した調査を理解するうえで有益な情報となるため，単純集計結果に併記することが多い。ある回答をユーザー欠損値にするためには，Excel 上で通常の回答と重複しない値を入力しておき（たとえば，「-99」や

「99」など），SPSS に読み込ませた後で「変数ビュー」の「欠損値」の項目において，設定した値をユーザー欠損値として指定すればよい（**図 7.9**）。

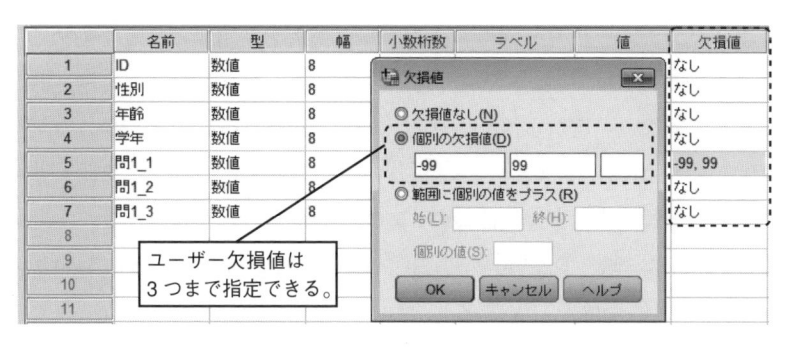

図 7.9　SPSS におけるユーザー欠損値の指定

　SPSS では，多くの分析において，ユーザー欠損値に指定した値をどのように除外するのかを分析のオプションで指定することができる。具体的には，「分析ごとに除外」と「リストごとに除外」の 2 種類である。前者は，分析に使用する変数に欠損値があれば，当該の調査回答者をその分析から除外する方法であり，後者は分析に使用するかしないかを問わず，いずれかの変数に欠損値があれば当該の調査回答者を分析から除外する方法である。デフォルトでは前者が選択されるようになっているため，後者の方法で欠損値を除外する場合には分析のオプションで忘れずに設定しておく必要がある。

7.2.3　逆転項目の処理

　心理測定尺度のいくつかは**逆転項目**（第 5 章参照）を含んでいる。逆転項目は，他の項目とは得点の方向が異なるため，尺度構成を行う前に得点の方向を反転させておく必要がある。とくに，信頼性係数（α 係数，第 8 章参照）の算出の際に反転させる前の逆転項目を含むと，算出される値が大幅に低くなるため注意が必要である。

　逆転項目の処理は，SPSS でデータを読み込み，欠損値の処理をした後に行う。SPSS 上では，「変換」メニューにある「他の変数への値の再割り当て」ま

たは「同一の変数への値の再割り当て」のいずれかを利用して，逆転項目を処理することができる。両者ともにほぼ同様の機能であるが，変数の保存の際に，前者が「名前をつけて保存」であるのに対して後者は「上書き保存」であるという違いがある。変数の再利用の観点から，前者を使用することを勧める。**図7.10** の上図は，「他の変数への値の再割り当て」を選択した後で表示される画面である。変数の一覧から逆転させる元の項目を選び，変換後の新たな変数名を設定したうえで，「今までの値と新しい値」から変換のルールを設定する。**図7.10** の下図が，「今までの値と新しい値」を選択した後に表示される画面である。「今までの値」の「値」の項目で変換前の値を設定し，「新しい値」の「値」の項目で変換後の値を設定し，右下部の「追加」を選択する。たとえば，「1」から「5」に分布する 5 件法の変数を逆転させる場合，「5」を「1」に，「4」を「2」に変換するように，それぞれ値を設定していくとよい。なお，システム欠損値はそれぞれに項目があるため，それを使用するとよいが，ユーザー欠損値は「今までの値」の「値」の項目にユーザー欠損値として決めた値を入れ，「新しい値」は「今までの値をコピー」を選ぶとよい。その際，逆転後の変数についても，欠損値の設定を忘れずに行う必要がある。

　Excel でも逆転項目を反転させることはできる。しかし，データに欠損値が含まれる場合，その対処を念頭に置いた計算式を作成しなければならないため，SPSS が利用できる環境にある場合は SPSS の利用を勧める。逆転項目の得点を反転させるための計算式は，以下のようになる。

$$逆転後の項目得点＝(項目最小値＋項目最大値)－逆転前の項目得点$$

　ここで，項目最小値または項目最大値とは，対応する項目のコードの最小値または最大値を指す。5 件法の選択肢に対して，「1」から「5」の得点を割り振った場合は，「1」が項目最小値，「5」が項目最大値になる。逆転項目の計算式を記入するためには，まず逆転後の得点を入力する新たな列を作成し，わかりやすい変数名をつけておく。2 行目以降に，上記のイコールよりも右側の部分を式として入力すれば，逆転項目を反転させた変数が作成できる（**図7.11**）。

　欠損値を含むデータの場合，上記の計算式をそのまま使用すると，いくつか

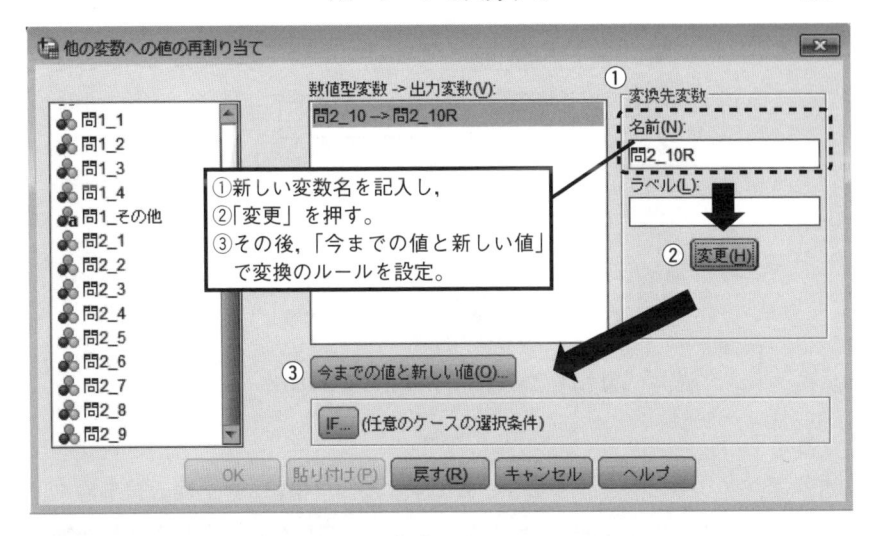

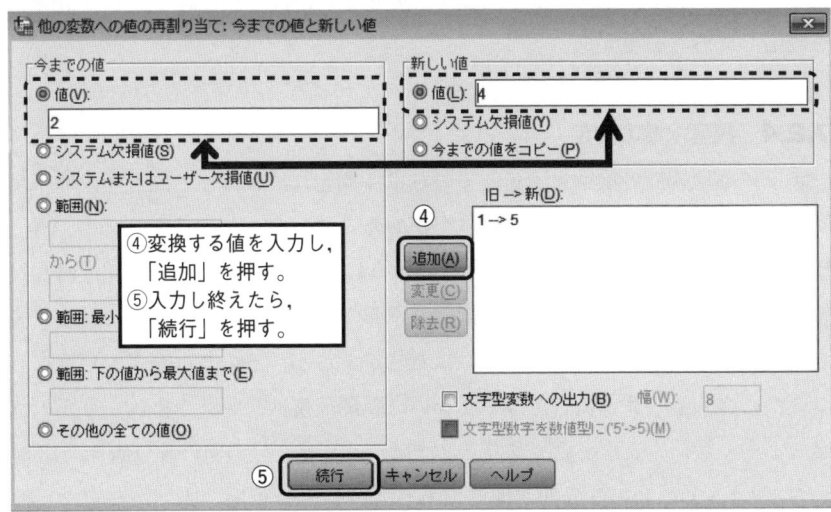

図7.10 他の変数への値の再割り当て画面

の問題が発生する。たとえば，逆転前の項目得点が空白の場合，Excelではそれを「0」とみなして計算してしまう。また，欠損値として「99」を入力していた場合，Excelではそれを欠損値ではなく，「99」という数字として計算するため，おかしな計算結果が表示されることになる。欠損値がごく少数であれ

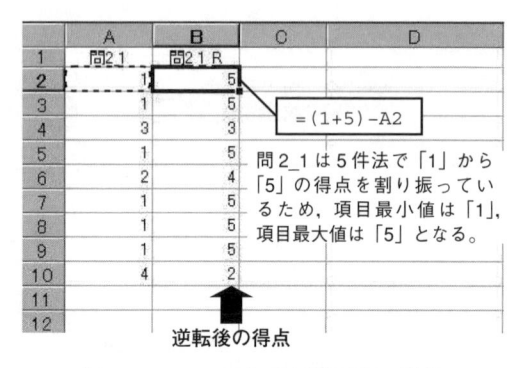

図 7.11 Excel における逆転項目の計算

ば手作業で一つひとつ修正することもできるが，欠損値が多い場合は事前に設定している欠損値に合わせ，IF 関数を使用した条件分岐を含むような計算式を設定しておく必要がある．

7.2.4 尺度水準の設定

すでに心理統計の授業を受講していれば，測定尺度には，名義尺度，順序尺度，間隔尺度，比率尺度の4つの水準があることは知っているであろう（第1章参照）．**名義尺度**は，性別や出身地のように分類を表す尺度であり，同じ対象には同じ値を割り振る．**順序尺度**は，学年や5段階の成績のように順序を表す尺度であり，数値間の大小関係には意味があるが，その値は順序しか意味しないために，足し算や引き算はできない．**間隔尺度**は，時刻や摂氏・華氏の気温のような数値を表す尺度であり，12時から12時5分の間の5分間と，13時から13時5分の間の5分間が同じであるように，数値間の間隔が一定の尺度である．間隔が一定であるため，数値間や数値間の差の加減算が可能である．**比率尺度**は，身長や体重のような「0」の値が存在する数値を表す尺度であり，数値間の加減乗除すべてが可能である．心理測定尺度でよく用いられる5件法のような評定法の尺度は，得点間の間隔が一定であるかどうかの保証がない場合が多いため，厳密には順序尺度であるものの，経験的には間隔尺度として扱われることが多い．なお，名義尺度と順序尺度で測定されるデータを**質的デー**

タ，間隔尺度と比率尺度で測定されるデータを**量的データ**とよぶことがある。

SPSSでは，「変数ビュー」の「尺度」の項目で，各変数に対して3つの尺度水準を設定することができる（**図7.12**）。具体的には，「スケール」「順序」「名義」の3種類であり，「スケール」が上記の間隔尺度と比率尺度，「順序」と「名義」はそれぞれ順序尺度と名義尺度に相当する尺度水準となる。このように尺度水準を設定するのは，尺度の水準によって適用できる分析が異なるからである。たとえば，積率相関係数は量的データ間でしか算出できない。SPSSでは，分析画面の変数選択欄に数値型のすべての変数が表示されてしまうため，場合によっては誤った尺度水準の変数を分析してしまう可能性がある（それでも，その変数に何らかの数値が入力されていれば，SPSSは計算結果を表示する）。事前に自身が測定している変数や作成した変数の尺度水準を正しく認識し，設定しておくことによって，誤った尺度水準の変数を使った分析をすることを防ぐことができる。心理統計を熟知している研究者であれば，あえて尺度水準を設定しなくても適切な変数を適切な分析で使用することができるが，心理統計に不慣れなうちは尺度水準を適切に設定し，実施しようとしている分析の対象となる尺度水準の変数を適切に選択しているか，つねに注意を払うことを勧める。なお，自動線形モデリングのように，適切な尺度水準を設定していないと，分析対象の変数として選択できないようになっている分析もある。

	名前	型	幅	小数桁数	ラベル	値	欠損値	列	配置	尺度
1	ID	数値	7	0		なし	なし	9	右	スケール...
2	性別	数値	7	0		{1, 男性}...	-99	9	右	スケール(S)
3	年齢	数値	7	0		{18, 18歳}...	-99	9	右	順序(O)
4	学年	数値	7	0		{1, 1年}...	-99	9	右	名義(N)

図7.12 変数ビューにおける尺度水準の設定

尺度水準の設定以外にも，変数ビューではいくつかの便利な設定をすることができる。「ラベル」を設定しておけば，分析結果の出力で変数名の代わりに表示される。ラベルは全角256字まで入力可能であり字数以外の制限もない。たとえば，その項目が含まれる心理測定尺度名や質問項目の内容を設定してお

けば，変数の選択や結果の確認の際にわかりやすい。「値」は，その変数に含まれる数値にラベルを設定する機能である。たとえば，性別の変数で男性を「1」，女性を「2」とコーディングしているのであれば，そのルールで値ラベルを設定しておくと，分析結果に数値ではなく設定した値ラベルが表示されるようになる（**図7.13**）。名義尺度の変数には一通り設定しておくと，分析結果が非常に見やすくなる。

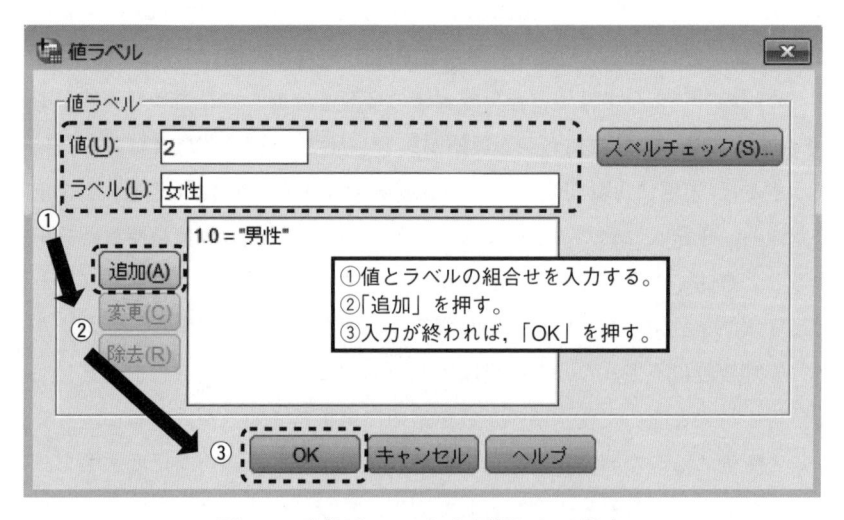

図 7.13　変数ビューにおける値ラベルの設定

7.3　データの概要を把握する

　データ入力をし，SPSS に読み込ませ，逆転項目等の処理が一通り終われば，分析に進むことができる。しかしながら，いきなり分散分析や因子分析をし始めようとしてはならない。分析計画に則った本格的な分析を実施する前にいくつかの簡単な分析を行い，得られたデータの概要を把握しておくことが重要である。これによって，分析計画を修正したり，分析に使用できないような変数が見つかったりする場合もある。

7.3.1 単純集計

得られたデータの概要を把握するためには，まず質問紙の単純集計を行うとよい。**単純集計**とは，質問紙のそれぞれの項目に対する回答率を集計したものである。たとえば，もし実施した調査の性別の回答率を集計した結果，男性が約90%，女性が約10%ということになれば，得られたデータは男性の回答傾向を反映している可能性が高いと解釈する必要があるだろう。また，特定の選択肢に回答が著しく偏っており，そのまま分析に使用するには不適切な項目が含まれている可能性もある。こういった項目の回答率の偏りを把握し，得られたデータに合わせて当初の分析計画を修正することが単純集計の目的となる。

SPSS を用いて単純集計をするためには，各変数の度数分布表を作成する。「分析」メニューから「記述統計」→「度数分布表」と選択すると，図 7.14 の画面が表示される。左の変数一覧から度数分布表を表示させたい変数を右の分析対象一覧に移動させ，「OK」をクリックすると度数分布表が表示される（図 7.15）。ヒストグラムをあわせて表示させる場合には，「書式」をクリックし，「ヒストグラム」を選択するとよい。また，「統計量」のボタンからは，選択した変数について，同時に平均値や標準偏差といった各種統計量を算出するかどうかを決めることができる。度数分布表では，「パーセント」の項目に欠損値

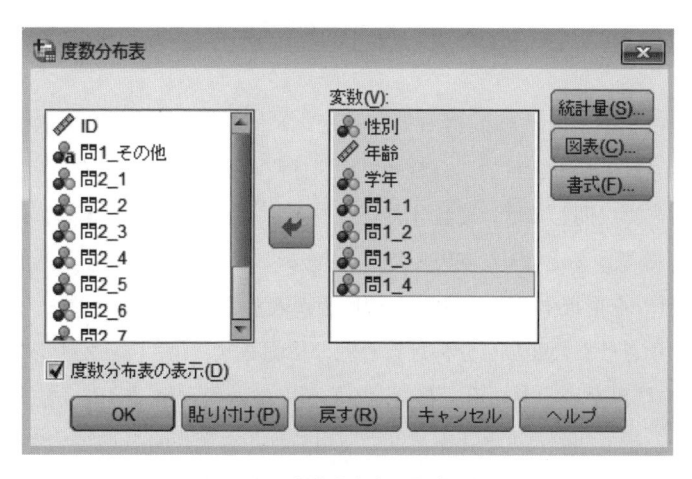

図 7.14　度数分布表の設定画面

性別

		度数	パーセント	有効パーセント	累積パーセント
有効	男性	26	52.0	53.1	53.1
	女性	23	46.0	46.9	100.0
	合計	49	98.0	100.0	
欠損値	-99	1	2.0		
合計		50	100.0		

図 7.15 度数分布表の結果画面

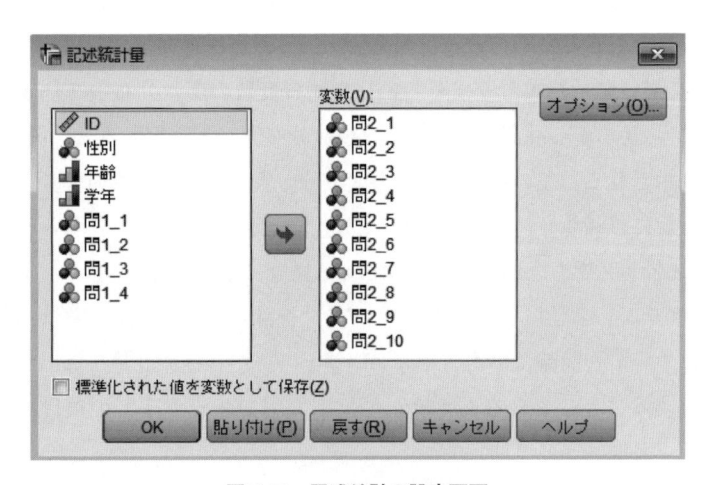

図 7.16 記述統計の設定画面

を含んだ選択率が表示され,「有効パーセント」の項目に欠損値を除いた選択率が表示される。分析目的に合わせて,適宜使い分けるとよい。

量的データに関しては,度数分布表に加えて,平均値,標準偏差,最大値,最小値を確認するとよい。SPSS では,「分析」メニューから「記述統計」→「記述統計」を選択すると,図 7.16 の画面が表示される。左の変数一覧から,上記を表示させたい変数を分析対象一覧に移動させ,「OK」をクリックすると図 7.17 の結果が表示される。なお,平均値とは,代表値(その変数を代表する値)の一種で間隔尺度と比率尺度で使用される。理論的中間点(設定したコードの中心の値。「1」から「5」のコードを割り振った 5 件法の選択肢であれ

7.3 データの概要を把握する

記述統計量

	度数	最小値	最大値	平均値	標準偏差
問2_1	50	1	4	2.50	1.182
問2_2	50	1	4	2.34	1.171
問2_3	50	1	4	2.58	1.071
問2_4	50	1	4	2.32	1.133
問2_5	50	1	4	2.36	1.174
問2_6	50	1	4	2.62	1.067
問2_7	50	1	4	2.64	1.064
問2_8	50	1	4	2.36	1.120
問2_9	50	1	4	2.18	1.101
問2_10	50	1	4	2.28	1.031
有効なケースの数(リストごと)	50				

図7.17　記述統計の結果画面

ば,「3」が理論的中間点となる)と平均値が著しく異なっている場合は,回答に何らかの偏りが生じている可能性がある。なお,質的データの場合,順序尺度の代表値が中央値,名義尺度の代表値が最頻値である。標準偏差は,得点の散らばりの程度を示す値である。この値が大きいと調査回答者は平均値から外れた値を選択しがちであることを意味し,この値が小さいと調査回答者は平均値に近い値を選択しがちであることを意味する。

7.3.2　クロス集計

クロス集計とは,2つ以上の質的変数について,その関連をみるための分析である。データの概要を把握する目的でクロス集計を行う場合,性別や学年といった調査回答者の属性を表す変数と各心理測定尺度の項目についてクロス集計を行い,属性によって回答傾向が著しく異なる項目があるかどうかを把握するとよい。

クロス集計は,「分析」メニューから「記述統計」→「クロス集計表」を選択することで行う。変数一覧から,「行」と「列」にそれぞれ変数を移動させる(**図7.18**の上図)。「行」には調査回答者の属性に関わる変数を,「列」には各心理測定尺度の項目を入れる。そして,「セル」のボタンを押し,表示され

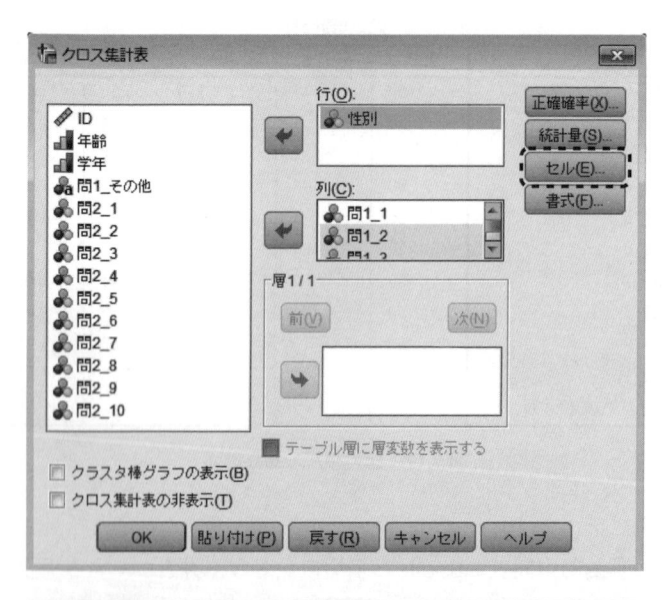

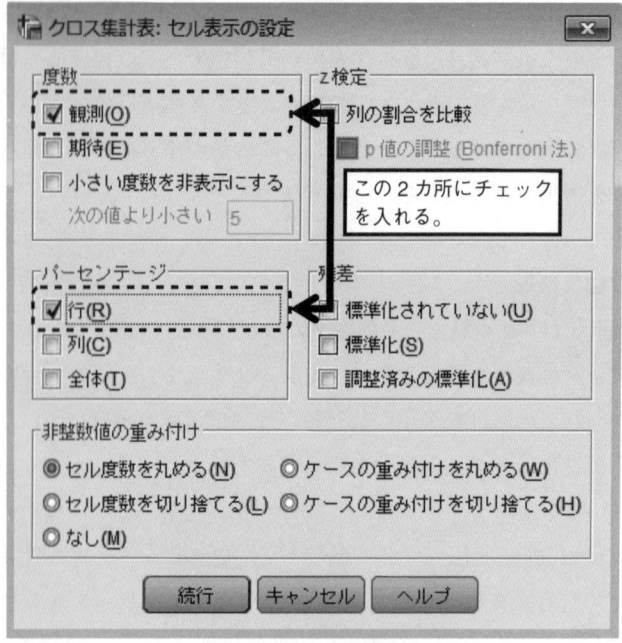

図 7.18 クロス集計の設定画面

7.3 データの概要を把握する

性別 と 問1_1のクロス表

			問1_1				合計
			1	2	3	4	
性別	男性	度数	5	5	9	7	26
		性別の %	19.2%	19.2%	34.6%	26.9%	100.0%
	女性	度数	6	7	3	7	23
		性別の %	26.1%	30.4%	13.0%	30.4%	100.0%
合計		度数	11	12	12	14	49
		性別の %	22.4%	24.5%	24.5%	28.6%	100.0%

図 7.19　クロス集計の結果画面

るウィンドウ（**図 7.18** の下図）で「パーセンテージ」カテゴリーの「行」にチェックを入れ，「続行」ボタンを押す。**図 7.18** の上図のウィンドウに戻るため，そのまま「OK」ボタンを押すことで結果が表示される。**図 7.19** は，性別に問 1_1 の選択率を示したものである。この結果からは，「1」「4」の選択肢は男女でほとんど違いがないものの，「2」「3」の選択肢は選択率にやや男女差があるようにみえる。ただし，調査回答者数が男性 26 名，女性 23 名と少ないことから，選択率の違いは見かけ上のものである可能性も高いであろう。統計的にみてこれらの選択率の差に意味があるかどうかは，χ^2（カイ 2 乗）検定を行うことで確認することができる。

コラム 7.1　入力ミスをなくすために

多数のデータを入力する場合，入力ミスは否応なく発生してしまう。とはいえ，入力ミスが含まれたままのデータで分析を行うと，正しい分析結果が得られない可能性が高くなる。データ入力を行う際には，極力ミスを少なくするような仕掛けをするとともに，入力後のデータのチェックは欠かさず行う必要がある。

Excel を利用して入力を行うことによって，入力中のミスを未然に防ぐためのいくつかの工夫をすることができる。第1に，7.2.1 でふれた「データの入力規則」機能を利用する方法である（**図 7.20**）。この図では，選択したセルには「1」から「5」までの整数値しか入力できないように設定している。多くの場合，入力する値は事前に決まっているため，その値以外の数値を入力するとエラーが出るように設定しておくことによって，設定した値以外の値を入力することを防ぐことができる。しかしながら，この方法では，実際は「1」と入力しなければならないところを「2」と間違えてしまうような，設定した値の中で間違った値を入力するタイプの入力ミスは防げないことに注意する必要がある。

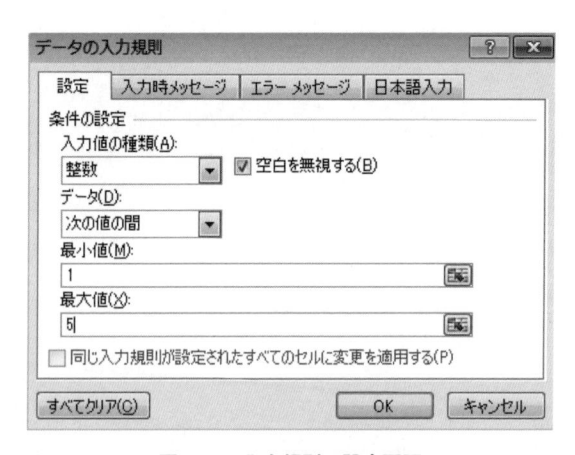

図 7.20　入力規則の設定画面

7.3 データの概要を把握する

第2に，入力するExcelのセルを事前に色分けしておく方法である（図7.21）。質問紙上での質問項目の区切りに合わせて，一定の間隔で色を変えておくことによって，1列ずれて入力してしまうことを防げる。また，色分けの部分に合わせて，質問紙上での丸がつけられた場所と入力された値との照合をすることによって，入力内容のチェックをしながらデータ入力をする作業が容易になる。これらの工夫を併用しながら，極力ミスを減らすように入力するとよい。

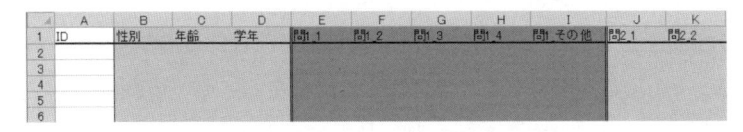

図7.21　入力画面の色分け例

しかしながら，どれだけ気をつけたとしても，入力するのが人間である以上，入力ミスをゼロにすることはできない。そのため，入力データのチェックは必須の作業となる。入力データをチェックするためのもっとも素朴な方法は，データ入力が一通り終わった後に，質問紙とディスプレイを目で見ながら，そこに記されているコードと入力された値とを照合していく方法である。この方法は，簡単にできるというメリットがある反面，丁寧にチェックをしようとすると入力にかかった時間よりも多くの時間がかかってしまうというデメリットもある。とはいえ，上述のシートの色分けと併用し，たとえば，5項目入力した直後にその5項目の入力内容をチェックするような方法をとれば，ある程度チェック時間を短縮しながらデータ入力を進めることができる。

目視によるチェックよりも確実な方法として，同じデータを2回入力する方法がある。この方法は，一見面倒で余計に時間がかかるように感じられるが，入力ミスの検出精度が一定であること（目視による確認は，集中しているときと集中してないときとで検出精度にばらつきがある）と，目視で「丁寧」にチェックをした場合よりもかかる時間が少ないことがメリットである。実際に同じデータを2回入力した場合のチェック方法を説明する。同一のExcelファイ

ルの，たとえば Sheet 1 と Sheet 2 に，それぞれ 1 回目と 2 回目に入力したデータを貼り付ける。このとき，両シートの同じセルに同じデータがくるように貼り付けなければならない。そして，Sheet 3 に，Sheet 1 から Sheet 2 の値を引き算する計算式を入力する。たとえば，両シートの A 2 セル同士を引き算する場合は，

=Sheet 1!A 2 -Sheet 2!A 2

のように計算式を Sheet 3 の A 2 セルに入力する。ここで，「!」マークはシートの参照を意味し，上記の式は「Sheet 1 "の" A 2 セルの値から，Sheet 2 "の" A 2 セルの値を引く」ことを意味する式になる。その後，A 2 セルに入力した式を，Sheet 1 のデータが入力されているセル範囲と同じ範囲にコピーすればよい（図 7.22）。そして計算結果がすべて「0」になれば，入力ミスはないことがわかる。「0」以外の数値になっている箇所が，2 回の入力でどちらか一方（または両方）にミスがある箇所である。なお，この方法では，偶然 2 回の入力でまったく同じ入力ミスをした箇所を検出することができない。しかしながら，その可能性は非常に低いとみなしてもよいであろう。

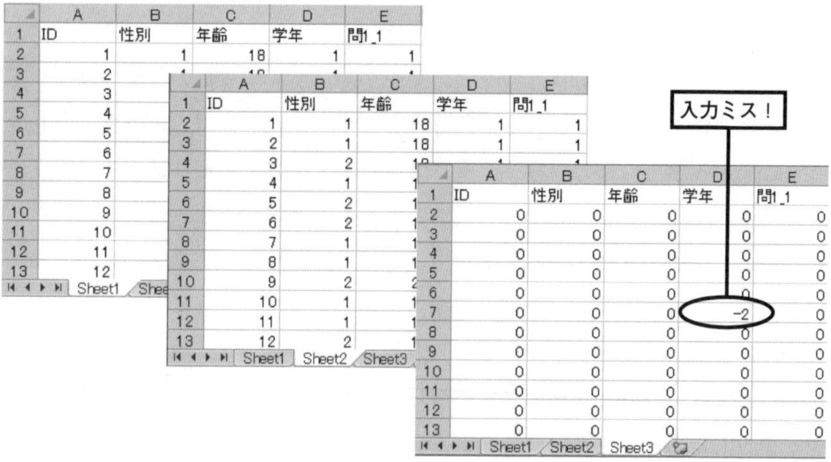

図 7.22　入力ミスの確認

コラム 7.2　GT 表作成のススメ

GT 表（Grand Total, Gross Total）とは，回答結果の単純集計を表としてまとめたものである（松井，2010）。質問紙のすべての項目について，有効回答者数と各選択肢の回答率，当該項目における無効回答数をまとめ，質問紙の形式に沿って記載する。

図 7.23（次頁）が GT 表の例である。問 1 は単一回答形式のため，選択率の合計は 100% になっているが，問 2 は多重回答形式のため，各選択肢の肯定率がそれぞれ示されている。問 3 は 5 件法の質問項目であり，各選択肢への選択率および，無効回答者数（NA），平均値，標準偏差が併記されている。また，質問項目によって選択率のもととなる回答者数が異なる場合には，それぞれ異なる問の上部に回答者数を記載しておくとよい。

これにより GT 表を確認するだけで，その調査の質問項目から教示文，選択肢，質問項目の順番，単純集計結果までを概観することができるようになる。松井（2010）は，GT 表を作成する意義として，以下の 3 点をあげている。第 1 に，回答分布の偏りのチェックである。7.3.1 でも述べたように，得られたデータの概要を把握することが，分析の前段階として必須となる。GT 表はそのための最適なツールである。第 2 に，追試研究のための基礎資料である。卒業論文のように，先輩の調査内容を参考にして後輩が研究を行うような場合，使用した質問紙と単純集計結果がまとめられた GT 表は非常に有用な情報源となる。そして第 3 に，GT 表の作成を通したデータの読み込みである。GT 表を作成するためには，SPSS での分析やオフィスソフトを使用した編集など，やや手間のかかる作業をする必要がある。しかし，この作業を通して基礎データに繰返し触れることで，目の前のデータの意味を咀嚼するための時間をとることができる。したがって，GT 表を作成する際には，ただ作業として行うのではなく，データを十分に読み込み，吟味することを念頭において作成するとよりよいだろう（第 10 章も参照）。

$N=100$

問1　あなたは<u>昨日</u>誰かと会話しましたか。当てはまる選択肢に○をつけて下さい。
　　　　1．会話した（82.5）　　　2．会話していない（17.5）　　NA 3

↓

$n=80$

問2　問1で「会話した」と回答した方にお伺いします。あなたが<u>昨日</u>会話した人は誰ですか。以下に挙げた選択肢のうち当てはまる<u>数字**すべて**</u>に○をつけて下さい。
　　1．父親（72.5）　　2．母親（77.5）　　3．兄弟姉妹（52.5）　　4．友人（93.8）
　　　　　　5．恋人（30.0）　　6．その他（20.0）　　NA 0

```
┌─────────────────────────────────────┐
│     以下の質問は全員が回答して下さい     │
└─────────────────────────────────────┘
```

$N=100$

問3　<u>普段のあなた自身</u>についてお聞きします。以下に挙げた各項目について、あなたはどの程度当てはまりますか。それぞれの項目について最も当てはまると思う数字<u>**1つ**</u>に○をつけて下さい。

	当てはまらない	あまり当てはまらない	どちらとも言えない	やや当てはまる	当てはまる	NA	平均値	標準偏差
1　人と話すときにはできるだけ自分の存在をアピールしたい	(4.4)	(11.4)	(21.9)	(38.6)	(23.7)	0	3.66	1.10
2　自分が注目されていないと、つい人の気を引きたくなる	(10.5)	(21.9)	(28.9)	(26.3)	(12.3)	0	3.08	1.18
3　大勢の人が集まる場所では、自分を目立たせようとはりきる方だ	(21.1)	(33.3)	(35.1)	(7.9)	(2.6)	0	2.38	0.99
4　高い信頼を得るため、自分の能力は積極的にアピールしたい	(22.8)	(21.9)	(39.5)	(7.0)	(8.8)	0	2.57	1.17
5　初対面の人にはまず自分の魅力を印象づけようとする	(20.2)	(20.2)	(48.2)	(10.5)	(0.9)	0	2.52	0.96

図7.23　GT表の例（「賞賛獲得欲求尺度」（小島・太田・菅原，2003）より一部引用）

コラム 7.3　統計ソフトあれこれ話

　あなたが心理学部・学科の学生であれば，利用している統計ソフトはおそらく SPSS であろう．本書も SPSS の利用を前提として記述されているし，SPSS の利用を前提とした心理統計に関する書籍も多数出版されている．心理学部・学科をもつ大学のコンピュータ室にはたいてい SPSS がインストールされており，学生がそれを使って統計解析を行う環境は十分に整っている．

　もしあなたが大学のコンピュータ室以外で統計解析をする予定がないのであれば，現状の環境でまったく問題はない．しかし，自宅で卒業論文を執筆している最中に，指導教員からメールで「これ，来週までにちょっと分析して持ってきて」と言われるようなこともあるだろう．数分程度で終わるようなちょっとした分析をするために，わざわざ時間をかけて大学のコンピュータ室まで行くのは面倒だと感じるのであれば，自分のパソコンに統計ソフトをインストールしておくという選択肢を検討することを勧める．

　さて，当コラムの執筆時点（2013 年 8 月）で市販されている，現実的に個人で購入可能な統計ソフトで主要なものとしては，まず IBM 社の「SPSS」があげられる．少々手間ではあるものの，大学生協を通してアカデミック価格で購入することができる．1 年間の期限付きライセンス（Grad Pack）であればさらに安価での購入が可能である．同様に，SAS 社の「JMP」や Stata Corporation 社の「STATA」などがある．Excel が必須となるが，やや安価なものでは，社会情報サービス社の「エクセル統計 2012」も大学生協を通して購入できる．

　「自分のパソコンで分析はしたいけれど，わざわざソフトを買うほどではないなぁ」と思う人も多いだろう．もちろん，インターネットから無料でダウンロードできる統計ソフトや，インターネット上で分析ができるサイトがある．その中でもっとも著名なものが「R（または R 言語）」（http://www.r-project.org/）である．ややとっつきにくい操作性のため，ダウンロードしてすぐに分析ができるわけではないが，解説本を 1 冊購入すれば十分に使用することがで

きるだろう。他にもインターネット上でデータ解析のできるサイトがいくつかある。群馬大学社会情報学部の青木繁伸先生のサイト（http://aoki2.si.gunma-u.ac.jp/）で公開されている「Black-Box」や，信州大学教育学部の田中　敏先生を中心に開発された「js-STAR 2012」（http://www.kisnet.or.jp/nappa/software/star/）などである。両者ともにデータの入力形式を整える必要があるものの，インターネット上で簡便に分析を行うことができる。SPSS しか選択肢がないわけではないので，他の選択肢もぜひ試してみてほしい。

　最後に，もしあなたが大学院への進学を検討している場合，R の学習を強く勧める。現在，多くの統計科学者が R のパッケージの開発に関わっており，最先端の統計手法はまず R で実装されるといっても過言ではない状況にある。すでに SPSS も R との連携が可能になっており，当分はこの状況が続くと推測できる。あなたの研究生活において，つねに SPSS を利用できる環境にいられるとは限らないことからも，R を利用できることのアドバンテージは非常に大きいであろう。

8 心理測定尺度の尺度構成

畑中美穂

　質問紙上で尋ねた個々の項目から心理測定尺度を構成するためには，測定に適切な尺度項目を選定し，尺度の信頼性と妥当性を検討したうえで，得点化して尺度得点の基本統計量を分析する必要がある。本章では，尺度構成に関わる一連の手順について説明する。

8.1 尺度項目の選定

8.1.1 尺度の内的一貫性

　ある心理測定尺度のために用意された項目は，すべてが無条件に**尺度構成**に用いられるわけではなく，調査の回答結果をもとに各項目の適切性が吟味され，尺度項目として採用されるか否か選別される。尺度の候補項目の適切性を検討する主たる方法は，尺度項目の**内的一貫性**の分析である。尺度項目の内的一貫性とは，複数の尺度項目が全体として同じ内容を測定していることを指す。ある1つの内容を測定するために用意された心理測定尺度を構成する項目群は，すべてが測定すべき一つの方向性を共有しており，1次元性が保たれていなければならない。そうでなければ，精度の高い心理測定尺度にはならないのである。内的一貫性を確認する方法として，まず主成分分析と因子分析があげられる。主成分分析は，ある1つの事柄を測定することを目的とした単一次元の心理測定尺度の場合に，因子分析は，ある心理測定尺度の中に複数の下位尺度が含まれている場合に，それぞれ用いられる。

1. 主成分分析による内的一貫性の確認

　下位尺度をもたない心理測定尺度の内的一貫性の確認は**主成分分析**によって検討できる。内的一貫性を検討するために，ある尺度の候補項目群に対して主

成分分析を実施した場合，確認すべき内容は第1主成分負荷量である．第1主成分として抽出される内容は当該の心理測定尺度で測定しようとしている構成概念に相当するとみなされる．すべての尺度項目が第1主成分に対して高い負荷量（経験的には絶対値 .40 程度以上）を示している場合，各項目は第1主成分にあたる構成概念を共通して測定する項目群として1次元性を有しており，尺度項目全体の内的一貫性が保たれていると解釈される．逆に，いくつかの項目において第1主成分に対する負荷量の絶対値が0に近い低い値である場合，それらの項目は，第1主成分に絶対値 .40 以上で負荷している他の項目とは測定内容が共通しておらず，尺度項目全体の内的一貫性が保たれていないことになる．第1主成分負荷量が低い項目は，尺度全体として測定しようとしている内容をあまり反映しておらず，尺度項目の内的一貫性を損なう項目であると考えられるため，除外して再度主成分分析を行い，残った項目の内的一貫性を検討する．なお，逆転項目を処理せずに主成分分析を行った場合，マイナスの主成分負荷量がみられるが，第1主成分負荷量の絶対値が十分に高い場合には有用な尺度項目とみなされる．

　図 8.1 は，共感性の測定のために用意された15項目について，尺度構成のために主成分分析を行った結果の例である．**図 8.1** では，第1主成分負荷量の絶対値が .40 に満たないものが5項目ある（項目 3-1, 3-14, 3-15, 3-9, 3-11）．これらの5項目を除外して再度主成分分析を実施した結果が**図 8.2** である．**図 8.2** では，分析に使用された10項目すべての第1主成分負荷量の絶対値が .40 以上となっている．この結果から，これら10項目は心理測定尺度の項目群として1次元性を有しており，尺度項目全体の内的一貫性が保たれていると解釈される．

　尺度の内的一貫性の検討結果として主成分分析結果を提示する際には，第1主成分の負荷量と同時に，**固有値**や**寄与率**を示すことが望ましい（第10章参照）．固有値や寄与率から，第1主成分として抽出された内容，すなわち，検討中の心理測定尺度で測定しようとしている内容が，準備された尺度項目全体においてどの程度意味のある重要な情報であるかをよみとることができる．第1主成分の固有値や寄与率が高ければ，尺度項目全体で測定された情報が第1

8.1 尺度項目の選定

表1 共感性尺度の主成分分析（1回目）の結果

項目内容	第1主成分
3-10. 困っている人たちがいても，あまり可哀想だという気持ちにはならない	−.711
3-7. 他人の話で感動したり泣いたりしている人を見るとしらける	−.699
3-6. まわりの人が悩んでいても，割合に平気でいられるほうである	−.688
3-4. 人より薄情なほうかもしれない	−.650
3-12. 周りの人たちが不幸でも，自分は平気でいられる	−.616
3-5. 人に同情しやすいたちである	.631
3-3. 愛の歌や詩に深く感動しやすい	.615
3-2. 人がうれしくて泣くのを見ると，ばかばかしい気持ちになる	−.612
3-13. 不公平な扱いをされている人たちを見ても，あまり可哀想とは思わない	−.555
3-8. 関係のない他人に同情しても，しかたないと思う	−.495
3-1. 歌を歌ったり聞いたりすると，楽しくなる	.361
3-14. ときどき，自分の目の前で突然起こったことに，感動することがある	.350
3-15. もし自分を紹介するとしたら，優しい人というと思う	.335
3-9. 自分よりも不幸な人たちには，やさしくしたいと思う	.334
3-11. 運動などの試合では，負けている方に応援したくなる	.240
固有値	4.509

マイナスの負荷量を示す項目は，第1主成分の内容（表中の項目群からなる心理測定尺度で測定される内容）を逆の方向に測定する項目であること，すなわち，当該心理測定尺度の逆転項目であることを示す。

第1主成分負荷量の絶対値が.40以上であることを，尺度項目群の1次元性の基準とした場合，負荷量に網掛けをした10項目のみが基準を満たすことになる。この場合，網掛けされていない5項目を除去し，再度主成分分析を行って，再度内的一貫性の確認を行う（表2参照）。

第1主成分の寄与率は，「固有値÷尺度項目数」から求められる。表の分析における第1主成分の寄与率は30.1%である。

図8.1 主成分分析の結果の書き方の例（1）

表1の結果をもとに，第1主成分負荷量が.40以上の10項目を抜粋して再度主成分分析を行った結果である。表の分析における第1主成分の寄与率は41.1%。

表2 共感性尺度の主成分分析（2回目）の結果

項目内容	第1主成分負荷量
3-2. 人がうれしくて泣くのを見ると，ばかばかしい気持ちになる	−.628
3-3. 愛の歌や詩に深く感動しやすい	.592
3-4. 人より薄情なほうかもしれない	−.666
3-5. 人に同情しやすいたちである	.621
3-6. まわりの人が悩んでいても，割合に平気でいられるほうである	−.720
3-7. 他人の話で感動したり泣いたりしている人を見るとしらける	−.725
3-8. 関係のない他人に同情しても，しかたないと思う	−.544
3-10. 困っている人たちがいても，あまり可哀想だという気持ちにはならない	−.718
3-12. 周りの人たちが不幸でも，自分は平気でいられる	−.625
3-13. 不公平な扱いをされている人たちを見ても，あまり可哀想とは思わない	−.540
固有値	4.111

2回目の主成分分析では，すべての項目の負荷量が.40以上であることが確認され，分析に使用された項目群は1次元構造であると解釈される。

図8.2 主成分分析の結果の書き方の例（2）

主成分に十分集約されていると解釈できる。

2. 因子分析による内的一貫性の確認

複数の下位尺度を含む心理測定尺度の内的一貫性の確認には，**因子分析**が用いられる。想定している下位尺度の個数を因子数として設定し，尺度項目群に対する因子分析を実施して各項目がどの因子に高い負荷量（経験的には絶対値が .40 程度以上）を示しているかを確認する。同じ因子に高い負荷量を示した項目群をグループ化して，当初想定されていた下位尺度の項目群と対応しているかどうかという観点から，項目の分かれ方を検討する。あるいは，具体的な下位尺度が想定されていなければ，因子分析によって，用意された尺度項目への回答の背後に潜在する因子を探索的に抽出して，尺度の構造を確認することもできる。その場合は，何らかの基準をもとに因子数の決定を行わなければならない。因子数の決定基準には，**スクリー法**（回転前の固有値の推移を確認し，固有値が極端に低下する直前の因子数を採用する方法），固有値1以上の基準（回転前の固有値が1以上の因子数を採用する方法），**解釈可能性**（尺度項目の分かれ方について理論的に解釈がしやすい因子数を採用する方法）などがある。

因子数を指定し，回転を行った後（回転法はいくつかあるが，直交回転では**バリマックス回転**が，斜交回転では**プロマックス回転**が一般的である），同一因子に高い負荷量を示している項目は，各因子を代表する項目と解釈される。通常，ある因子に対して絶対値 .40 以上の負荷量を示す項目群が，当該因子を測定する下位尺度とみなされる。複数の因子に対して高い負荷量を示す項目や，いずれの因子にも高い負荷量を示さない項目がある場合には，これらの項目を除外し，再度因子分析を実施した後，各因子の負荷量と，それにもとづく項目の分かれ方を確認する。

独自作成の心理測定尺度について，因子分析によって探索的に尺度の構造を確認した場合は，項目の分かれ方をもとに因子を解釈した後に，因子名，すなわち下位尺度の名前を決定する。因子名を決定するときは，負荷量の絶対値の高い順に重要な項目とみなし，負荷量の高い項目全体をまとめて表現できるような名前をつける。因子の解釈は設問文や選択肢，各項目の平均値の状態（理論的中間点よりも高いのか，低いのか）によっても変わってくるため，因子名

8.1 尺度項目の選定

の決定時には，設問文や選択肢をよく吟味し，項目平均値にも留意する。

図8.3は，「コミュニケーションの基本スキル（ENDE 2）尺度」（堀毛，1994）の15項目を因子分析（主成分解，バリマックス回転）した結果である。この尺度は，堀毛（1994）において，記号化スキル，解読スキル，統制スキルの3つの下位尺度をもつ構造であることが示されている。そのため，因子数を3に設定して解析した結果，各因子に対する負荷量の絶対値が高い項目は先行研究と同様の分かれ方を示し，3種のスキルに該当する因子（因子1：解読，因子2：統制，因子3：記号化）が抽出された。なお，**図8.3**では，因子の分かれ方をわかりやすく示すために，負荷量の絶対値が高い順に因子ごとに項目を並べかえグループ化して示している。**図8.3**のように，因子分析結果について，各因子の負荷量の絶対値をもとに項目を並べかえて表に示す場合には，質問紙での項目提示順序がわかるよう項目番号を付記しておくことが望ましい。

項目内容	因子1	因子2	因子3
2. 相手のしぐさから気持ちを読みとる	.795	.165	.129
5. 話をしている相手の気持ちのちょっとした変化を感じとる	.792	.061	.100
14. 相手が自分をどう思っているか読みとる	.767	−.009	.100
8. 言葉がなくても相手のいいたいことがなんとなくわかる	.740	.020	.077
11. 嘘をつかれても見破ることができる	.646	−.014	.026
3. 自分の気持ちや感情をコントロールしながらつきあう	.160	.732	.286
15. 相手の言うことが気に入らなくてもそれを態度に出さない	−.011	.678	.020
6. 自分を抑えて相手に合わせる	.203	.674	−.030
9. 気持ちを隠そうとしても表にあらわれる	−.036	−.631	.333
12. いわないつもりでいることをつい口に出す	−.030	−.559	.189
1. 自分の気持ちを正確に相手に伝える	.120	.059	.750
10. 身振りや手振りをうまく使って表現する	.109	.047	.628
7. 感情を素直にあらわす	.085	−.395	.643
4. 会話をうまくすすめる	.372	.248	.533
13. 自分の気持ちを表情や目に現す	.241	−.467	.367
因子負荷量の2乗和	3.112	2.632	2.062
因子の寄与率（%）	20.747	17.549	13.745

コミュニケーションの基本スキルを測定する15の尺度項目に因子分析を行った結果，3つの下位尺度に対応する因子（因子1：解読，因子2：統制，因子3：記号化）が得られた。

ある因子に対して高い付加量を示す項目群は，測定内容が共通しており，内的一貫性が高いと解釈される。

図8.3 コミュニケーションの基本スキル（ENDE 2）尺度（堀毛，1994）の因子分析結果（主成分解・バリマックス回転）

尺度の内的一貫性の検討手続きとして因子分析結果を提示する際には，解析方法（回転前の因子抽出法，因子数の決定基準，回転前の累積寄与率，回転手

法など), 解析結果 (因子負荷量行列あるいは因子構造行列, 各因子の負荷量の2乗和と寄与率), 因子の解釈と名称を記載する (第10章参照)。なお, 斜交回転の因子分析を実施した場合には, 因子寄与の最大値が決定できないため, 寄与率は算出されない。また, 斜交回転の結果には因子間相関を記載する。

8.1.2 不良項目の確認

上述した主成分分析や因子分析による内的一貫性の検討の他にも, 心理測定尺度を構成する個々の項目が適切か否かを検討する項目分析の手法がいくつかある。とくに新しく心理測定尺度を作成する際には, 個々の項目の詳細な検討が必要となる。項目分析では主に, 困難度, 識別力, 等質性の検討が行われる。

1. 困 難 度

心理測定尺度は何らかの個人差を測定することを目的としているが, 尺度内のある項目に対する調査回答者の反応がすべて同じだったり, ある反応に極端に偏っている場合, その尺度項目では調査回答者の個人差をとらえることが難しい。このような項目は, 心理測定尺度の項目として不適切と考えられる。「はい」あるいは「いいえ」等の2件法 (0-1形式) で回答できる尺度項目の場合, 項目が十分に個人差を測定できているかどうかを検討する**困難度**の指標としては**肯定率** (もしくは一方の回答を選択した調査回答者の全調査回答者に対する割合) が用いられる (**表8.1**)。この場合, 肯定率が0.5 (たとえば, 半数の調査回答者が「はい」, 残りの半数の調査回答者が「いいえ」と答え, 項目分散が最大である状態) が理想的であり, これに近い項目 (目安としては肯定率が0.3から0.7程度) を選ぶことが望ましいとされている (東條, 1998)。

0-1形式ではなく, 多段階で評定を求める項目の場合にも, 個人差をとらえられない項目は不適切であるため, 各項目に対する調査回答者の反応の偏りやばらつきに注意し, 測定値が上限に偏る「天井効果」や下限に偏る「床効果」がみられる項目や項目分散が極端に小さな項目は削除したり, 改良したりする必要がある。

2. 識 別 力

識別力とは, 尺度全体で測定している内容について, 各項目が調査回答者の

8.1 尺度項目の選定

表 8.1 形式の測定項目に対する回答と肯定率（仮想データ）

	項目1	項目2	項目3	項目4	項目5	項目6	項目7	項目8	項目9	項目10
回答者1	○	○	○	○	○	○	○	○	○	○
回答者2	○	○	○	○	○	○	○	○	○	×
回答者3	○	○	○	○	○	○	○	○	×	×
回答者4	○	○	○	○	○	○	○	×	×	×
回答者5	○	○	○	○	○	○	×	×	×	×
回答者6	○	○	○	○	○	×	×	×	×	×
回答者7	○	○	○	○	×	×	×	×	×	×
回答者8	○	○	○	×	×	×	×	×	×	×
回答者9	○	○	×	×	×	×	×	×	×	×
回答者10	○	×	×	×	×	×	×	×	×	×
肯定率	1.0	0.9	0.8	0.7	0.6	0.5	0.4	0.3	0.2	0.1
項目分散	0.00	0.09	0.16	0.21	0.24	0.25	0.24	0.21	0.16	0.09

注1）表中，○印はある項目に対して調査回答者が「はい」と反応したことを，×印は「いいえ」と反応したことを示す。
注2）肯定率は，ある項目に対して，調査回答者が「はい」と反応した割合である。

特性の違いを正確にとらえることができる程度のことである。尺度の全体得点の高い者は，尺度に含まれる個々の項目の回答でも高い得点を示すと考えられる。尺度の全体得点と個々の項目得点との相関（**項目―全体相関，I-T 相関**）が高い場合は，当該項目が尺度全体で測定している内容を十分に反映しており，調査回答者の特性の違いを正確にとらえていると考えられる。しかし，項目―全体相関が低い項目は，尺度で測定している内容と関係が乏しく異質であり，調査回答者の特性の違いを正確にとらえられていない項目と考えられる。そのため，項目―全体相関が低い項目は，尺度項目から除外する。

なお，項目―全体相関を求める際，尺度の全体得点に，相関を求めようとしている項目の得点自体を含めると見かけ上相関が高くなるため，当該項目は尺度の全体得点には加算せずに項目―全体相関を求めることが望ましい。

識別力を検討する別の手法として，**G-P**（Good-Poor）**分析**があげられる。G-P 分析は，**上位―下位分析**ともよばれ，尺度の全体得点の高低にもとづいて調査回答者を分割して上位得点群と下位得点群とを設定し（たとえば，全体得点の中央値による 2 群分割や，全体得点上位 25% と下位 25% の抽出による 2 群設定など），群間で各項目得点の平均値を比較検討する方法である。個々の尺度項目が尺度全体で測定する内容を十分に反映していれば，尺度の上位得点

群と下位得点群との間では，個々の項目得点の平均値にも同様に違いがみられ，上位得点群のほうが下位得点群よりも各項目得点の平均値が高いと考えられる。そこで，設定された2群間で個々の項目得点の平均値の差の検定（t 検定，第9章参照）を行い，有意差がみられなかった項目は識別力が低い不良項目とみなして削除する。サンプル数が多い場合は，検定によってわずかな差も検出されるため，有意差がみられた場合でも，群間の平均値の差の大きさを確認することが望ましい。

3. 等 質 性

等質性の検討では，すべての項目が尺度全体で測定しようとする内容を示しており，内容的に等質かどうか，つまり尺度項目群の内的一貫性が問題となる。上述した識別力の高い項目群は等質性も高いということになるが，α 係数を用いて等質性を検討すると，項目―全体相関や G-P 分析のように尺度項目を1つずつとりあげて分析しなくても心理測定尺度を構成する項目全体の等質性を検討することができる。また，等質性を低下させている項目を見つけるために，すべての尺度項目からある項目を除外して，残りの項目から算出された α 係数と，全尺度項目を用いて算出された α 係数とを比較する方法がある（α 係数の算出方法は次節で述べる）。ある項目を除外した後の α 係数が除外前の全項目による α 係数よりも高い値であれば，当該項目が等質性を低下させていると解釈されるため，その項目を尺度構成から除外する。

このように，さまざまな方法によって尺度項目の選別が可能であるが，項目―全体相関や G-P 分析は，前項で述べた主成分分析や因子分析にもとづく項目の選定と同様の結果を示すため，すべてを行う必要はない。とくに，尺度に含まれる項目数が多い場合には，項目―全体相関や G-P 分析は作業が繁雑になるため，主成分分析や因子分析によって不適当な項目を除外するほうが効率的であり，その後 α 係数を算出すれば，内的一貫性の検討としては十分と考えられる。

8.2 尺度の信頼性と妥当性の検討

8.2.1 信頼性係数αの算出方法

　尺度項目が確定した後には，尺度の**信頼性**の指標であり，尺度項目の内的一貫性あるいは等質性を示す α 係数を算出する。信頼性係数としてもっともよく用いられているクロンバックの α 係数は，折半法による信頼性係数（第4章参照）の算出方法から発展したものである。具体的には，折半法による信頼性係数は，尺度項目を半分ずつに分けて両者の相関係数をもとに統計的な修正を行った値であるが，この方法では項目の折半の仕方によって相関係数が異なり，信頼性係数も一意的に定まらない。たとえば，10項目の心理測定尺度では，折半の仕方，すなわち全10項目を5項目ずつの2組に分ける組合せは$_9C_4$＝630通りある。また，20項目の心理測定尺度では$_{19}C_9$＝92378通りとなる。そして，折半の仕方の数だけ折半法信頼性係数の推定値が得られるという困った事態となる。そこで，すべての可能な折半の仕方から信頼性係数の推定値を計算し，その平均値を算出する，という方法が考案された。この方法であれば，信頼性係数の推定値は1つに定まる。このようにして得られた折半法信頼性推定値の平均値が，**クロンバックの α 係数**なのである。

　α 係数の算出式は，以下の通りである（具体的な算出例は**コラム 8.1** 参照）。

【尺度項目の分散共分散行列から計算する場合】

$$\alpha = \frac{尺度項目数}{尺度項目数-1} \times \frac{分散共分散行列の非対角要素の総和}{尺度得点の分散} = \frac{n}{n-1} \frac{\sum_{j \neq i} S_j S_i}{S_X^2}$$

$$= \frac{尺度項目数}{尺度項目数-1} \left(1 - \frac{分散共分散行列の対角要素の総和}{尺度得点の分散}\right)$$

$$= \frac{n}{n-1} \left(1 - \frac{\sum S_j^2}{S_X^2}\right)$$

　各項目得点の分散が1に基準化されている場合は，分散共分散行列は相関行列となり，分散共分散行列の対角要素以外の $n(n-1)$ 個の相関係数の平均値

をr̄とすると，α 係数は以下の式でも表される．

【尺度項目の相関行列から計算する場合】

$$\alpha = \frac{n\bar{r}}{1+\bar{r}(n-1)}$$

(r̄ は尺度項目間の相関係数の平均値，n は尺度の項目数)

上記の式（尺度項目の相関行列から計算する場合の式）からわかる通り，α 係数はr̄（尺度項目間の相関係数の平均値）と n（尺度の項目数）が大きい値であるほど，α も大きくなる．したがって，α 係数を高める方法には，相互に相関の高い尺度項目を選定する，項目数を増やす，という二通りが考えられる．

8.2.2　妥当性の検討方法

妥当性とは，心理測定尺度が本来測定しようとしている内容を実際にどの程度適切に測定できているか，という測定内容の適切性に関する概念である．妥当性の検証方法は，大きく分けて2種類ある．一つは，尺度項目の内容を理論的に検討して項目の妥当性を判断する方法であり，内容的妥当性とよばれる．もう一つは，問題となる尺度項目を用いて実際に測定を行い，そのデータをもとに統計的分析を実施して妥当性を評価する方法であり，基準関連妥当性と構成概念妥当性とがある（第4章も参照）．

1. 内容的妥当性

内容的妥当性を評価する際に重要な点は，用意された尺度項目群が測定しようとしている概念内容を偏りなく反映しているかどうかである．前項の信頼性係数を高める方法として，相互に相関の高い尺度項目を選定するという手段があることを述べたが，相関が高い類似した項目ばかりを選び，本来測定するべき内容よりも狭く偏った内容しか測定できない項目ばかりを選んでは，妥当性のある尺度にはなり得ない．たとえば，コミュニケーションを上手にとることができる能力（コミュニケーション・スキル）を測定する尺度では，話す能力，聞きとり理解する能力，コミュニケーション時に感情を統制する能力などコミ

ュニケーションを円滑に行うために役立つと考えられる能力をまんべんなく測定できるよう，幅広い項目をとりあげなければならない。話す能力を測定する項目だけで尺度が構成されたとしたら，その尺度はコミュニケーション・スキル尺度として「内容的に妥当ではない」と考えられる。つまり，心理測定尺度は，測定しようとしている概念内容を適切に反映する内容的な広がりをもった項目によって構成されていなければならないのである。

内容的妥当性を確保するには，関連文献を十分に検討して，測定を試みる概念内容の全体像を明確に把握し，内容が一部に偏らないように項目を選択し，そのうえで項目内容の妥当性を評価するという手順が考えられる。ただし，内容的妥当性の程度を客観的に評価する手段は厳密にはなく，概念内容を熟知した専門家に項目内容の適切性についての評価と判断を求めるという方法がとられることが多い。可能であれば，複数の専門家に独立して評価を求め，一致した評価が得られることが望ましい。

また，測定しようとしている構成概念が複数の下位概念から成り立っており，複数の下位尺度から構成される心理測定尺度を準備した場合，因子分析を用いて，想定通りの下位概念が因子として確認されるかどうかを検討し，妥当性を評価することがある。これは**因子的妥当性**とよばれ，構成概念の内容を評価している点から内容的妥当性の一つとみなされるが，測定データをもとにどのように因子が分かれるかという点から妥当性を評価しており，後述する構成概念妥当性の一つとしてとらえられる場合もある。

2. 基準関連妥当性

ある心理測定尺度で測定しようとしている内容が，心理測定尺度とは別の方法でも把握される場合，別の手段で把握される行動様式や心理状態が心理測定尺度の外的な基準となり得る。この外的基準と心理測定尺度の測定結果とが強く関連していることをもって，尺度の妥当性を保証することができ，これを**基準関連妥当性**という。たとえば，抑うつ傾向を測定する心理測定尺度では，精神科医によるうつ病の診断が外的基準の一つとなり得る。つまり，医師から実際にうつ病の診断を受けた人々は，うつ病とは診断されていない精神的に健康な人々よりも，高い尺度得点になると予想される。そこで，うつ病と診断され

た人々と，精神的に健康な人々の両方に作成された抑うつ傾向の心理測定尺度を実施し，うつ病の人々と健康な人々との間で尺度得点を比較し，その結果，実際に両群間に得点差があれば，この抑うつ傾向の心理測定尺度は「基準関連妥当性がある」と解釈される。

あるいは，心理測定尺度得点と外的基準となるものの得点との相関係数によって基準関連妥当性が評価されることもある。これは，**妥当性係数**とよばれる。尺度得点間の相関係数は，測定誤差による影響を受けるため，真の妥当性係数は，以下の式のように修正されて求められる。

$$真の妥当性係数 = \frac{尺度得点と外的基準得点の相関係数}{\sqrt{尺度得点の信頼性係数}\sqrt{外的基準得点の信頼性係数}}$$

3. 構成概念妥当性

心理測定尺度が測定しようとしている内容に対して外的基準が設定可能な場合は，上述した基準関連妥当性の評価ができるが，心理測定尺度では抽象的な概念を測定対象として扱うことが多く，適切な外的基準を見つけることが難しい場合も多々ある。このような場合には，構成概念妥当性を検討することで，心理測定尺度の妥当性評価が可能となる。**構成概念妥当性**とは，ある心理測定尺度による測定と他の測定とがどのように関連しているか，関連の仕方が測定された構成概念に関して理論的に導かれる仮説と合致しているか，という観点から評価，検討される妥当性のことである。構成概念妥当性では，心理測定尺度の得点と，他の測定で得られる当該尺度以外の変数との相関係数の検討が重要な情報となる。たとえば，新たに開発した心理測定尺度で測定される概念内容（変数x）は，別の概念内容である変数yと理論的に強く関連することが予想される場合，実際に変数xと変数yとを測定したデータをもとに変数x—変数y間に高い相関係数が得られれば，構成概念妥当性を支持する一つの証拠になる，と考えられる。

構成概念妥当性には，収束的妥当性と弁別的妥当性の2種類がある。**収束的妥当性**は，理論的に関連が予想される変数との間に高い相関がみられることで評価される。具体的には，妥当性を検討しようとしている心理測定尺度と，同

じあるいは類似した内容を測定していると考えられる別の尺度の測定結果が実際に高い相関係数を示せば，収束的妥当性の証拠が1つ得られたと考えられる。**弁別的妥当性**は，理論的に異なる構成概念の指標とみなされる変数との間には実際に相関がみられないことで評価される。具体的には，妥当性を検討しようとしている心理測定尺度と，理論的に区別され関連しないという仮説が成り立つ内容を測定している別の尺度の相関が実際に低ければ，弁別的妥当性の証拠が1つ得られたと考えられる。

　構成概念妥当性の検討は，尺度の測定内容に関わる理論モデル全体の検証過程でもあり，本来は，多くの研究の積み重ねにより長い時間をかけて確認されていくものである。しかし，実際には，構成概念妥当性の証拠が1つでも確認できれば，「構成概念妥当性が検証された」と表現されることが多い。

8.2.3　尺度得点の算出――確認すべき指標

　心理測定尺度を構成する項目を選定して採用項目を決定したら，**尺度得点**を算出する。尺度得点は，逆転項目の処理を行った後，個々の項目に対する回答を加算して算出する。この段階で，算出された尺度得点が高い（あるいは低い）ことが何を意味するのかをきちんと理解しておく必要がある。また，算出された尺度得点の平均値，標準偏差，得点の分布範囲（レンジ）を確認することも重要である。尺度得点の実際の平均値と，理論的な中間点とを比較して，調査回答者の全体的傾向を把握することができる。得点分布の様相を知るために，歪度と尖度を求めてもよい。尖度は，正規分布では「3」であり（統計ソフトによって「0」に修正されていることもある），これより大きい場合，分布はより尖って裾の短い分布になり，これより小さい場合は，分布はより平たく裾の長い分布になる。歪度は，正規分布では「0」であり，正の値の場合，左右対称よりも右に裾野が伸びた分布に，負の値の場合は左に裾野が伸びた分布になる。

　得点の分布範囲は，尺度得点の最小値と最大値を確認すれば把握でき，また，歪度と尖度から得点分布の様相もある程度推定できるが，より詳細に得点分布の形状を把握するには，**ヒストグラム**を利用するとよい（**図8.4**参照）。統計

的分析では，尺度得点の分布の正規性を前提とするものも多いが，ヒストグラムによって尺度得点分布を視覚的に確認すれば，ふた山分布などになっておらず，釣り鐘状の山型をした正規分布に近い形をしているかどうかという点も確認できる。なお，尺度の得点分布が正規分布に近い形をしているかどうかを検討する手段として，統計的な正規性の検定を行うことも可能である。

ヒストグラム

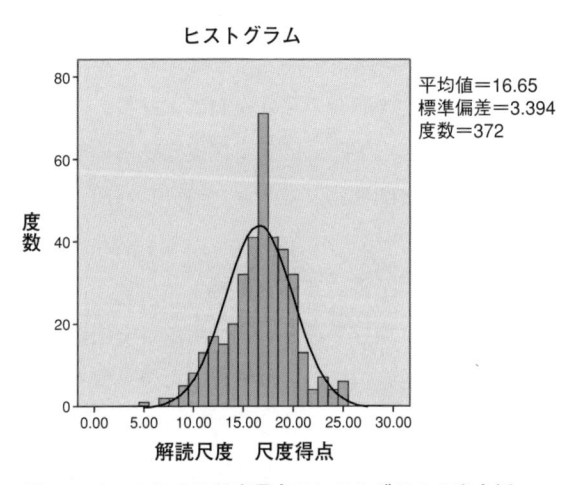

平均値＝16.65
標準偏差＝3.394
度数＝372

解読尺度　尺度得点

図 8.4　SPSS による尺度得点のヒストグラムの出力例

表 8.2　ヒストグラム（図 8.4）に表された尺度得点の統計量

度数	372
平均値	16.648
標準偏差	3.395
分散	11.523
範囲	20.000
最小値	5.000
最大値	25.000
歪度	−0.290
尖度	0.489

コラム 8.1　α係数の算出例

図 8.3 のコミュニケーションの基本スキル（ENDE 2）尺度の下位尺度である解読尺度（5 項目）を用いて，α 係数を算出する過程を例示する。**表 8.3**〜**表 8.5** は，大学生 372 名から得られたデータの解析結果である。

表 8.3　尺度項目の平均値と標準偏差

	平均値	標準偏差
項目 1	3.5511	0.8500
項目 2	3.5806	0.8941
項目 3	3.4140	0.8753
項目 4	2.7984	0.9628
項目 5	3.3038	0.9062

表 8.4　尺度項目間の分散共分散行列

	項目 1	項目 2	項目 3	項目 4	項目 5
項目 1	**0.7225**				
項目 2	0.4608	**0.7994**			
項目 3	0.4155	0.3762	**0.7662**		
項目 4	0.2974	0.3438	0.3074	**0.9269**	
項目 5	0.4278	0.4323	0.3348	0.3471	**0.8212**

注 1）表中，太字で示した値は分散共分散行列の対角要素であり，網掛けした数値は非対角要素（左下半分）である。

表 8.5　尺度項目間の相関行列

	項目 1	項目 2	項目 3	項目 4	項目 5
項目 1	1.0000				
項目 2	0.6064	1.0000			
項目 3	0.5584	0.4807	1.0000		
項目 4	0.3634	0.3994	0.3648	1.0000	
項目 5	0.5555	0.5336	0.4221	0.3979	1.0000

これらの表の値をもとに，α 係数の算出に必要な値を求めていくと，以下のようになる。

- 尺度の項目数……5（項目）
- 尺度得点の分散（分散共分散行列のすべての要素の合計）

  $S_X^2 = 2 \times$（非対角要素の総和）$+$（対角要素の総和）

  $= 2 \times (.4608 + .4155 + .3762 + .2974 + .3438 + \cdots\cdots + .3471)$

  $\quad + (.7225 + .7994 + .7662 + .9269 + .8212)$

  $= 7.4864 + 4.0361 = 11.5225$

- 非対角要素の総和

  $\displaystyle\sum_{j \neq i} S_j S_i = 2 \times (.4608 + .4155 + .3762 + .2974 + .3438 + \cdots\cdots + .3471) = 7.4864$

これらの値を α 係数の算出式に代入すると，

$$\alpha = \frac{n}{n-1} \cdot \frac{\sum_{j \neq i} S_j S_i}{S_X^2} = \frac{\text{尺度項目数}}{\text{尺度項目数}-1} \times \frac{\text{分散共分散行列の非対角要素の総和}}{\text{尺度得点の分散}}$$

$$= \frac{5}{4} \cdot \frac{7.4864}{11.5225} = \frac{37.4320}{46.0900} = .81215$$

信頼性係数 α は .8121 となる。

また，相関行列から計算する場合，尺度項目間の相関係数の平均値（$\bar{r}$）は，

$$\bar{r} = \frac{.6064 + .5584 + .4807 + \cdots\cdots + .3979}{10} = \frac{4.6821}{10} = .4682$$

である。相関行列にもとづく α の算出式にこの値を代入すると，

$$\alpha = \frac{n\bar{r}}{1 + \bar{r}(n-1)} = \frac{5 \times .4682}{1 + 4 \times .4682} = .8149$$

となる。

通常は，このような計算をしなくても，SPSSなどの統計ソフトによって尺

度の信頼性分析を行えば，信頼性係数 α をはじめ，各尺度項目や尺度得点の統計量を容易に確認することができる（**図 8.5**）。

信頼性統計量

Cronbach の アルファ	標準化された項目に基づいた Cronbach のアルファ	項目の数
0.8121	0.8149	5

数式から求めた α 係数の値と同じ値になっている。

尺度の統計量

平均値（ラン検定）	分散	標準偏差	項目の数
16.6478	11.523	3.39449	5

項目合計統計量

	項目が削除された場合の尺度の平均値	項目が削除された場合の尺度の分散	修正済み項目合計相関	重相関の2乗	項目が削除された場合の Cronbach のアルファ
項目1	13.0968	7.597	.684	.506	.752
項目2	13.0672	7.497	.659	.455	.758
項目3	13.2339	7.889	.583	.365	.781
項目4	13.8495	8.004	.476	.231	.815
項目5	13.3441	7.617	.617	.397	.771

図 8.5　同じデータを用いて SPSS により尺度の信頼性分析を行った出力結果
注：薄い破線および薄い破線内は筆者により挿入。

9 平均値の比較と相関分析

渡部麻美

　卒業論文や修士論文の質問紙調査では，1つの尺度得点の平均値を算出しただけで終わることはほとんどない。心理測定尺度は尺度得点を算出することだけでなく，その尺度得点を利用してさまざまな目的や仮説を検証するために使用される。

　本章では，質問紙調査で頻繁に行われる尺度得点の平均値の差や尺度得点間の関連の検討の仕方をとりあげる。9.1 の冒頭と 9.1.1 では，それ以降で紹介するさまざまな手法にも共通する統計的仮説検定の考え方についても説明する。図 9.1 に，本章でとりあげる分析手法を示す。

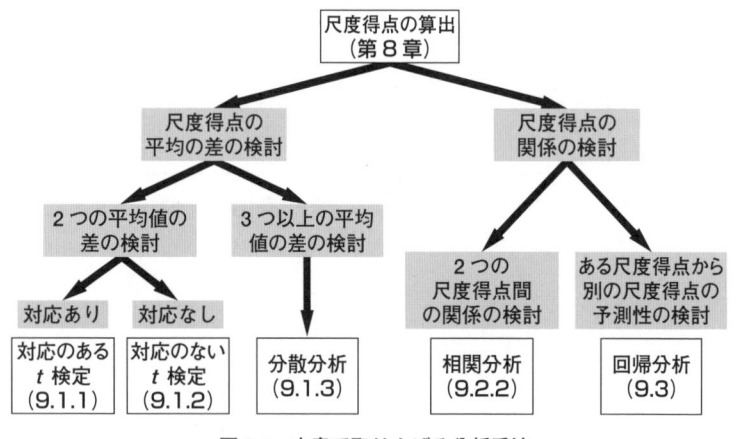

```
                    尺度得点の算出
                      (第8章)
              ┌──────────┴──────────┐
         尺度得点の              尺度得点の
         平均の差の検討          関係の検討
       ┌──────┴──────┐        ┌──────┴──────┐
   2つの平均値の  3つ以上の平均   2つの         ある尺度得点から
   差の検討      値の差の検討    尺度得点間     別の尺度得点の
                              の関係の検討   予測性の検討
   ┌───┴───┐
 対応あり 対応なし
   │      │         │            │            │
 対応のある 対応のない  分散分析      相関分析      回帰分析
 t検定    t検定     (9.1.3)      (9.2.2)      (9.3)
 (9.1.1)  (9.1.2)
```

図 9.1　本章で取り上げる分析手法

　なお，本章では，検定に関わる各数値を求めるための詳しい手続きや数式は省略する。本章で説明するのは，それらの数値がどのような考え方をもとに計算されているか，数値をどのように解釈したらよいかということである。各数値の詳しい算出方法については岩原（1965）や森・吉田（1990），統計ソフト

SPSS の操作手続きについては小塩（2011）などの書籍が参考になる。

9.1 平均値の差の検定

　心理学の質問紙調査では，**平均値**の比較が研究の目的の一つになっていることがよくある。たとえば，大学新入生の大学生活に対する不安を測定するために，「大学生活不安尺度」を使った質問紙調査を実施するとしよう。新年度が始まったばかりの4月と1カ月後の5月で大学生活不安の程度が変化するか調べるためには，何をしたらよいだろうか。4月と5月の2回にわたって新入生に大学生活不安尺度に回答してもらい，それぞれの回答時期の尺度得点を算出すれば，4月と5月の大学生活不安に何点の差があるかがわかる。しかし，そのとき得られた平均値の差は本当に回答時期の違いによって生じたものなのだろうか。回答者がもともともっていた不安の程度や回答時の気分によって，その調査のときだけ偶然生じた差である可能性も否定できない。

　ある質問紙調査に回答した限られた数の回答者から得られた結果が，偶然によるものでないことを確かめるためには，**統計的仮説検定**を行う必要がある。統計的仮説検定とは，調査から得られた種々の数値が偶然によって得られたものなのか，それとも何らかの理由があって得られたものなのか判断する方法である。統計的仮説検定にはさまざまな種類があるが，いずれも検定統計量と自由度とよばれる数値から，その数値が偶然得られる確率（有意確率）を求めるという手続きをとる。

　本節でとりあげるのは，2つの平均値の差について検定する t **検定**と3つ以上の平均値の差を検定する**分散分析**である。

9.1.1　対応のある t 検定

　まず，2つの平均値の差を検定する方法について説明する。ひとくちに2つの平均値を比較するといっても，データの収集の仕方によってデータの型が違ってくる。データの型が違うと，それによって適用する分析手法が異なる。データの型には対応のあるデータと対応のないデータの2種類がある。本項では，

対応のあるデータとその平均値の差の検定について概観しながら，統計的仮説検定の基本的な考え方についても説明していく。

対応のあるデータは，**関連のあるデータ**ともよばれ，同じ回答者，またはペアになった回答者から得られたデータを指す。例として，すでに示した4月と5月の大学生活不安の差を検討する場合をとりあげる（**表9.1**）。4月と5月で変化しているかをみたいのであるから，一人ひとりの回答者の中で4月と5月の得点間に差があるかを検討しなければならない。たとえば，1番の回答者の4月の得点と2番の回答者の5月の得点を比べて，「5月のほうが4月より高くなった」といっても測定時期による差を説明したことにはならない。同じ回答者の4月と5月を比べることで，回答時期によって得点が変化したか検討することができる。したがって，対応のあるデータでは，同じ回答者の2つの得点を必ず一対として横に並べた状態で入力する。

表9.1 4月と5月の大学生活不安得点

回答者No.	4月	5月
1	22	12
2	29	24
3	34	30
4	36	37
5	16	20
6	33	27
7	45	41
8	22	15
9	32	26
10	15	14

対応のあるデータで，2つの平均値に差があるか判断する際に用いるのが，**対応のある t 検定**である。統計ソフトSPSSで，表9.1のデータをもとに対応のある t 検定を行うと，各回答時期の平均値（**表9.2**）や検定統計量，自由度，有意確率といった数値（**表9.3**）が出力される。なお，SPSSでは**表9.2**，**表9.3**に示した数値以外にもさまざまな数値が出力されるが，ここでは最低限確認し

9.1 平均値の差の検定

なければならない数値を記してある。これ以降の各節でも同様である。

表9.2 4月と5月の大学生活不安得点の平均値と標準偏差

	平均値	標準偏差
4月	28.40	9.51
5月	24.60	9.69

表9.3 対応のある t 検定の結果

t 値	自由度	有意確率
2.93	9	0.02

t 検定に限らず，統計的仮説検定をする際には**帰無仮説**とよばれる仮説を設定する。帰無仮説は，その名称が示す通り「無に帰する」ことを目指す仮説であり，最終的に否定することを想定している。帰無仮説は「……ない」という形の文章になる。この例では，「4月と5月の大学生活不安の間に差はない」が帰無仮説となる。帰無仮説は，実際の解析作業の際に文章として示したり，論文やレポートに書いたりすることはない。しかし，統計的仮説検定を行う際は帰無仮説を想定して行っていることを念頭においてほしい。

それでは，**表9.3**に示された結果の数値を順にみていく。統計的仮説検定を行うと，まず**検定統計量**という数値が算出される。検定統計量とは，そのときのデータから得られた平均差などの数値が，偶然によって得られたものか，何らかの理由があって得られたものかを判断する材料となる数値である。t 検定では t 値とよばれる数値が検定統計量である（**表9.3**の2.93）。対応のある t 検定では，個々の回答者の2回の得点の差をもとに t 値が算出される。

また，統計的仮説検定では，検定統計量の他に自由度（df）が算出される。**自由度**とは，「自由に変動できる値の数」という意味である。対応のある t 検定では，t 値を算出する際に，2回の得点差を回答者全員について求め，平均した値（**図9.2**の3.80）を使用している。このとき，10人の回答者がいる場

合，9人までは4月と5月の差がどのような値になってもよいが，残りの1人の差の値は，9人目までの値と全体の平均値 (3.80) から自ずと決定されてしまう。ゆえに，自由に変動できるのは9人までであり自由度は9となる（**表9.3**）。データ数を n で表すと，自由度は $df = n - 1$ である。ただし，検定の種類によって自由度算出の前提となる規則が異なり，それに合わせて自由度の式も変わるため，どのような検定でも $df = n - 1$ となるわけではない。

回答者 No.	4月と5月 の差
1	10
2	5
3	4
4	−1
5	−4
6	6
7	4
8	7
9	6
10	1
平均値	3.80

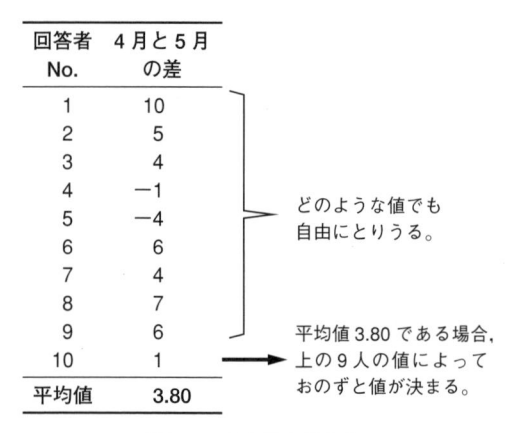

1〜9：どのような値でも自由にとりうる。
10：平均値3.80である場合，上の9人の値によっておのずと値が決まる。

図 9.2　自由度の考え方

つづいて，算出した t 値と自由度から有意確率が導き出される。有意確率は，あらかじめ設定した帰無仮説のもとで，今回のような2つの得点の差が偶然得られる確率が何％であるかを表している。本節の例でいえば，「4月と5月の大学生活不安の間に差はない」という仮説のもとで，4月と5月の尺度得点の間に3.80という差が偶然生じる確率はどのくらいかということである。この確率が低い場合，2つの得点の差は偶然の要因ではなく別の要因によって生じたものであると判断できる。

しかしながら，確率が「低い」と感じる程度は人によってさまざまである。どの程度の確率であれば「低い」と判断してよいのだろうか。心理学をはじめ，多くの学術領域で基準とされているのは5％や1％である。算出された有意確率が5％以下，または1％以下であれば，統計的に有意な差があったと結論づける。**表 9.3** の結果をみると有意確率は0.02，つまり2％であるから，5％よ

りも小さいことになる。「4月と5月の大学生活不安の間に差はない」という帰無仮説のもとで，今回のような平均値の差が偶然得られる確率は5%よりも低い。したがって，「4月と5月の大学生活不安の間に差はない」という帰無仮説は誤っているとみなして棄却する。すなわち，4月と5月の大学生活不安の間に統計的にみて意味のある差，「有意な」差があったと判断する。

t 検定によって判断できるのは2グループの平均値に統計的に有意な差があるかどうかである。4月と5月のどちらの平均値が高いか，すなわち大学生活不安が向上したのか低下したのかを判断するには，4月と5月の平均値を確認しなければならない。表9.2の4月，5月の平均値をみると，4月が28.40, 5月が24.60である。したがって，5月のほうが有意に大学生活不安が低いと結論づけることができる。

t 検定だけでなく，統計的仮説検定全体にいえることであるが，検定結果の中でもっとも注目されがちなのは**有意確率**である。卒業論文や修士論文の調査をする人の中にも，検定結果が算出されたら有意確率が5%以下になっているかを真っ先にみるという人は多いだろう。しかし，有意確率は検定統計量と自由度をもとに導き出されたものであるから，有意確率だけでなく検定統計量と自由度も重要な数値である。レポートや論文に結果を記述する際には，最低でも2つのグループの平均値と標準偏差，検定統計量（t 検定の場合は t 値）と自由度，有意確率を書く必要がある。

9.1.2　対応のない t 検定

対応のないデータは，**独立したデータ**ともよばれており，2つの別のグループの回答者から得られたデータを指す。たとえば，文系学部の学生と理系学部の学生に大学生活不安尺度に回答してもらい，文系と理系で平均値を比較するような場合である（**表9.4**）。対応のあるデータでは，一人ひとりの回答者の2回の回答を必ず一対のものとして扱わなければならなかった。しかし対応のないデータでは，データを対にする必要はない。

表9.1では同じ回答者が回答していたため4月と5月のデータは横に並んでいたが，表9.4では1人の回答者が回答したのは1回のみであるため，大学生

表 9.4 文系と理系の大学生活不安得点

回答者 No.	学部	大学生活不安
1	1	27
2	1	15
3	1	42
4	1	37
5	1	19
6	2	30
7	2	41
8	2	25
9	2	32
10	2	25

注）学部の数値は1：文系，2：理系を表す。

活不安得点が入力される列は1列だけである。また，新たに回答者の所属学部が入力された列が加わっている。

対応のないデータで，2つの平均値に差があるか判断する際に用いるのが，**対応のない t 検定**である。統計ソフト SPSS で，**表 9.4** のデータをもとに対応のない t 検定を実行すると，各グループの平均値（**表 9.5**）と対応のない t 検定の結果（**表 9.6**）が出力される。

表 9.6 には F **値**とその有意確率が記載されている。これらは**等分散性の検定**といわれる検定の結果を示している。対応のない t 検定は，2 グループのデータの分散によって，さらに二通りの方法に分類される。**分散**とはデータの散らばり具合の指標であり，分散が大きいとデータが広い範囲に散らばっていることを，分散が小さいとデータが狭い範囲に集中していることを表す。2 グループの分散が等しい場合は等分散を仮定した t 検定を，分散が等しくない場合には等分散を仮定しない t 検定を使用する。このとき事前に 2 グループの分散が等しいかどうかを検定するのが等分散性の検定である。

等分散性の検定も統計的仮説検定の一種であるから，帰無仮説が設定される。帰無仮説は「2 グループの分散に差はない」である。等分散性の検定では，2

9.1 平均値の差の検定

表 9.5 文系と理系の大学生活不安得点の平均値と標準偏差

	平均値	標準偏差
文系	28.00	11.49
理系	30.60	6.58

表 9.6 対応のない t 検定の結果

	F 値	有意確率	t 値	自由度	有意確率
等分散を仮定する	2.41	0.16	−0.44	8	0.67
等分散を仮定しない			−0.44	6.37	0.68

グループの分散の比を算出して検定統計量 F 値としている。F 値と 2 グループそれぞれの自由度をもとに有意確率が導き出される。有意確率が 5% を超えた場合は，2 グループの分散に有意な差がない（分散が等しい）と判断できるため，等分散を仮定した t 検定を行う。有意確率が 5% 以下だった場合は，2 グループの分散に有意な差があると判断できるため，等分散を仮定しない t 検定を行う。

SPSS の結果の出力では，**表 9.6** のように，等分散性の検定の結果と等分散を仮定した t 検定（上段），等分散を仮定しない t 検定（下段）のすべての結果が出力されるので，等分散性の検定の結果に応じて，2 種類の t 検定の結果のいずれかをみればよい。**表 9.6** をみると，F 値の有意確率は 0.16 であり，5% よりも大きい。これは，2 つのグループの分散に差がない，すなわち等分散であることを示している。したがって，この例では**表 9.6** 上段の「等分散を仮定する」t 検定の結果をみる。

次に，等分散を仮定した対応のない t 検定について説明する。この場合の帰無仮説は「文系と理系の大学生活不安に差はない」である。対応のある t 検定と同様に t 値が算出されている（**表 9.6** 上段の−0.44）。一人ひとりの回答者の 2 回の得点差に焦点をあてた対応のある t 検定とは異なり，対応のない t 検定で着目すべきことは文系全体と理系全体の差である。そのため対応のない t

検定の t 値は，2グループの平均値（**表9.5** の 28.00 と 30.60）の差をもとに算出されている。同じ t 値であっても，対応のある t 検定とは算出方法は異なっている。また，2グループそれぞれの平均値にもとづいているため，自由度は $df=(n_1-1)+(n_2-1)=n_1+n_2-2$（$n_1$，$n_2$ は各グループのデータ数）となる（**表9.6** 上段の 8）。算出した t 値と自由度から有意確率を求め，文系と理系の大学生活不安得点に有意な差があったかを判断する。有意確率が 5% 以下，または 1% 以下であれば，文系と理系との間に有意な差があったといってよい。**表9.6** 上段の例では，t 値の有意確率は 0.67 であり，5% よりも大きい。文系の平均値は 28.00，理系の平均値は 30.60 であり，この程度の差であれば偶然の要因によって生じる確率が高いということである。このような場合には，帰無仮説が採択され，「文系と理系の大学生活不安に差はない」と結論づけられる。

　等分散性の検定結果である F 値の有意確率が 5% 以下で，2グループの分散に差があると判断された場合は，**表9.6** 下段の「等分散を仮定しない」t 検定の数値をみればよい。等分散を仮定しない t 検定の代表的な方法であるウェルチの方法では，等分散を仮定した t 検定とやや異なる式によって t 値や自由度が求められる。しかし，帰無仮説や結果の解釈の仕方は等分散を仮定した t 検定と同様である。

　ここまでに紹介した t 検定の手法を**図9.3** に整理する。まず，2つの平均値が同じ回答者から得られたものかどうか，すなわち対応のあるデータか否かによって t 検定の手法は大きく2つに分けられる。対応のあるデータから得られ

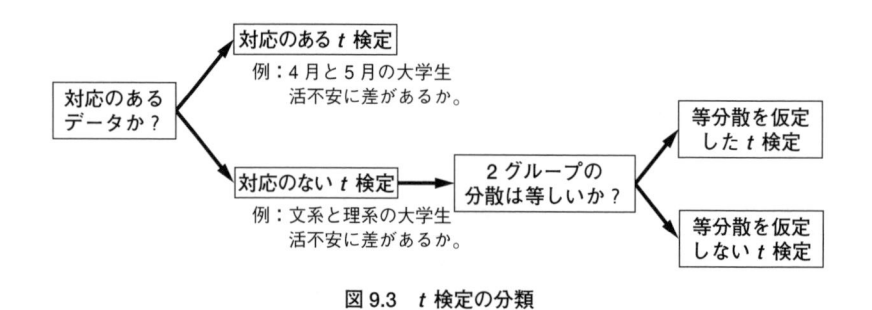

図9.3　t 検定の分類

た平均値である場合は対応のあるt検定を実施する。対応のないデータから得られた平均値である場合は，等分散性の検定の結果をふまえ，等分散であれば等分散を仮定したt検定を，等分散でなければ等分散を仮定しないt検定を実施する。

9.1.3 分散分析

　分散分析は，3つ以上の平均値の差を検定する方法である。文系学部と理系学部のように，2グループの平均値の差を検定する場合はt検定を使用した。さらに学部を細かく分類し，文学部，理学部，工学部のように，3グループ以上の平均値の差を検定する場合に分散分析が用いられる。

　分散分析では独特の用語が用いられる。平均値の高低に影響を与える事象を**要因**とよび，その要因内のカテゴリーを**水準**とよぶ。文学部，理学部，工学部の差を検討する場合，「学部」が一つの要因であり，学部に3つのカテゴリーがあるため水準数は3となる。すなわち，1要因3水準の参加者間分散分析ということになる。要因の数は1要因だけでなく，2要因，3要因と増やしていくことが可能である。仮に，3学部の学生が4月と5月の2回の調査に回答した場合，学部の他に回答時期の要因が加わるため，学部（3水準）と回答時期（2水準）の3×2の2要因分散分析となる。

　また，t検定で対応のあるデータとよんでいたデータを**参加者内データ**や**反復測定データ**とよび，対応のないデータとよんでいたデータを**参加者間データ**とよぶ。分散分析の各要因は，参加者間または参加者内のいずれかに該当する。どちらのデータを使用したかによって，**参加者間分散分析**または**参加者内分散分析**という。学部と回答時期の例では，2つある要因のうち学部が参加者間要因，回答時期が参加者内要因であるため，参加者内と参加者間の要因の両方が含まれているという意味で**2要因混合計画の分散分析**とよばれる。要因数やそれぞれの要因の水準数，参加者間・参加者内の別があるため，さまざまな組合せの分散分析が無数に存在する。

　それでは，分散分析がどのように行われるかを説明する。例として，3つの学部で数学苦手意識に差があるかを検討する，1要因参加者間分散分析につい

て考えてみよう。今，文学部，理学部，工学部の各学部 5 人，合計 15 人の学生が数学苦手意識尺度に回答し，その回答をもとに数学苦手意識得点を算出したとする (**表 9.7**)。この場合の帰無仮説は，「学部による数学苦手意識の差はない」である。

表 9.7 文学部・理学部・工学部の数学苦手意識得点

回答者No.	学部	数学苦手意識
1	1	28
2	1	25
3	1	16
4	1	21
5	1	10
6	2	2
7	2	14
8	2	6
9	2	18
10	2	6
11	3	4
12	3	5
13	3	14
14	3	7
15	3	13

注）学部の数値は 1：文学部，2：理学部，3：工学部を表す。

統計ソフト SPSS で**表 9.7** のデータをもとに 1 要因分散分析を行うと，各グループの平均値 (**表 9.8**) と分散分析の結果 (**表 9.9**) が出力される。ここで説明するのは，出力される数値がどのような過程を経て算出されているかである。回答者の数学苦手意識得点は，15 人それぞれで異なった値になっている。分散分析では，この得点の違いには，所属する学部によって生じた部分と個人の要因によって生じた部分があると考える (**表 9.10**)。個人の要因とは，各個人が所属学部とは関係なくもともともっていた苦手意識の程度や，回答時の気分などの要因である。

表 9.10（1）の各セルの数値は，一人ひとりの回答者の得点が，全体の平均値 12.60 (**表 9.8**) からどの程度変動しているか (全変動) を示している。**表**

9.1 平均値の差の検定

表 9.8 文学部・理学部・工学部の数学苦手意識得点の平均値と標準偏差

	平均値	標準偏差
文学部	20.00	7.18
理学部	9.20	6.57
工学部	8.60	4.62
全　体	12.60	7.91

表 9.9　1 要因分散分析の結果

	平方和	自由度	平均平方	F 値	有意確率
群間	411.60	2	205.80	5.32	0.02
群内	464.00	12	38.67		
合計	875.60	14			

表 9.10　群間平方和と群内平方和の考え方

(1) 全動
個人の得点 − 全体の平均

	文学部	理学部	工学部
1	15.40	−10.60	−8.60
2	12.40	1.40	−7.60
3	3.40	−6.60	1.40
4	8.40	5.40	−5.60
5	−2.60	−6.60	0.40

=

(2) 群変動
グループの平均 − 全体の平均

	文学部	理学部	工学部
1	7.40	−3.40	−4.00
2	7.40	−3.40	−4.00
3	7.40	−3.40	−4.00
4	7.40	−3.40	−4.00
5	7.40	−3.40	−4.00

+

(3) 群変動
個人の得点 − グループの平均

	文学部	理学部	工学部
1	8.00	−7.20	−4.60
2	5.00	4.80	−3.60
3	−4.00	−3.20	5.40
4	1.00	8.80	−1.60
5	−10.00	−3.20	4.40

(4)
全変動の各セルを 2 乗した値

	文学部	理学部	工学部
1	237.16	112.36	73.96
2	153.76	1.96	57.76
3	11.56	43.56	1.96
4	70.56	29.16	31.36
5	6.76	43.56	0.16

(5)
群間変動の各セルを 2 乗した値

	文学部	理学部	工学部
1	54.76	11.56	16.00
2	54.76	11.56	16.00
3	54.76	11.56	16.00
4	54.76	11.56	16.00
5	54.76	11.56	16.00

(6)
群内変動の各セルを 2 乗した値

	文学部	理学部	工学部
1	64.00	51.84	21.16
2	25.00	23.04	12.96
3	16.00	10.24	29.16
4	1.00	77.44	2.56
5	100.00	10.24	19.36

9.10（1）の各セルには＋と－の値が混在しているため，2乗して**表9.10**（4）のようにする。**表9.10**（4）の15セルの値をすべて合計すると全平方和とよばれる値になる（**表9.9**の875.60）。自由度は$df=15-1=14$となる。

表9.10（2）の各セルの数値は，各学部の平均値から15人全体の平均値を引いた値である。同学部の5人の数値がすべて同じ値になっていることがわかる。この数値は，その学部に所属していることで，数学苦手意識得点が全体の平均値からどの程度変動するか（群間変動）を表している。**表9.10**（2）の各セルの数値を2乗して**表9.10**（5）のようにする。**表9.10**（5）の15セルの値をすべて合計すると群間平方和とよばれる値になる（**表9.9**の411.60）。群間平方和は，学部による数学苦手意識得点への影響力の大きさを表す。群間平方和は，個人の得点ではなく，各学部の平均値と全体の平均との差から算出しているため，自由度は$df=3-1=2$となる。群間平方和はそのまま使用せず，自由度で割って平均平方という値にする（**表9.9**の205.80）。

表9.10（3）の各セルの数値は，一人ひとりの回答者の得点から所属学部の平均値を引いた値である。（2）とは異なり，（3）の値は個人によってまちまちである。それは，（3）の値が15人の回答者それぞれの要因によって，数学苦手意識得点が学部の平均値からどの程度変動するか（群内変動）を表しているためである。（3）の各セルの値を2乗して（6）のようにする。（6）の15セルの値をすべて合計した値が群内平方和とよばれる値である（**表9.9**の464.00）。群内平方和は，回答者個人がもともともっていた傾向や回答時の状況，つまり偶然の要因による得点への影響力の大きさを表す。群内平方和は3学部それぞれの中で算出されるため，自由度は$df=(5-1)\times3=12$である。群内平方和についても，自由度で割った平均平方を算出する（**表9.9**の38.67）。

2乗する前の**表9.10**（2）と（3）の各セルの値を加算すると，（1）の各セルの値に等しくなる。これは，一人ひとりの回答者の得点の変動が，所属学部による部分と各個人の要因による部分で構成されていることを示している。

つづいて，群間の平均平方を群内の平均平方で割り，検定統計量であるF値が算出される（**表9.9**の5.32）。F値と群間と群内の自由度をもとに有意

9.1 平均値の差の検定

確率が導き出される。有意確率が5%以下であれば，群間の要因の影響力が偶然の要因の影響力よりも有意に大きいと判断される。**表9.9**をみると，F値の有意確率は0.02で5%よりも小さい。したがって，「学部による数学苦手意識の差はない」という帰無仮説は棄却され，学部によって数学苦手意識が異なると結論づけられる。

このように学部の違いによって有意に数学苦手意識が異なることを，分散分析では「学部の有意な**主効果**があった」という。偶然の要因の影響力よりも，学部の影響力のほうが大きいということである。分散分析は，各要因の主効果が偶然の要因の効果よりも統計的に大きいことを確認するための方法なのである。

3グループ以上の平均値について検討する場合，主効果が有意であることがわかったら，どの水準とどの水準との間に差があるのか明らかにするために**多重比較**を行う。SPSSでは分散分析を行う際に，あわせて多重比較も実施するよう指定すれば，分散分析の結果とともに多重比較の結果が出力される。多重比較にはさまざまな手法があるが，**表9.11**に示したのは**テューキーのHSD法**とよばれる手法による結果である。

表9.11 テューキーのHSD法による多重比較の結果

学部(I)	学部(J)	平均値の差(I−J)	有意確率
文学部	理学部	10.80*	0.04
	工学部	11.40*	0.03
理学部	文学部	−10.80*	0.04
	工学部	0.60	0.99
工学部	文学部	−11.40*	0.03
	理学部	−0.60	0.99

* $p < .05$

「平均値の差」の数値の中にアスタリスク（*）が付記されているものがある。アスタリスクは統計的に有意な値であることを示す記号である。SPSSにおける多重比較では，事前に指定した有意水準で有意であった平均値の差に，アス

タリスクが1つ付記される。**表 9.11** の例では，有意水準を 0.05（5%）に指定したため，「有意確率」の数値が 0.05 を下回った文学部と理学部，文学部と工学部の平均値の差にアスタリスクが1つずつ付けられている。このとき，有意水準が 0.01（1%）に指定してあれば，「有意確率」の数値が 0.01 を下回った平均値の差にアスタリスクが1つずつ付記される。ただし，一般的には，統計的仮説検定の結果を表記するにあたって，5% 水準で有意であるときにアスタリスクを1つ（*），1% 水準で有意であるときにアスタリスクを2つ（**）付記することが多い。

表 9.11 の例では，文学部と理学部，文学部と工学部の数学苦手意識得点には 5% 水準で有意な差があるが，理学部と工学部の差は有意ではない。また，文学部の平均値から理学部の平均値を引いた値（**表 9.11** の 10.80）と文学部の平均値から工学部の平均値を引いた値（**表 9.11** の 11.40）は，どちらも正の値になっていることから，文学部が他の2学部よりも数学苦手意識得点が有意に高いと結論づけることができる。

上記の例は学部という1要因の影響力を検討した。2要因以上になるとそれぞれの要因の主効果だけでなく，**交互作用**（交互作用効果）も検討する必要がある。交互作用とは，ある要因と別の要因を組み合わせたときに生じる効果を表す。たとえば，ある学部では4月より5月の数学苦手意識が低いが別の学部では変化しない場合などは，学部と回答時期の交互作用があると考えられる。

交互作用が有意であった場合は**単純主効果検定**を行う。単純主効果検定では，ある要因の各水準における別の要因の効果を検討する。たとえば，「4月における理学部の数学苦手意識が他の2学部よりも低いが，5月は学部間に差はない」というように，各回答時期における学部の効果を明らかにすることができる。

9.2 相関分析

質問紙調査には，複数の変数間にどのような関係があるか明らかにすることを目的として行われるものがある。回答者に複数の尺度への回答を求め，それ

らの尺度得点の間の関係を検討するような場合である。

本節では，複数の変数間の関係を図示する方法と相関係数という数値によって示す方法を説明する。それらに加えて，一方の変数からもう一方の変数の値を予測する式を求める回帰分析について述べる。

9.2.1 散布図の作成

2つの尺度得点が得られたら，まずはそれらの変数間の関係を**散布図**によって図示するとよい。散布図とは，xとyの2変数の得点を用いて1人分の回答を1つの点としてプロットした図のことである。散布図をみることによって，2変数の関係性を視覚的にとらえることができる。

ここでは例として，数学苦手意識と数学の授業満足度を使って散布図を作成してみよう。10人の学生に数学苦手意識尺度と授業満足度尺度に回答してもらい，2種類の尺度得点を算出する（**表 9.12**）。数学苦手意識をx軸に，授業満足度をy軸にプロットすると**図 9.4**のようになる。統計ソフトSPSSでも，**表 9.12**の数学苦手意識と授業満足度をもとに散布図を作成することができる。

表 9.12　数学苦手意識得点と授業満足度得点

回答者 No.	数学苦手意識	授業満足度
1	28	27
2	25	33
3	16	59
4	21	41
5	10	81
6	2	89
7	14	64
8	6	79
9	18	70
10	6	88

図 9.4をみると全体に右下がりの図になっていることがみてとれる。この散布図から推測できるのは，数学苦手意識が高まるほど，授業満足度が低くなる

という関係があるのではないか，ということである。

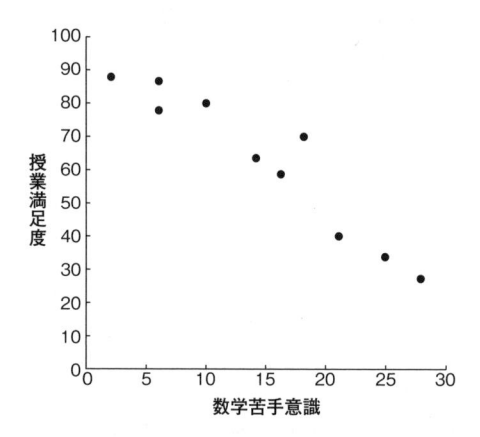

図 9.4　数学苦手意識得点と授業満足度得点の散布図

9.2.2　相関係数の算出

　散布図は2つの変数の関係を視覚的に把握でき，データの様子を理解するうえで役立つ方法であるが，学術論文等に記載することはあまりない。視覚的な判断は，往々にして判断する個人の主観の影響をうけ，見る人によって解釈が変わる可能性があるためである。図 9.4 はプロットされた点が直線に近い形になっているが，プロットした点がはっきりとした関係をよみとれない形に散らばることも多い。また，その都度散布図を掲載していては，スペースも大幅に必要になる。

　図に示されていた2つの変数の関係性を，1つの客観的な数値で表すことができれば，さらに効率的に結果を表現することができるだろう。このとき利用されるのが相関係数 r である。**相関係数**とは，2つの変数間の関係を−1から+1の数値に表したものである。相関係数にはさまざまな種類があるが，もっとも多く使われているのが**ピアソンの積率相関係数**である。一般に相関係数といった場合，ピアソンの積率相関係数を指している。

　算出された相関係数 r のとり得る値は，−1から+1の間になる。正（+）の値であれば，片方の変数の値が高くなるほどもう片方の変数の値も高くなる

「正の相関関係」であることを意味する。負（−）の値であれば，片方の変数の値が高くなるほどもう片方の変数の値が低くなる「負の相関関係」であることを意味する。−1または+1に近いほど関係性が強く，0に近づくほど関係性が弱い。$r=0$であれば，2つの変数の間にまったく関係がない，無相関の状態を表す。仮に相関係数が−1や+1となる2変数で散布図を作成した場合，プロットされた点が右下がりまたは右上がりの一直線上に並ぶ。

SPSSで，**表9.12**の数学苦手意識と授業満足度から相関係数を算出すると，**表9.13**のような結果が出力される。**表9.13**をみると，計算苦手意識と授業満足度の相関係数は$r=-.95$である。これは負の値であるから，数学苦手意識が高いほど授業満足度が低いことを表している。また，この値は−1に近い数値であり，強い負の相関であるといえる。なお，縦の数学苦手意識と横の数学苦手意識がぶつかるセル，同様に縦の授業満足度と横の授業満足度がぶつかるセルに$r=1.00$という値が記載されている。これらのセルは，同一の変数間で相関係数を算出しているため，完全な正の相関である+1になっている。さらに表全体をみると，同じ値が線対称の位置に記載されている。相関係数は，2つの変数の相互の関係を示しているため，どちらの変数からみても同じ値になるのである。

表9.13 数学苦手意識得点と授業満足度得点の相関係数

		数学苦手意識	授業満足度
数学苦手意識	Pearsonの相関係数	1.00	−.95**
	有意確率		.00
	N	10	10
授業満足度	Pearsonの相関係数	−.95**	1.00
	有意確率	.00	
	N	10	10

**p<.01

9.2.3 相関係数の有意性検定

表9.13の相関係数の値には，有意性を示すアスタリスク（*）が付記されて

いる。すでに述べた通り，相関係数は−1から+1の間のいずれかの値になる。相関係数が0に近いほど，2つの変数間の関係は弱くなっていき，0で完全に関係がなくなる。アスタリスクは，算出された相関係数が統計的に意味のある強さであるか，その有意性検定の結果を示している。

相関係数の有意性の検定には，9.1でとりあげたt検定が利用されている。無相関である$r=0$とそのときに算出された相関係数（**表9.13**の場合は$r=-.95$）との間に，有意な差があるかを検定するのである。t検定の式を応用した式を利用して算出されたt値と自由度$df=n-2$から有意確率が導き出される。有意確率が5%以下のとき，$r=0$とその相関係数の間に有意な差があるとみなされ，その相関は有意な正の相関または有意な負の相関があると結論づけられる。SPSSの出力では，アスタリスクと有意確率のみが示されており，t値や自由度が記載されることはない。**表9.13**の例では，アスタリスクが2つ付記されているので，数学苦手意識と授業満足度との間に1%水準で有意な正の相関があるといえる。

以上のように，相関係数を使用する場合は有意な相関であるかを確認することが必要である。しかし，有意性だけでなく，散布図や相関係数の値そのものにも目を向けたほうがよい。なぜなら，相関係数が有意な値になるかどうかはデータ数によるところが大きく，データ数が多いと相関係数の値が0に近い場合であっても，検定では有意な結果となることがあるからである。有意であったからといって，「xが高いほどyも高くなる」などと安易に断定するのではなく，相関係数そのものの大きさや散布図を描いた場合のデータの散らばり方をふまえて慎重に考察することが求められる。

さらに，相関係数の解釈の際に注意しなければならない点は，2変数に相関関係があるからといって必ずしも因果関係があるとは限らないことである。数学苦手意識と授業満足度の有意な負の相関を示しても，数学苦手意識が原因で授業満足度が低くなることを証明したことにはならない。原因と結果が逆である可能性も考えられるし，数学苦手意識と授業満足度に関わる第3の変数があるかもしれない。相関係数からいえるのは，片方の変数が変化すればもう片方の変数も変化するという関係，つまり2変数の間に共変関係があるということ

のみである。因果関係を証明するには，ある変数がある変数の原因となる論理的な必然性や時間的先行性についても検討しなければならない。

9.3 回帰分析

9.3.1 単回帰分析

2つの変数の関係性を検討するもう一つの方法が**回帰分析**である。回帰分析では，**回帰直線**とよばれる以下に示すような直線の式（回帰式）を作ることで，2変数間の関係を表す。予測する側の変数（x）を**説明変数**（SPSSでは**独立変数**），予測される側の変数（y）を基準変数や**目的変数**（SPSSでは**従属変数**）とよぶ。yに＾（ハット）がついているのは，実際に測定された値ではなく，xから予測された推定値であるためである。

$$\hat{y} = a + bx$$

上記の式の係数aとbに入る値を算出し，xとyの1次方程式を作る。このxとyの回帰式によって，xの値からyの推定値を導き出すことができる。aは1次方程式の切片であり，xの値が0であるときのyの推定値を表す。一方，bは1次方程式の傾きであり，xの値が1増加したときのyの変化量を表す。

説明変数（x）を数学苦手意識，基準変数（y）を授業満足度とした場合を考えてみよう。統計ソフトSPSSで回帰分析を行うとさまざまな値が出力される。係数aとbの値が示されているのは，係数の表の「標準化されていない係数B」と表記された列である。「(定数)」の値が切片であるaの数値，「数学苦手意識」の値が数学苦手意識の係数であるbの数値である（**表9.14**）。したがって，回帰式は以下のようになる。

$$\hat{y} = 99.70 - 2.51x$$

bの値が-2.51であるから，数学苦手意識が1点上昇すると授業満足度が2.51点低くなることを示している。xに何らかの値を代入すれば，そのときのyの推定値を算出できる。

表 9.14　回帰分析の結果

	標準化されていない係数
	B
（定数）	99.70
数学苦手意識	−2.51

従属変数：授業満足度

　回帰直線を図 9.4 の散布図上に図示すると，図 9.5 のようになる。SPSS でも回帰直線が入った散布図を作成することができる。

$\hat{y} = 99.70 - 2.51x$

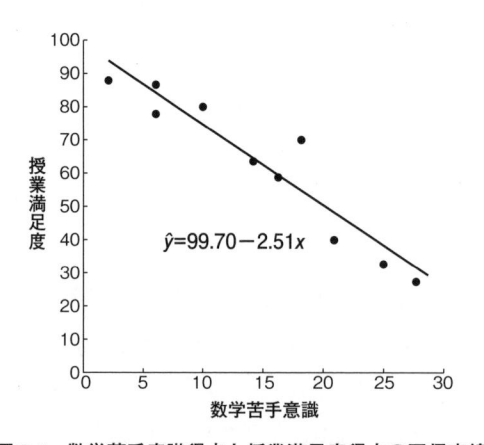

図 9.5　数学苦手意識得点と授業満足度得点の回帰直線

9.3.2　重回帰分析

　前項で紹介した説明変数 (x) が 1 つの場合の回帰分析を**単回帰分析**という。説明変数はいつも 1 つだけとは限らず，研究によっては複数存在することもあるだろう。たとえば，授業満足度 (y) に関連する要因は数学苦手意識 (x_1) だけとは考えにくい。他にも，卒業後に上位の学校に進学する意図があるか（進学意図：x_2），数学をどの程度必要だと思っているか（必要性認知：x_3）といった複数の変数が，授業満足度を規定することも予想される。このような場合に行われるのが，複数の変数を説明変数として投入する**重回帰分析**である。

9.3 回帰分析

重回帰分析では，各変数について係数 b に該当する数値を求め，どの説明変数が基準変数をより強く規定しているのかが検討される。

表 9.15 は，**表 9.12** に進学意図，必要性認知の 2 つの変数を書き加えたものである。SPSS で，授業満足度を基準変数 (y)，数学苦手意識 (x_1)，進学意図 (x_2)，必要性認知 (x_3) を説明変数とした重回帰分析を実施すると，**表 9.16** から**表 9.18** のような結果となる。

まず，**決定係数** (R^2) という指標を確認する。決定係数は，重回帰分析で投入した説明変数を含むモデルによって，基準変数がどの程度予測されるかを表す指標である。とり得る値の範囲は 0～1 であり，値が大きいほど予測される割合が大きいことを示す。**表 9.16** の「モデル要約」の「R 2 乗」は .97 で，

表 9.15 授業満足度得点と関連する 3 つの変数の得点

回答者 No.	数学苦手意識	進学意図	必要性認知	授業満足度
1	28	2	2	27
2	25	3	1	33
3	16	5	3	59
4	21	4	2	41
5	10	7	7	81
6	2	7	6	89
7	14	5	2	64
8	6	6	4	79
9	18	4	6	70
10	6	3	7	88

注）進学意図は得点が高いほど上位の学校に進学する意思があることを，必要性認知は得点が高いほど数学が今後の生活に必要だと思っていることを表す。

表 9.16 モデル要約

R 2 乗
.97

表9.17 分散分析

	平方和	自由度	平均平方	F値	有意確率
回帰	4487.91	3	1495.97	64.58	.00
残差	138.99	6	23.17		
合計	4626.90	9			

表9.18 係数

	標準化されていない係数 B	標準化係数 ベータ	t値	有意確率
(定数)	73.78		5.80	.00
数学苦手意識	−1.79	−.68	−5.09	.00
必要性認知	3.47	.35	3.43	.01
進学意図	.34	.03	.25	.81

従属変数:授業満足度

かなり高い値である。この決定係数の有意性は,分散分析によって検定される。**表9.17**の「分散分析」の表をみると「有意確率」の欄が.00であり,1%水準で有意な説明率であることがわかる。

次に,それぞれの説明変数の影響の大きさを表す指標である,**標準偏回帰係数**(β)を確認する。重回帰分析では,投入する説明変数の単位がすべて一致しているとは限らない。たとえば,**表9.15**では,数学苦手意識は30点満点であるが,必要性認知は7段階評定である。このように,単位の異なる複数の変数の影響力の大きさを統一した基準で比較できるように,重回帰分析では各変数の係数Bを標準化した標準偏回帰係数を算出する。**表9.18**の「係数」の「標準化係数ベータ」が標準偏回帰係数である。標準偏回帰係数の有意性はt検定によって検定される。**表9.18**では,数学苦手意識の標準偏回帰係数が−.68でt値の有意確率が.00であり,必要性認知の標準偏回帰係数が.35でt値の有意確率が.01である。一方,進学意図の標準偏回帰係数に関するt値の有意確率は.81であり,5%を超えている。したがって,この例からは,授

9.3 回帰分析

業満足度を有意に予測するのは数学苦手意識と必要性認知であることがわかる。数学苦手意識が低く必要性認知が高いほど，授業満足度が高くなる。また，数学苦手意識と必要性認知の標準偏回帰係数の絶対値を比較すると，数学苦手意識の予測力が大きい。進学意図は授業満足度を有意に予測しない。

重回帰分析を応用した手法として**パス解析**があげられる。パス解析では，変数をいくつかの水準に分割して，重回帰分析を実施する。この際，変数間に因果関係を想定し，説明変数を原因，基準変数を結果とみなして分析を行う。先の例の授業満足度が，授業が終わった学期末の試験終了後に測定されたとする。そういった状況では，試験の成績（試験成績）も授業満足度に影響を及ぼすと考えられる。また，数学苦手意識や進学意図，必要性認知などの個人変数は，試験成績にも影響を及ぼすと予想できる。**表 9.19** は，**表 9.15** に試験成績の結果を加えたものである。

表 9.19 授業満足度得点と関連する 4 つの変数の得点

回答者 No.	数学苦手意識	進学意図	必要性認知	試験成績	授業満足度
1	28	2	2	15	27
2	25	3	1	25	33
3	16	5	3	54	59
4	21	4	2	32	41
5	10	7	7	86	81
6	2	7	6	92	89
7	14	5	2	75	64
8	6	6	4	80	79
9	18	4	6	56	70
10	6	3	7	66	88

この場合，パス解析のモデルは 3 水準になる（**図 9.6**）。第 1 水準は，授業を受ける以前から個人がもっていると考えられる数学苦手意識，進学意図，必要性認知である。第 2 水準は，授業終了後に測定される試験成績である。第 3 水準は，試験終了後に測定される授業満足度である。

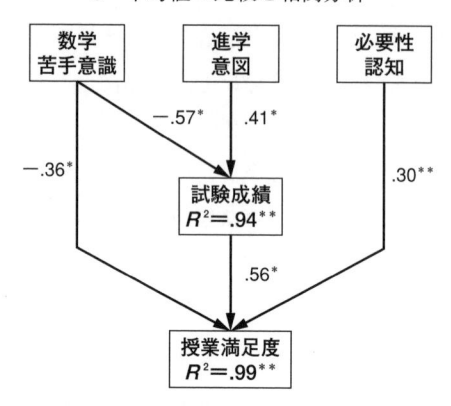

```
         ┌─────┐   ┌─────┐   ┌─────┐
         │ 数学 │   │ 進学 │   │必要性│
         │苦手意識│  │ 意図 │   │ 認知 │
         └──┬──┘   └──┬──┘   └──┬──┘
            │ -.57*   │ .41*     │
       -.36*│         ▼          │
            │    ┌─────────┐     │.30**
            │    │ 試験成績 │     │
            │    │$R^2=.94^{**}$│ │
            │    └────┬────┘     │
            │         │.56*      │
            ▼         ▼          ▼
              ┌─────────────┐
              │  授業満足度  │
              │$R^2=.99^{**}$│
              └─────────────┘
```

図9.6 数学の授業満足度への試験成績および個人要因の影響を示すパス図

このモデルを検証するためには，2回の重回帰分析を実施する。試験成績を基準変数，数学苦手意識，進学意図，必要性認知を説明変数とした分析と，授業満足度を基準変数，数学苦手意識，進学意図，必要性認知，試験成績を説明変数とした分析である。2回の重回帰分析の結果得られたR^2の値と標準偏回帰係数の値が，**パス図**とよばれる**図9.6**のような図に記載される。

パス図内の矢印は，各説明変数が基準変数を規定することを表している。標準偏回帰係数が矢印に付記される。また，各基準変数に決定係数（R^2）の値を表記する。**図9.6**の例では，数学苦手意識から試験成績に負のパス，進学意図から試験成績に正のパスがみられる。さらに，数学苦手意識から授業満足度に負のパス，必要性認知と試験成績から授業満足度に正のパスがみられる。したがって，数学苦手意識が高いほど試験成績が低く，進学意図が高いほど試験成績が高いことが明らかである。また，数学苦手意識が高いほど授業満足度が低くなり，必要性認知が高いほど授業満足感が高くなる。進学意図は，授業満足度を直接規定しないが，授業成績を介して間接的に規定することがよみとれる。

本節の重回帰分析は，説明変数の投入手法として，すべての説明変数を一括して投入する**強制投入法**という手法を用いている。他にも，**ステップワイズ法**という，偏回帰係数の有意性によって説明変数を入れ替える手法もあり，こち

らが利用されることも多い。とくにパス解析は，有意ではないパスを除去するために，ステップワイズ法を用いることが推奨される。

　なお，パス解析は，共分散構造分析によって行うこともできる。その際には，「Amos」というソフトウエアが使用されることが多い。

10 卒業論文・レポートの書き方

八城　薫

　卒業論文や研究レポートの書き方に関する書籍は，これまでにも数多く出版されているので，本章ではとくに，心理測定尺度を使用した調査研究の場合の論文の書き方に焦点を絞って説明する。心理学の卒業論文や修士論文など，いくつかの研究で構成されるようなボリュームのある論文の構成について知りたい方は，松井（2010）の『改訂新版　心理学論文の書き方——卒業論文や修士論文を書くために——』（河出書房新社）の1章2節に詳しく説明されているので，ぜひそちらを参考にしていただきたい。

10.1　論文・レポートの構成

　一般的な科学論文は，表題→要約→問題→方法→結果→考察→引用文献→付録という順序で構成される。ただし，大学の授業で課される研究レポートの場合には，要約や付録は付けなくてよい場合があるので，レポートの構成については担当教員の指示を確認する必要がある。提出原稿は，指示がない限りA4サイズの用紙，ワープロソフトで作成するのが基本である。**表10.1**は，心理測定尺度を使用した調査研究を実施した際の一般的なレポートの構成である。

10.1.1　形式や体裁を整える

　まずは指定された原稿の体裁を整えることが大切であるが，とくに次の3点は必ず整える必要がある。
- 表紙をつける（表10.1）。
- ページ番号を打つ（付録と本文のページ番号は分ける）。
- 章や節，項などの見出しをつける。

10.1 論文・レポートの構成

表 10.1 質問紙調査の研究論文の構成（章立て）

学術雑誌等に掲載される論文構成	卒業論文の構成	大学の授業での研究レポート
表題	表題	表題
要約	要約	
	目次	
問題（目的・仮説含む）	問題（目的・仮説含む）	問題（目的・仮説含む）
方法	方法	方法
結果	結果	結果
考察	考察	考察
引用文献	引用文献	引用文献
	謝辞	
（付録 ※雑誌による）	付録（GT表）	付録（GT表）

図 10.1 は表紙の一例である。この例では表紙にはページ番号を振っていないが，表紙からページ番号を打つ場合もあるので，形式の確認が必要である。

```
表題
（研究タイトル）


授業名：
授業担当：○○先生
学籍番号：
提出者：
提出日：○年△月×日
```

図 10.1 レポートの表紙（例）

章や節，項の見出しは，視覚的にもはっきりわかるように工夫する（図 10.2）。そうすることで，読み手は論文の構造が理解しやすく，読みやすい論文にすることができる。

- 章見出しの前後の行は1行あけるとよい。
- 章見出しはセンタリングする。
- 文字の大きさを本文より大きくする。
- 書体を本文の書体と違うものにする（本文が明朝体なら，見出しはゴシック体にするなど）。

節の見出しは，章ほど目立つようにする必要はないので，文字の大きさは変えず，本文と異なる書体を使用して区別するとよい。

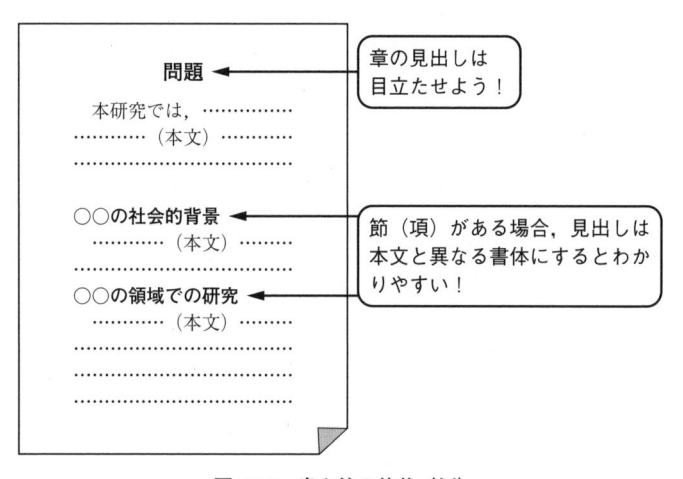

図10.2　章や節の体裁（例）

10.1.2　全体的な文章作成上の注意

　論文・レポートで書く文章は，説明的文章であって，文学的な美しい表現や文体は求められていない。「途中の説明は入れなくても，暗黙の了解で，誰でもわかるだろう」という思い込みも厳禁である。多少「くどいかな」と思うくらいに事実を一つひとつ丁寧に，具体的に説明するという姿勢が必要である。以下に，論文・レポートを書く際に気をつけてほしい「文章作成の注意」と「段落構成の注意」をまとめたので，論文・レポートを書き始める前に一度確認してほしい。

1. 文章作成の注意

- 「だ，である」調で書く。
- 口語的表現をしない。

(悪い例)「～なのである」「だから」「それで」

- 主語や目的語を省略しない。
- 使用する用語は，一貫して同じ用語を用いる（その時々で言い方を変えない）。
- 一文が長くなりすぎないようにする。

2. 段落構成の注意

- 段落の冒頭は1字下げて始める。
- 1つの段落に要点は1つに。
- 上手に接続詞を用いて段落間の内容のつながりがわかるように。

10.2 本文（表題から引用文献まで）

10.2.1 表 題

　表題とは，論文やレポートの研究タイトルのことであり，全体の内容をおおまかに示す「顔」である。みなさんも本や文献を探すときは，たいてい表題だけを見て「面白そう」とか「どんな中身なのかさっぱりわからないなぁ」などと，その本や論文の良し悪しを判断するだろう。論文やレポートも同じで，表題次第で，あなたの論文・レポートの印象や評価が大きく変わる。筆者も学生のレポートの採点をよく行うが，表紙の体裁と表題で，中身の出来具合をおおまかに予想することができる。なぜならば，表紙の体裁がきちんと整えられていることは，この課題に真剣に取り組んでいることの表れと考えられるからである。さらに重要なのは表題である。良い表題が付けられている論文やレポートは，作成者自身がその研究の中身をしっかり理解できていることの表れである。では，具体的に良い表題とはどのようなものだろうか。

　酒井（2006）によれば，良い表題とは，「わかりやすいこと」「論文の中身が想像できること」「興味を惹くこと」とある。つまり，読み手に「読んでみた

い」と思わせる表題が良い表題ということになるだろう。論文・レポート作成初心者のみなさんにまず目指してほしいのは，「わかりやすいこと」と「論文の中身が想像できること」である。

1. 表題の付け方

　表題には「取り組んだ問題」「着眼点」「研究対象」を入れるようにする。ここでは取り組んだ研究内容の性質で4つに分け，具体例をあげたので参考にしてほしい。

(1) 独立変数と従属変数がある研究の場合

（例1）幼少期の余暇活動が刺激欲求に与える影響——世代間・性別比較——
　　　　（独立変数）　　　　（従属変数）

（例2）女子大生における「ふつう」志向性がグループワークに及ぼす影響
　　　　　　　　　　　　（独立変数）　　　　　　　（従属変数）

　対象者や手法をはっきりさせたほうがよい場合は「～における」や「～による（用いた）」などを加える。独立変数（要因）がいくつか設定されている場合は例1のように「——世代間・性別比較——」といった副題を加えるとよい。

(2) 変数間（尺度間）の関連を研究するもの——研究対象となっている概念（変数）が2つから3つの場合

（例3）友人ネットワークサイズと社会的自尊心の関連
　　　　——日米大学生の比較——

（例4）自尊心と就職活動への態度および就活不安との関連

(3) 3つ以上の変数から要因を研究するもの

（例5）女子大学生における男女平等の判断基準
　　　　——職場・家事・育児場面における違い——

（例6）小学生の学習意欲を高める要因の検討

(4) その他，探索的な研究

（例7）大学生版余暇活動力測定尺度作成の試み

（例8）大学生の旅行土産購入理由の類型化

　現在では，インターネット上のデータベースから論文を検索して，多くの論文タイトルを手軽に目にすることができる。論文タイトルに困ったら，データ

ベースを利用するのもよいだろう。お持ちの専門書がある場合は，巻末に必ず引用文献リストがあるので，そこにリストアップされている論文のタイトルなどもぜひ参考に眺めていただきたい。

2. 表題（タイトル）作成上の注意事項

表題（タイトル）を作成する際の基本的な注意事項3点を以下に整理した。

- 使わない表現：「〜に関する考察」「〜に関する一考察」。
- 副題を付ける際には「‐」（ハイフン）や「―」（ダッシュ），「：」（コロン）を用いる。
- 余分な記号や句読点は入れない。

研究論文というものは，すべて「〜に関する考察」や「〜に関する一考察」であり，あえて書く必要のない情報である。この文字数分を用いて，より魅力的で論文の中身がよくわかる表題（タイトル）にしてほしい。

副題は，前ページの例1や例3，例5に使用例を示したので，参考にしてほしい。

10.2.2　問題（序論；Introduction）

本項の見出しは「問題」としているが，英語では「Introduction（イントロダクション）」であり，「序論」という意味ももつので，「序論」という見出しにする場合もある。**問題（序論）** の章は，言葉の意味通り，その論文・レポートで何を問題にするのかを論じる章である。

公益社団法人日本心理学会で発行している「執筆・投稿の手びき（2005年版）」によれば，「その論文で何を問題にするかを簡潔，明確に書く」ところである。つまり「**何について**」「どういう**問題意識をもって**」「どんな**目的や仮説**で」「**どんな方法**で」という4つの要素が含まれており，それらを簡潔に，読み手に理解してもらえるように，わかりやすく論述するということである。以下に，もう少し具体的に例をあげながら説明していく。

1. 問題（序論）の構成

表10.2 は，問題（序論）の一般的な構成と具体的記述例をまとめたものである。表中の「2. 扱う概念の説明や定義」から「4. 問題解明のための論述―

表 10.2 問題（序論）の構成と記述例

おおまかな流れ	具体的な記述例や書き方のヒント
1. 問題提起（導入） ［自分の経験や問題意識，問題発見の手がかりになった文献や資料をもとに説明する。］	（例1）周囲の状況に応じて行動を変化させやすい人がいる一方で，常に自分の価値基準にもとづいた一貫した行動をとりやすい人もいる。 （例2）われわれは初対面の人と出会ったとき，「やさしそう」とか，「活発そう」などと，その人物についての印象を抱く。 （例3）近年，若者の旅行離れが問題となっている。その一つには……の問題が挙げられる。
2. 扱う概念の説明や定義 ［材料になるもの］ ● 研究論文 ● その他の文献や資料	（例1）Snyder（1974）は，このような志向性の違いに注目し，セルフ・モニタリングという概念を提唱した。セルフ・モニタリングとは，……と定義される。 （例2）……このような対人認知の側面を「印象形成」とよぶ（Asch, S. E., 1946）。Asch（1946）によれば，……（先行研究の説明）。
3. 研究の意義 ［すでに明らかな点，未解決の点，問題点の整理］	（例1）○○ついてはすでに明らかであるが，××については明らかでない。 （例2）△△を明らかにすることは，……の点で意義がある。
4. 問題解明のための論述—仮説や仮説モデル，要因予測の根拠 ［材料になるもの］ ● これまでの知見や理論 ● その他の文献や資料	(a) 変数間の関係を検証する場合 変数A ⇔ 変数B 「⇔」の関係を裏づける根拠を論理的に説明する。 (b) 独立変数，従属変数がある研究の場合 変数A ⇒ 変数B （変数A が 変数B に影響を及ぼす） 「⇒」のような関係が考えられる根拠（手がかりとなる先行研究）を論理的に説明する。 (c) 因果モデルを検証する場合 変数A ⇒ 変数B ⇒ 変数C 「⇒」の因果関係を結論づける根拠（手がかりとなる先行研究）を論理的に説明する。1つの因果関係につき1段落を目安に，一つひとつ丁寧に説明していく。
5. 問題のまとめ	（例1）以上のことから，本研究では，○○が，××を介して，△△へつながると仮定する。 （例2）以上の知見を整理すると，△△の原因は○○によるものと予想される。
6. 本研究の目的	（例1）本研究では，○○に注目し，……を検討することを目的とする。 （例2）本研究では△△の要因について……から検討する。

仮説や仮説モデル，要因予測の根拠」の部分は，必ずしもこの順番が適切とは限らないので，どのような筋立て（あらすじ）にするか，しっかり練ってから書く必要がある。

2. 文章作成上の注意

- 誰の意見や考えか（自分の考えなのか，先行研究で述べられている意見なのか）を明確に記述する。
- 自分の意見や考えでないものには，必ず引用文献を加える。

　問題（序論）の章では，その研究の仮説や目的の前提となる，これまでの研究の紹介が多くなる。そこで，論文・レポートで紹介する考えや研究知見が誰の，どの研究によるものかを，読み手が明確に区別できるように記述していく必要がある。つまり自分の考えでない場合には，「宇井（2009）によれば，……」や「八城（2010）は……と述べている」といった文章にし，文献を示しながら述べていくようにする。

10.2.3　方　　法

　方法では，問題（序論）で述べた問題と目的，仮説があれば仮説に沿ってどのような研究手法を用いて，どのように研究したのかを示す。本章で大切なことは，「再現可能性」と「簡潔さ」である。

- 読み手が同じ方法で調査を再現できること。
- 簡潔明瞭に書くこと。
- 過去形で記述すること。

　表 10.3 は，質問紙調査の際に記載すべき内容である。

表 10.3　方法の章の構成

1. 調査対象者（性別，年齢，社会的属性）
2. 調査期間
3. 調査方法
   - 実施方法（配付・回収形式）
   - 調査者
   - 実施場所
   - 実施時間
4. 調査内容（質問紙の構成，質問項目の内容）

1. 調査対象者

　調査対象者は，性別，年齢，社会的属性の情報を示す必要がある。調査対象者がどのような社会的属性の人々かという情報は，結果の解釈をする際の手がかりにもなるため重要である。倫理的な問題にも配慮し，大学名は「首都圏にある大学に通う大学生」や「A大学の大学生」など，固有名を記さないようする。

【調査対象者の記述例】

調査対象者

　調査対象者は，首都圏内の私立大学に通う大学生1年生から4年生246名であった。心理学の授業を受講している学生で，授業中に，担当教員と筆者の依頼に応じて回答した。調査開始時に筆者が文書と口頭にて依頼し，合意を得た。なお，謝礼は提示していない。性別の内訳は男性120名，女性126名で，平均年齢は19.0歳（$SD：1.00；18$歳〜23歳）であった。

---

2. 調査期間

　調査期間も年月日までを正確に記す。いつ，どのくらいの期間で実施したかも，結果の解釈や追試を試みる際には重要な手がかりとなる。

【調査期間の記述例】

調査期間

　調査実施期間は，2014年8月28日（木）〜9月9日（火）であった。

---

3. 調査方法

　調査方法は，「実施方法」「調査者」「実施場所」「実施時間」を記述する。

【調査方法の記述例】

調査方法

　調査は，個別時記入式の質問紙調査で実施された。実施は，授業中に筆者の依頼に応じてその場で回答する集合調査形式と，大学構内で筆者から

の個別の依頼に応じて回答する個別配付・個別回収形式の二通りで行われた。個別回収の場合は，研究室前に設置された回収ポストへの投函を求めた。調査の依頼と説明は，付録の質問紙（GT表）の表紙に掲載されている通りである。回答はすべて無記名で行われた。実施時間は，依頼・説明と回答を含めて15分程度であった。

4. 調 査 内 容

調査内容は，記述例に示した通り，「質問紙の構成」から「質問項目の内容」という順序で記述していく。

またとくに心理尺度を使用した場合の注意は，次の通りである。

【使用した尺度を示す際の注意事項】
- 既存の尺度を使用する場合は，引用文献の表記を必ず加える。
- 何を測定する尺度なのか（あれば下位尺度も）の説明を丁寧にする。
- 下位尺度を見出しにして項目内容を1つの表にまとめる。

【調査内容の記述例】

調 査 内 容

本調査の質問紙を付録1（GT表）に示す。質問紙は**表10.4**に示すように，設問1から設問3で構成されていた。

表10.4　質問紙の構成

1. 表紙
2. 海外旅行経験に関する質問［設問1］
3. 大学生版余暇活動力測定尺度（八城，2014）(5件法)［設問2］
4. 自意識尺度（菅原，1984）(5件法)［設問3］
5. フェイスシート［設問4］

1. 表　　紙

表紙には，依頼文と回答の仕方，問い合わせ先を表記した。付録1（GT表）のⅰページに示す通り，依頼文には，本調査の目的およびおおまかな質問内容，回収されたデータの取り扱い，結果の公表に関する説明

が含まれていた。

2. 海外旅行経験に関する質問 [設問1]

調査対象者の海外旅行経験の程度を把握するための質問項目である。設問1（1）では，「あなたは大学在学中に海外旅行に行きましたか」という質問に対し，「1. 行った」「2. 行っていない」のいずれかで回答を求めた。この質問に対し，「1. 行った」と回答した調査対象者には，その回数と訪問国数の回答を求め，「2. 行っていない」と回答した調査対象者には，設問1（2）「あなたはこれまでに海外旅行に行ったことはありますか」という質問の回答に進むように指示した。設問1（2）に「1. 行ったことがある」と回答した調査対象者にはその回数と訪問国数の回答を求め，その後，設問2の観光動機尺度の回答に進むように指示した。「2. 行ったことがない」と回答した調査対象者には，設問2の観光動機尺度の回答に進むように指示した。

3. 大学生版余暇活動力測定尺度 [設問2]

大学生の充実した余暇活動を実行する能力を測定する尺度（八城，2014）15項目を使用した（**表10.5**）。本尺度は，「活動選択肢の豊富さ」「積極性」「決断力」「経済力」の4つの下位尺度から構成されている。「活動選択肢の豊富さ」とは，余暇を過ごす空間や活動内容のアイディアをもっている程度を測定する。「積極性」は，……（下位尺度の説明を加える）……（省略）……。回答は，「非常にあてはまる（5点）」「ややあてはまる（4点）」「どちらでもない（3点）」「あまりあてはまらない（2点）」「全くあてはまらない（1点）」の5件法で回答を求めた。

4. 自意識尺度（5件法）[設問3]

自意識尺度は菅原（1984）の21項目を使用したが，本論文の分析に用いていないため，以降の記述を省略する。

5. フェイスシート

年齢，性別，所属学部，学年，居住形態の回答を求めた。居住形態は，調査対象者の現在の居住形態について，「1. 家族と同居」「2. 兄弟と同居」

「3. 独り暮らし」「3. 学生寮」「4. その他」から選ぶよう求めた。「4. その他」の場合は，居住形態を自由記述で回答する欄を設けた。

表 10.5　大学生版余暇活動力測定尺度（八城，2014）の項目

活動選択肢の豊富さ
- 息抜きしたり，楽しめる場所が，身近にたくさんある
- 私の生活には，退屈させない様々なことがたくさんある
- 好きなときに遊べる場所が身近にある
- それぞれの娯楽活動にあった進め方や楽しみ方を知っている
- 自分が楽しくなれることを見出すことは容易である

積極性
- 他人に話しかけるのは容易なことだ
- 集団の中で気楽に話ができる
- 新しい環境の中でも，気にせず自分のやりたい活動をすることができる
- 自分の考えていることや感じていることを，ためらうことなく他人に話すことができる

決断力
- 複数の選択肢があるとき，その中から1つを選ぶことがなかなかできない方だ（逆）
- どんな問題であっても，たいてい1つ以上の答えを思いつくことができる
- いろいろな遊びや娯楽活動ができる環境にあるとき，何をするかあまり迷わない
- たいていの場合，いったん始めた活動は最後まで行う

経済力
- 好きな娯楽活動をするためのお金は確保している
- 趣味や娯楽などに使うお金を貯めている

注)（逆）は逆転項目。

10.2.4　結　果

心理尺度を使用した質問紙調査の場合の基本的な**結果**の構成は，**表 10.6** の通りである。

表 10.6　心理尺度を使用している場合の結果の構成

1. 質問紙票の回収率，有効回答率
2. 尺度の構造確認と信頼性の検討
 (1) 因子分析結果（信頼性や妥当性を示す情報も含む）
 (2) 尺度得点の基礎統計量
3. 仮説や目的に沿った分析結果

そして，記述していくうえで大切なことは，
- 解釈を入れずに結果のみを淡々と記述していく
- 過去形で書く

である。

次に，「1. 質問紙票の回収率，有効回答率」「2. 尺度の構造確認と信頼性の検討」の部分について詳しく説明する。「3. 仮説や目的に沿った分析結果」のまとめ方については，どのような分析を行ったかで異なるため，ここでは省略する。

1. 質問紙票の回収率，有効回答数および有効回答率の書き方

まず，調査で得られたデータ数の情報を示す。

> 【質問紙票の有効票に関する記述例】
>
> 　本調査では，質問紙を200票配付し，180票回収した（回収率90％）。このうち，回答に不備のみられた5票を除いた結果，有効回答票は175票であった。したがって，有効回答率は87.5％であった。

回収率と，有効回答率の算出方法は，以下に示す通りである。

$$回収率(\%) = \frac{回収された質問紙の票数}{配付した質問紙の全票数} \times 100$$

$$有効回答率(\%) = \frac{分析に使用できる質問紙の票数}{配付した質問紙の全票数} \times 100$$

2. 尺度の構造確認と信頼性の検討の書き方

（1）因子分析結果（信頼性係数も含む）

尺度の構造を確認するのが因子分析である。「尺度の構造」とは，因子分析の段階では「因子構造」とよばれるものである。因子分析結果は，使用した尺度が既存の尺度であれば既存の尺度通りの因子構造をとるかどうか，新しい尺度であればどのような，いくつの因子構造をとるかを表すものである。したがって因子分析結果表をみれば，その尺度を構成する因子がいくつになり，それぞれの因子がどのような項目でまとまったのかがわかる。さらに因子分析結果には，各下位因子名の横に信頼性係数を加えて，尺度としての信頼性情報も示

しておく（p.208 の**表 10.7** 参照）。

　因子分析結果の記述の後には，尺度得点の算出方法を記述して完了である。ただし新しい尺度を作成する研究のように，因子分析自体が研究の目的になっている場合は，必ずしも尺度得点を算出する必要はない。しかし，その尺度の男女差や世代間比較などを行いたい場合は，尺度得点を算出することになるため，やはり尺度得点の算出方法を記述する必要がある。

　尺度の妥当性についても検討されている場合は，「2. 尺度の構造確認と信頼性の検討」の節を，「2. 尺度の構造確認と信頼性および妥当性の検討」として，尺度の信頼性とともに記述する。

　因子分析の結果に記載するべき内容は以下の通りである。

【因子分析結果の記述例】

導入文例①

　コミュニケーションの基本スキル尺度 15 項目について，因子分析（主成分解・バリマックス回転）を行った。

導入文例②

　コミュニケーションの基本スキル尺度 15 項目のうち，回答に偏りのみられた 1 項目を除く 14 項目について因子分析（主因子法・バリマックス回転）を行った。

分析方法説明例①：探索的な因子分析の場合

　スクリー法と累積寄与率，および解釈可能性から 4 因子が妥当と判断した。因子負荷量の基準値を |.35| 以上とし，どの因子にも基準値を満たさない項目と，複数の因子に基準値以上の負荷量を示した項目を削除して分析を繰り返した結果，最終的に**表 10.7** のような結果が得られた。

分析方法説明例②：確認的な因子分析の場合

　因子負荷量の基準を |.40| 以上として分析を行った結果，最終的に**表 10.7** のような結果が得られた。

　第 1 因子は，「相手のしぐさから気持ちを読みとる」「話をしている相手の気持ちのちょっとした変化を感じとる」といった項目の負荷量が高く，

表 10.7 コミュニケーションの基本スキル（ENDE 2）尺度（堀毛，1994）の因子分析結果（主成分分解・バリマックス回転，$N=372$）

項目内容	M	SD	第1因子	第2因子	第3因子	共通性
第1因子：「解読」因子（$\alpha=.81$）						
相手のしぐさから気持ちを読みとる	3.55	0.85	.795	.165	.129	.676
話をしている相手の気持ちのちょっとした変化を感じとる	3.58	0.89	.792	.061	.100	.641
相手が自分をどう思っているか読みとる	3.30	0.91	.767	−.009	.100	.598
言葉がなくても相手のいいたいことがなんとなくわかる	3.41	0.88	.740	.020	.077	.554
嘘をつかれても見破ることができる	2.80	0.96	.646	−.014	.026	.418
第2因子：「統制」因子（$\alpha=.71$）						
自分の気持ちや感情をコントロールしながらつきあう	3.62	0.96	.160	.732	.286	.643
相手の言うことが気に入らなくてもそれを態度に出さない	3.28	1.03	−.011	.678	.020	.460
自分を抑えて相手に合わせる	3.66	0.96	.203	.674	−.030	.496
気持ちを隠そうとしても表にあらわれる（逆）	3.38	1.08	−.036	−.631	.333	.510
いわないつもりでいることをつい口に出す（逆）	2.99	1.11	−.030	−.559	.189	.349
第3因子：「記号化」因子（$\alpha=.63$）						
自分の気持ちを正確に相手に伝える	3.22	0.87	.120	.059	.750	.580
身振りや手振りをうまく使って表現する	3.35	0.99	.109	.047	.628	.408
感情を素直にあらわす	3.37	0.98	.085	−.395	.643	.577
会話をうまくすすめる	3.23	0.96	.372	.248	.533	.484
自分の気持ちを表情や目に現す	3.44	1.04	.241	−.467	.367	.411
因子負荷量の2乗和			3.11	2.63	2.06	7.8
因子の寄与率（%）			20.7	17.5	13.7	51.9

注）（逆）は逆転項目を示す。

「解読」因子と解釈された。第2因子は，……（以降，省略）。

　各尺度の信頼性を示すクロンバックの α 係数は，「解読」が .81，「統制」が .71，「記号化」が .63 であり，内的整合性はおおむね確認されたと考えられる。この結果にもとづき，因子ごとに，その因子に含まれる項目の回答得点を加算し，項目数で割った値をそれぞれの尺度得点とした。

　主成分分析も役割としては因子分析と同じだが，下位尺度をもたない心理測定尺度の内的一貫性の確認を行う場合は，主成分分析が用いられる。

【主成分分析結果の記述例】

　共感性尺度 15 項目について主成分分析を実施し，1 次元性の確認を行った。第 1 主成分に対する負荷量が |.40| 以上を基準とし，基準値に満たさない項目を除いた結果，**表 10.8** のような結果が得られた。共感性尺度の信頼性を示すクロンバックの α 係数を算出した結果，α は .83 となり，内的整合性が確認された。この結果にもとづき，10 項目の回答得点を，共感性が高いほど得点が高くなるように加算し，項目数で割った値を共感性得点とした。

表 10.8　共感性尺度の主成分分析の結果（$N=269$）

項目内容	平均値	標準偏差	負荷量
困っている人たちがいても，あまり可哀想だという気持ちにはならない（逆）	2.19	0.87	−.711
他人の話で感動したり泣いたりしている人を見るとしらける（逆）	2.15	1.11	−.699
まわりの人が悩んでいても，割合に平気でいられるほうである（逆）	2.82	1.17	−.688
人より薄情なほうかもしれない（逆）	3.13	1.15	−.650
人に同情しやすいたちである	3.52	1.04	.631
周りの人たちが不幸でも，自分は平気でいられる（逆）	2.51	0.88	−.616
愛の歌や詩に深く感動しやすい	3.32	1.25	.615
人がうれしくて泣くのを見ると，ばかばかしい気持ちになる（逆）	1.86	1.08	−.612
不公平な扱いをされている人たちを見ても，あまり可哀想とは思わない（逆）	2.00	0.9	−.555
関係のない他人に同情しても，しかたないと思う（逆）	2.46	1.19	−.495
固有値			4.11
寄与率（%）			41.1

注）（逆）は逆転項目を示す。

　尺度を使用した調査研究の結果において，因子分析結果は，仮説検証や目的としている問題を明らかにするための根幹となる測定尺度の分析であり，情報をもらさず正確に記す必要がある。以下に，因子分析結果を示す際の注意事項をまとめたので，論文・レポート作成後のチェック項目としても活用してほしい。

【因子分析結果表を作成する際の注意事項（チェックリスト）】

☐ 表はなるべく 1 ページ内に収まるように作成する。

☐ 表のタイトルには，尺度名，因子の抽出法，因子軸の回転の方法を入れる。

□項目は,因子負荷量の大きいものから順番に示す。
□各因子に負荷の大きかった項目のまとまりが目立つようにする。
　(例) 四角で囲む,文字を太字にするなど。
□小数点以下の桁数を揃える。
□因子名と項目内容が区別しやすいように工夫する。
□α 係数の情報を入れる。
□各項目の平均値と標準偏差を示す。

(2) 尺度得点の基礎統計量

因子分析により尺度の構造確認と信頼性の確認ができたら,各下位尺度の基礎統計量を示す。

【尺度得点の記述例】

本研究で使用した尺度得点の基礎統計量を**表 10.9**に示す。

表 10.9　各尺度得点の基礎統計量

尺度名	n	項目数	平均値	SD	α係数
自己意識					
公的自己意識	150	10	3.56	0.66	.89
私的自己意識	148	9	3.00	0.71	.78
被服態度					
流行性	149	5	2.99	0.42	.88
機能性	150	4	2.50	0.80	.76
経済性	148	2	2.22	0.70	.65
適切性	150	3	3.12	0.33	.80

10.2.5　考　察

考察は,問題(序論)の章に続いて誰でもが苦戦する章であろう。しかし,何をどのような順序で書いていけばよいのかがわかれば,多少は苦手意識も消えるかもしれない。

考察の章は,結果の章を受けて,

- 目的や仮説が検証されたか

10.2 本文（表題から引用文献まで）

- 得られた結果はどういう意味をもつか

を結果に即して論じるところであり，

- 結果に記していない新たなデータは考察に出さない
- 考察までの章にない新たな文献は出さない

ということになる。つまり，問題（序論）から結果の章ですでに示されている内容を用いて論じていくのが考察の章である。したがって時制は

- 結果の章でわかった事実は過去形
- 結果の解釈は現在形

で記述していく。

考察の章は，基本的に次のように構成される（**表10.10**）。

表10.10 考察の章の基本的な構成

1. 本研究の目的，調査方法，および結果の概略
2. 結論と理論的位置づけ
3. 本研究の問題点と今後の課題

1. 本研究の目的，調査方法，および結果の概略

考察の導入文では，まず本研究の目的や仮説，調査方法，および結果の概略を簡潔に説明する。導入文は，その研究の問題を整理し，その後論じられる結果の解釈を理解するのに役立つため重要である。

【考察の導入文記述例】

　本研究では，……を明らかにすることを目的とし，……を対象に質問紙調査を実施した。その結果，……となり，……であることが明らかとなった。（仮説を設定した場合に加えるべきことを記述する。）

　したがって，仮説は支持された（されなかった）。

以下は，考察を記述する際の注意点である。

- 詳細な分析結果（統計量）などは示さない。
- 明らかになった事実のみを略述する。
- 仮説検証の研究の場合，仮説が「支持された」「支持されなかった」を記述

する。

　学生からよくある質問として，「一部支持されているが，不支持の結果もある場合はどうするのか」と聞かれることがよくある。その場合は，支持された部分と支持されなかった部分を丁寧に説明すればよい。

2. 結論と理論的位置づけ

　結果の概略を説明したら，次にその結果から何が言えるのか（結論）と，その結論がこれまでの研究でわかっていることとどう結びつくのか，どう関連するのかを論じていく。それが理論的位置づけとなる。

【結論の記述例】

（例1）……であることが示唆された。

（例2）したがって，……であることが推測される。

（例3）……が影響しているのかもしれない。

【理論的位置づけの記述例】

（例1）この結果は，宇井（2010）の理論の……の部分を実証したものといえる。

（例2）この結果は，宮本（2009）の知見を……に展開したものといえよう。

（例3）この結果は，八城（2011）からも支持される。

　結論の記述例は，結論を述べる際の言い回しを記載した。1つの調査研究結果のみで，絶対的な法則や普遍的結果が得られるということはまずない。したがって，結論を述べる際には，「示唆された」「推測される」などやんわりとした表現で結ぶべきである。

　また，理論的位置づけ以外にも，その研究結果が社会的に貢献するような，社会的意義のある知見であることを論じることもできる。その場合は，その知見がどのように社会に活かしていけるかを，丁寧に述べればよい。

3. 本研究の問題点と今後の課題

　考察の最後は，本研究の問題点と今後の課題を述べる。このように述べると，考察の大部分を調査の不備や使用した尺度の問題などに割くレポート・論文が

見受けられる。しかし，あまり多く研究の問題点をあげつらうと，「そんなに不備の多い調査なのだったら，もう一度研究をやり直すべきじゃないか？」ということになるし，自分で自分の作品に「読む価値なし」と引導を渡しているようなものである。本研究の問題点と今後の課題では，次に同じ領域の研究を進めようとしている人が，より発展的な研究を進められるための情報となるべきものを述べてほしい。

【問題点と今後の課題を書く際の注意事項】
- 単なる反省文は書かない。

(例)「もっと時間をかけて準備をすべきだった」「教示が上手にできなかった」
- 筆者の夢や希望など書く必要はない。

(例)「次はしっかり準備したい」「もっとたくさんのデータを集めたい」
- 根拠のないアイディアや思いつきはNG。

(例)「今回は大学生のみを調査対象者としたので，他の属性の人々にも調査するとよいだろう」「今回は，データ数が100名程度だったので，もっとたくさんのデータを集めれば違う結果になったかもしれない」

10.2.6 引用文献

　本文中で引用した文献（論文，書籍または書籍の一部，報告書，新聞記事，インターネットの記事など）は，**引用文献**としてリストにする。引用文献の書き方は，各研究領域や学術雑誌ごとに規則が定められており，その規則に則って記載していく。ここでは日本心理学会の発行している学術雑誌「心理学研究」の作法に準拠し，基本的な部分のみを記しておく。

　引用文献は，その研究の土台となっている重要な情報である。またその情報をもとに研究領域への理解を深めていこうとする読み手にとっても貴重な手がかりとなる。したがって，間違いのない，正しい情報が統一された形式で記されている必要がある。

1. 著者名のアルファベット順にリストを作成する。
2. 引用文献の欄に必要な情報は，①著者名，②刊行年，③表題，④雑誌名（出版社），⑤論文の場合は巻（号），⑥論文（本の場合は引用した章）の開始

ページと終了ページであり，①から⑥の順番に記載する。

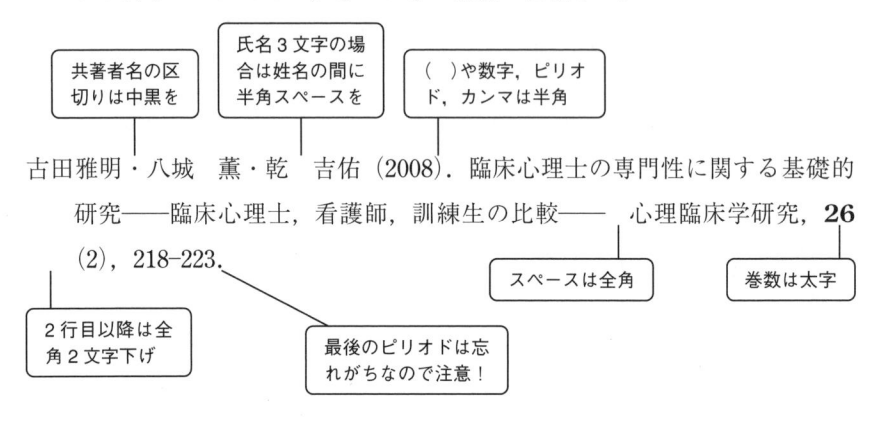

[共著者名の区切りは中黒を] [氏名3文字の場合は姓名の間に半角スペースを] [（ ）や数字，ピリオド，カンマは半角]

古田雅明・八城　薫・乾　吉佑（2008）．臨床心理士の専門性に関する基礎的
　　研究――臨床心理士，看護師，訓練生の比較――　心理臨床学研究，**26**
　　(2)，218-223．

[2行目以降は全角2文字下げ] [最後のピリオドは忘れがちなので注意！] [スペースは全角] [巻数は太字]

3．欧文雑誌の場合は，雑誌名と書名をイタリック体にする。

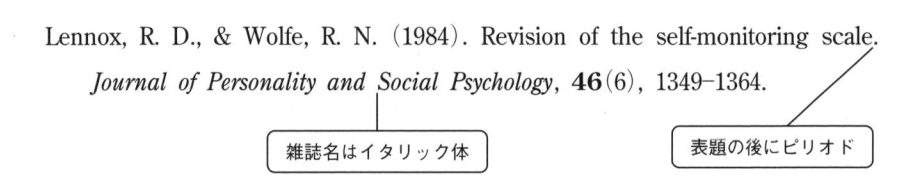

Lennox, R. D., & Wolfe, R. N.（1984）．Revision of the self-monitoring scale.
　　Journal of Personality and Social Psychology, **46**(6), 1349-1364.

[雑誌名はイタリック体] [表題の後にピリオド]

4．同著者で同じ年に論文がある場合は，古い順に並べ刊行年の後ろにa，b，cを付ける。

八城　薫・小口孝司（2003 a）．セルフ・モニタリングの両義性について――
　　他の心理学的個人差との関わりから――　昭和女子大学生活心理研究所紀
　　要，**6**，27-35．
八城　薫・小口孝司（2003 b）．グリーン・ツーリズムへの参加を規定する社
　　会心理学的要因　観光研究，**14**(2)，27-36．
八城　薫・小口孝司（2003 c）．観光地選好に及ぼす個人的原風景と心理学的
　　個人差　観光研究，**15**(1)，27-33．

10.3 後付け（謝辞・付録）

10.3.1 謝　　辞

　質問紙調査で行う研究は，調査協力者の方々がいてこそ成立するものであり，間違いなく多くの人の協力を得ている。また，研究を進めて論文・レポートを書き終えるまでには，指導教員の先生をはじめ，ゼミの先輩・同輩・後輩など多くの人々の支えがあることだろう。とくに卒業論文をはじめとする学位論文の場合は，紙面の制限はないので，協力してくださった方は一人残らず，お世話になった具体的内容などを含めて，細やかに**謝辞**を述べる。

【謝辞を述べるべき対象】
1. 調査に協力してくれた方（団体名，組織名の場合は公表の許可が必要）
2. 研究するうえで助言や技術を提供してくださった方
3. 結果の解釈に関して議論に協力してくださった方
4. 研究費を出してくださった組織
5. 原稿を読んでコメント（添削）してくださった方

　以下に，論文や抄録等に記載する際の，謝辞の述べ方の一例を紹介する。

【謝辞の記述例】
- 本論文の執筆にあたり，○○大学の△△先生にご指導を賜りました。ここに記して心より感謝申し上げます。
- 本研究の分析にあたり，○○氏に協力を得ました。記して感謝いたします。
- 本調査にあたり，△△の方々にご協力を賜りました。ここに記して感謝申し上げます。

10.3.2 付　　録

　調査法による研究の場合，質問紙，質問紙への回答の単純集計を記載したGT表（Grand Total），細かな統計結果などを**付録**として載せる。GT表は，質問紙に単純集計を加えて付録とすることができる。単純集計表の作成につい

ては，第7章を参照されたい。

　付録は，本文とはしっかり区別する。付録には，付録リストを記載した表紙（**図10.3**）を付け，本文とは異なるページ番号（i, ii, iii……と小文字のローマ数字を用いるのがよい）を振る。

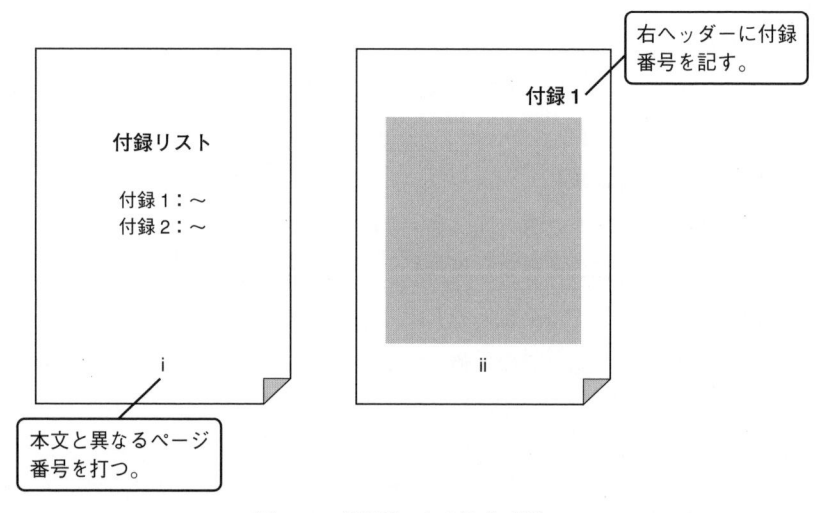

図10.3　付録リストの作成（例）

コラム 10.1　研究発表スライド・ポスターの作成

　研究発表には，大きくポスターによる発表と口頭発表の2種類がある。最近では，パソコンのプレゼンテーションソフトを使用して発表スライドを作成し，スライドを示しながらの発表が主流となっている。ここでは，口頭発表の場合とポスター発表に分けて，簡単に作成のポイントを示しておく。

1. 口頭発表の場合

　口頭発表は，限られた時間内に発表を収めなければならないという性質上，時間配分を考慮しながら，伝えるべき要点をおさえ，わかりやすい説明を心がける必要がある。そのようなプレゼンテーションの助けとなるのがスライドを使用した発表である。

(1) スライドの枚数は何枚くらいがよいか？

　1枚のスライドの説明にどのくらいの時間をかけるかは，スライドの内容によって異なるが，1枚につき1〜2分と考えるとよいだろう。たとえば，発表時間が10分以内であれば表題（タイトル）を含めて7〜8枚程度という具合である（図10.4）。

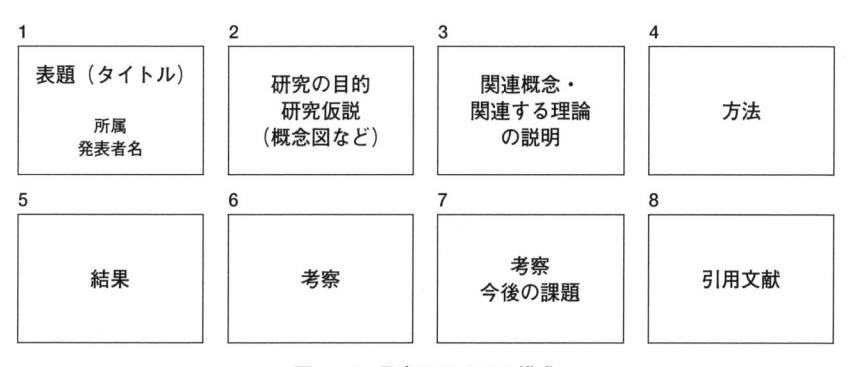

1	2	3	4
表題（タイトル） 所属 発表者名	研究の目的 研究仮説 （概念図など）	関連概念・ 関連する理論 の説明	方法
5	6	7	8
結果	考察	考察 今後の課題	引用文献

図10.4　発表スライドの構成

　ただし，質疑応答で説明を求められそうな内容については，この枚数内に含める必要はないので，発表時間内に収まらない内容は，補足スライドとして残

しておくとよい。

(2) スライドの背景デザインはシンプルに

プレゼンテーションソフトには，さまざまなスライドデザインが入っており，自分の研究テーマや好みに合ったスライドを選ぶことができる。しかし，研究発表では，あまりカラフルなものや派手なデザインは好まれない。背景は白を基調としたシンプルなスライドを選ぶとよい。

(3) スライド1枚の情報量は？

発表は，つねに「自分の発表について何も知らない聴き手がいる」ということを意識して作成する必要がある。したがって，短い発表時間内に多くの情報を詰め込もうとするのではなく，要点のみに絞り，わかりやすい言葉（用語の統一も含めて）と図解を用いたプレゼンを準備してほしい。また，発表する部屋の大きさを考慮して文字の大きさや図表を作成すべきである。そこで，以下の3つのポイントでの作成を心がけるとよいだろう。

- 文字の大きさは28p（ポイント）以上に
- 長い文章はなるべく使用せず，箇条書きや図表にする
- 1枚のスライドに伝えたい要点は3つ程度に

(4) アニメーションを使いすぎない

話していく順番に文字や図表を出したり，重要な部分を話しながらマーキングしていくことができるアニメーションは，効果的で聴き手の理解を促進するのに役立つテクニックである。最近のプレゼンテーションソフトはさまざまなアニメーションの工夫ができるので，アニメーションを設定しだすと楽しくなり，ついつい多用してしまいがちである。しかし，あまりアニメーションを使いすぎると，落ち着きのない，ポイントのつかみにくい発表になってしまう恐れがあるので注意が必要である。

2. ポスター発表の場合

ポスター掲示による発表も基本的には口頭発表と同じく，要点を絞り，図表などを用いて，わかりやすくまとめることが求められる。しかし，ポスターの場合は口頭発表とは違い，一定時間掲示されるために，発表者が在籍していな

い際にも見ることができる。また聴き手に対して個別に説明や議論ができるため，口頭発表よりも掘り下げた議論にもなりやすい。以上のことから，口頭発表のスライドよりも少し情報量を増やしたほうがよいかもしれない。

(1) 2m離れてもよみとれるように

ポスターを作成する際は，2m程度離れても見ることができるように作成する必要がある。これは，ポスター発表する際の注意事項としても指示される場合があるが，たとえそのような指示がなくても，ギリギリまで近づかないとよみとれないような文字の大きさは避けるべきである。とくに表題（タイトル）は，さらに遠くからでも目に入るように，大きく目立つようにする。

(2) ポスターのスタイルは大きく2種類ある

心理学の領域において，ポスター発表で1つの研究にあてがわれるスペースは，たいてい幅90cm×高さ180cmのパネルである。ポスターは，プレゼンテーションソフトで作成した**図10.4**のようなスライドをA3に拡大して並べて掲示する方法と，A0サイズ1枚のポスターを作る場合の2種類がある。A0のサイズを印刷できる大型のプリンターが大学にある場合（大学の情報処理センターなどで印刷を依頼できる場合があるので調べてみよう。ただし有料の場合もある）は，1枚の大きなポスターにすると，まとまりもよく見栄えもよい。

(3) 結果を一番見やすい位置に

スライド数枚を並べるスタイルでも，1枚のポスターでも，表題（タイトル）から問題・目的，方法，結果……という構成で並べていくと，一番重要な結果の図表などが下のほうになってしまい，腰をかがめながら結果を見なければならず，見にくいことが多い。**図10.5**のポスター構成の目安に示した通り，結果は見やすい位置に示す工夫が必要である。

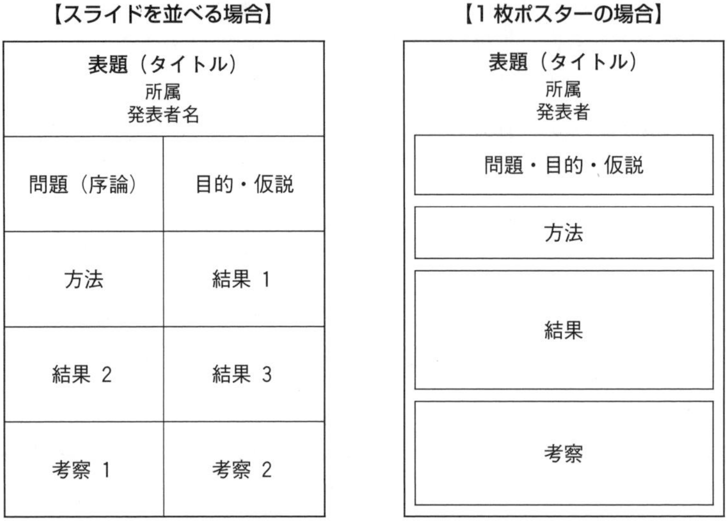

【スライドを並べる場合】

表題（タイトル） 所属 発表者名	
問題（序論）	目的・仮説
方法	結果 1
結果 2	結果 3
考察 1	考察 2

【1枚ポスターの場合】

表題（タイトル） 所属 発表者
問題・目的・仮説
方法
結果
考察

図 10.5　ポスター構成の目安

(4) 細かな情報は配付資料で

　心理測定尺度を使用した研究の場合は，使用した尺度項目内容や因子分析結果，尺度の基本統計量を教えてほしいという要望が出やすい。またそれ以外にもポスターに載せきれなかった情報などがあるかもしれない。そのような場合によく行われている工夫が，配付資料である。発表者が在籍していない時間にポスターを見に来た方への配慮として，配付資料を「ご自由におとりください」といった形でポスターと一緒に掲示するのも，学会発表ではよく見受けられる工夫である。

コラム 10.2　剽窃（盗用）の問題

　学生が作成した論文・レポート課題が提出された際には，「しっかり添削してなければ」という姿勢で読んでいるが，数十人のレポートを読んでいると「アレッ？　さっきまったく同じ文章を誰かのレポートで見たな」とか「アレッ？　ここだけ妙に文章がしっかり書けているな」ということがある。

　近頃は，インターネットの検索サイトでキーワードを打ち込めば，専門的な情報でも，あっという間に多くの情報が入手できる。実習授業のテーマとまったく同じ調査や実験の研究レポートがヒットして，「あ，授業で出た課題と同じだ！」と安易な気持ちでその文章を自分のレポートに「コピペ」して出してしまう学生が見受けられる。また友人の文章をそのまま「コピペ」して提出する学生もいる（第14章参照）。このように，**他人の文章を一部分でもコピペして自分のレポートとするのは剽窃（盗用）行為である！**

　最終試験としてレポート課題が出された場合は，試験でいえばカンニングであり，不正行為として**単位の取消に値する行為**である。筆者も発見した時点で学生本人に確認し，盗用であることがわかった時点で，その授業の単位を不可とした経験がある。

　ここで問題となるのが，「引用」と「盗用」の違いである。「引用」と「盗用」の違いは，他人の研究や文章の一部を自分のレポートに引用した際に，その**出典を明らかにしているか**，つまり**引用文献情報を記しているか**，である。つまり，自分の論文・レポートの中で，自分以外が書いた文章をレポートに引用したいときは，**誰の意見や考え，アイディアか**がわかるように記述しなければならない。

　引用の仕方については，松井（2010）の『改訂新版　心理学論文の書き方――卒業論文や修士論文を書くために――』の p.53 以降「2-6　引用に関する注意点」に詳しくまとめられているので必ず確認してほしい。また引用の形式（直接引用，間接引用，2次資料引用）については，フィンドレイ（1993；細江・細越訳，1996）の p.38 以降「3章　本文中の引用（盗用の避け方）」でとても丁寧な解説がなされているので，ぜひご一読いただきたい。

コラム 10.3　論文作成テクニック

　論文・レポートを書くときは「当然最初（問題）から順番に書くもの」と思っていないだろうか？　松井（2010）では，「方法から書き始める」とあるが，確かに書く内容に迷わないもの，他の章との照合や調整が必要ないものから書き始めると，サクサクと書き進めることができるだろう。
　ここでは，筆者が先輩たちに教わった教訓や学生指導の経験から得た，論文を効率よく書き進めるためのテクニックについて紹介する。

【テクニック1：引用文献に必要な情報は，1つのファイルにコピペして保存】
　引用文献リストは，後から作ろうとすると，必ずといってよいほど，どの文献から引用したのかわからなくなる。したがって，雑多に文献検索，文献集めをしている段階から，引用文献に載せるべき情報はすべて残すようにしておく。パソコンに専用のフォルダを作り，一括管理しておくとよいだろう。最近は，携帯・スマートフォンや iPod にカメラ機能がついているので，画像による保管も有効である。

【テクニック2：調査実施期間に，データ入力ファイルの作成と方法の章の作成】
　質問紙が完成して調査実施期間が始まると，安心して気が抜けてしまうのか，ぼーっと過ごす学生が多いようである。もちろん一生懸命質問紙を作成して，ようやく漕ぎ着けたとなれば，気持ち的にはひと段落も必要である。質問紙の回収を待つ間は，アイドリングの意味でも，回収後すぐにデータを入力して分析が始められるという意味でもデータ入力ファイルの作成をしておくのがよいだろう。余力があれば，方法の章をまとめ，分析計画を練っておこう。

【テクニック3：頭が働かないときは，表紙，引用文献，GT表の付録版への編集作業を】
　ちょっとした時間のあるとき，頭が働かず考えがまとまらないけれど何かし

ていないと落ち着かないとき，どうもやる気が出ないというときには，好きな曲を聴いたり，歌ったりしながら，編集作業を行えばよい。編集作業は簡単なようだが，意外と時間のかかる作業である。決まった形式がある分，誤情報，入力ミスも多くなりがちなので，提出前ギリギリに行うことのないように注意しよう。

【テクニック4：分析結果が出たら，すぐに結果の図表を作成】
　図表を掲載できる状態に編集するのは，なかなか時間がかかる。なぜなら，結果を形式に則って，読み手にわかりやすく，論点が明確になるようにする工夫が必要だからである。分析が終わったら，まずはじめに掲載できる状態まで図表を完成させるとよい。そうすることで，結果の整理ができるだけでなく，新たな考え方や発見が導かれることもある。

コラム 10.4 「論文書きの歌 2006」

　調査結果が出てひと安心。さぁ，いよいよ論文・レポートにまとめるとなると，「まず何をどうやって書いていけばよいのだろう」とか，「どうすればA評価がもらえるのだろう」というように，ついゴールを見失いがちである。

　そんなときには，以下のフレーズを「アルプス一万尺」のメロディで歌ってはどうだろう（酒井（2006）より一部引用）。

> ♪表題の章
> 「タイトル短く　中身を要約　書き手のねらいをわからせよう　ホー！」
> ♪問題（序論）の章
> 「イントロ大切　なーにをやるのか　どうしてやるのか明確に　ホー！」
> ♪方法の章
> 「マテメソきちっと　情報もらさず　読み手が再現できなくちゃ　ホー！」
> ♪結果の章
> 「いよいよリザルト　中身をしぼって　解釈まじえず淡々と　ホー！」
> 「複雑怪奇　図表はいけない　情報減らしてすっきりと　ホー！」
> ♪考察の章
> 「山場は考察　あたまを冷やして　どこまで言えるか見極めよう　ホー！」
> ♪引用文献
> 「関連研究　きちっと調べて　引用するときゃ正確に　ホー！」
> ♪文献集め
> 「文献集めと文献管理は　日頃の努力が大切だ　ホー！」
> ♪謝　辞
> 「お世話になったら　お礼を言わなきゃ　一人も残らず謝辞しよう　ホー！」

　この歌は「論文書きの歌2006」というもので，ここでは一般的な論文・レポートに重要と思われる部分の歌詞のみ抜粋した。論文・レポートを書いていくうえでもっとも大事なエッセンスがシンプルに歌になっている。行き詰まったら歌いながらがんばってみよう！　酒井（2006）には，このフルバージョンが紹介されており，卒業論文，修士論文，学術論文を書く人のための指針となる歌詞がまだまだあるので，原著をぜひご覧いただきたい。

第IV部

応 用

11 ウェブを使った調査の実施方法

佐藤広英

11.1 ウェブ調査の基礎

11.1.1 ウェブ調査とは何か

ウェブ調査とは，質問紙を用いず，パソコンや携帯電話・スマートフォンを用いて，インターネットのウェブページ上で質問に答えてもらう調査法である。もともとウェブ調査は，データ収集が迅速で安価であることから，市場調査などのマーケティング分野において急速に普及していった手法である。一方，心理学や社会学分野においては，調査対象者がインターネット利用者に限定されることから敬遠される傾向にあったが，インターネット利用者数の増加に伴って，現在ではその問題点が解消されつつある。総務省（2013）の「平成25年版情報通信白書」によると，13歳から49歳までの約95％がインターネットを利用しているとされ，ほとんどすべての者がパソコンや携帯電話・スマートフォンを用いてインターネットを利用する時代となっている。

ところで，ウェブ調査とひとくちにいってもさまざまな種類が存在し，利用者の目的や状況に応じて使い分けることが必要である。また，ウェブ調査には質問紙調査と比較してさまざまなメリットがあると同時に，さまざまなデメリットも存在する。本章では，ウェブ調査を実施する方法を紹介するとともに，ウェブ調査にはどのような種類があるのか，また，どのような特徴があるのか，さらには実施する際にどのような点に留意すべきかについて解説していく。近年では，卒業論文や修士論文のためにウェブ調査を用いる例も多いことから，初学者がウェブ調査を実施する際の参考書となれば幸いである。

11.1.2 ウェブ調査の種類

　ウェブ調査は，調査の公開の仕方によって，**クローズド型（非公開型）調査**と**オープン型（公開型）調査**の2つに大別することができる。

　まず，クローズド型調査とは，調査票をある特定の対象だけに公開するものである。たとえば，調査会社が保有するモニターに対して行う調査があげられる。モニターは各調査会社に自発的に登録した者たちであり，調査に協力することで商品と交換可能なポイントを得ることができる。各調査会社は100万人規模のモニターを保有しており，性別，年齢や住んでいる地域を限定するなど，モニターの基本属性の中から調査対象としたい層（たとえば，首都圏在住の男子高校生，既婚者の女性）だけを抽出して調査を実施することができる。調査費用は，調査票の回収目標数や調査票に含まれる質問項目数，調査の方法によって異なる。さらに，調査会社よっては携帯電話・スマートフォンを利用した調査や海外調査などのサービスも提供している。調査会社に依頼するクローズド型調査は，自ら調査票を作成する場合よりも金銭面のコストがかかるのが難点であるが，大規模なモニターを有していることから幅広いサンプルを対象にできること，（回収目標数によるが）数日（3〜7日）で調査が完了すること，セキュリティ面が保障されていることがメリットとしてあげられる。このようなクローズド型調査を実施できる調査会社の例として，マクロミル，クロス・マーケティング，gooリサーチ，楽天リサーチなどがあげられる。**図11.1**は，筆者がgooリサーチに依頼して行った調査の画面例である（佐藤・太幡，2013）。

　一方，クローズド型調査とは反対に，不特定多数に対して調査を行うものをオープン型調査とよぶ。たとえば，ホームページ，掲示板やソーシャル・ネットワーキング・サービス（SNS）などの閲覧者に対して調査を行う場合があげられる。オープン型調査の場合，自ら調査票を作成し，調査を実施することになるだろう。その際，調査票を手軽に作成するためのインターネット上のサービスが役に立つ。その例として，「Googleドライブ」（具体例は次節参照）や「REAS（リアルタイム評価支援システム）」があげられる。これらはアカウントを作成するだけで無料で利用可能なサービスであり，直観的な操作で誰でも

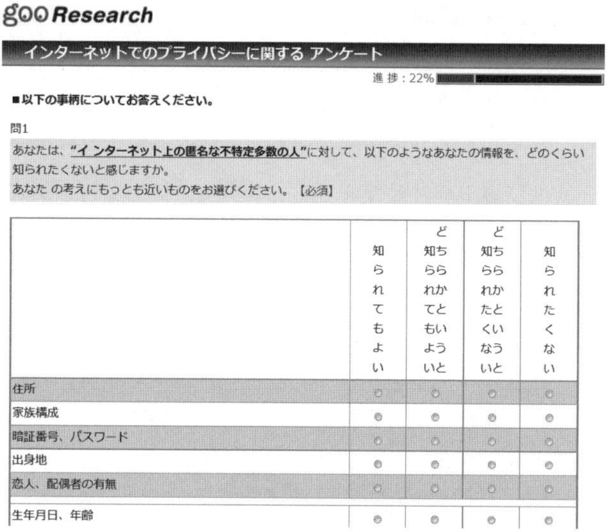

図 11.1 goo リサーチの調査票の画面例

簡単に調査票を作成することができる。**図 11.2** は，筆者が実際に REAS を用いて作成した調査票の例，**図 11.3** は，調査票を作成・編集しているときの画面である（佐藤，2013）。また，これらのサービスでは，携帯電話・スマートフォン用の調査票を作成することも可能である。

また，インターネット上のサービス以外でもプログラミングの知識があれば，CGI プログラムや HTML を利用して調査票を作ることもできる。分析結果を即時にフィードバックしたり，回答者によって項目順をランダム化するなど，調査目的に応じた自由度の高い調査設計が可能である。**図 11.4** は，筆者が CGI プログラムで作成した調査票の画面例である（Sato & Kawahara, 2011）。

以上のように，オープン型調査において自ら調査票を作成する場合，調査会社に委託する場合よりも金銭的なコストを抑えることができるため，卒業論文や修士論文にはこの方法が一般的だろう。オープン型調査の場合は，自ら調査依頼をホームページ，掲示板や SNS などに行う必要がある。ただし，インターネットを介したウェブ調査の依頼は質問紙調査の依頼と比較して強制力が弱く，依頼を受けてくれないことが多いといわれており（Tuten, 2010），デー

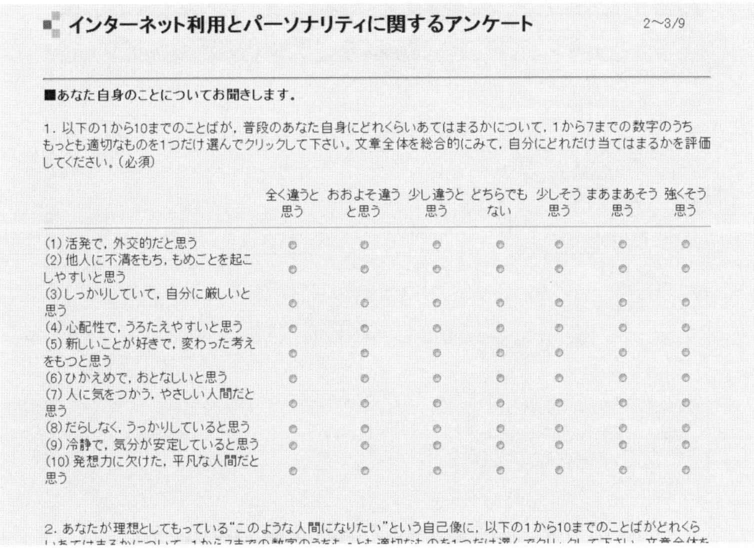

11.1 ウェブ調査の基礎

図 11.2　REAS で作成した調査票の画面例

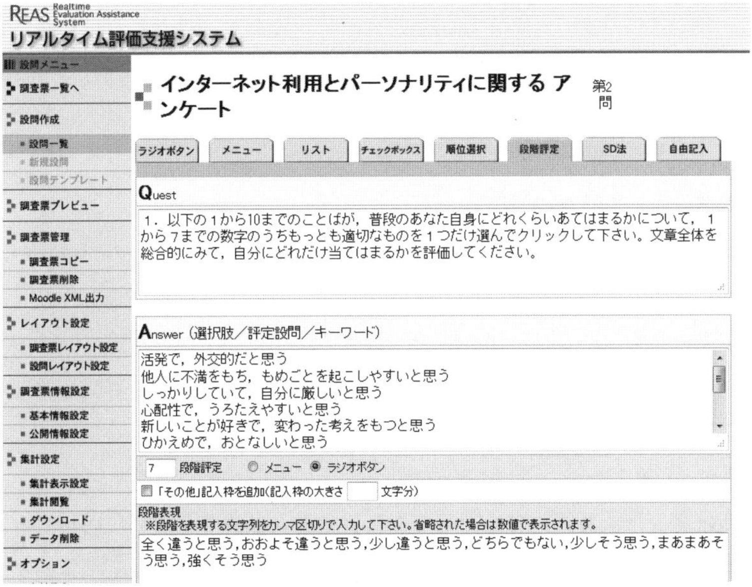

図 11.3　REAS の調査票の編集画面

図 11.4　CGI プログラムで作成した調査票の画面例

タの収集に苦労するかもしれない。また，CGI プログラムや HTML で調査票を作成する場合は，セキュリティ面にも注意が必要である。

　以上のように，クローズド型調査とオープン型調査にはそれぞれに特徴がある。研究者はそれぞれの特徴を理解し，目的や状況に応じて使い分けることが重要である。

11.1.3　ウェブ調査の特徴

　ウェブ調査は質問紙を単純にウェブページに載せただけのものではない。両者の間にはさまざまな相違点がみられる。ここでは，質問紙調査と比較したウェブ調査の特徴について，調査対象，調査方法，質問・回答形式，回答内容，データ収集の 5 つの点から整理していく。なお，ウェブ調査の特徴を整理したものを**表 11.1** に示す。

1. 調　査　対　象

　質問紙調査は，質問内容を理解できる者であれば誰でも調査に回答することができる。一方，ウェブ調査は，質問内容を理解するだけでなく，インターネット環境を有し，ある程度パソコンなどの情報機器を使いこなせる者しか回答

11.1 ウェブ調査の基礎

表 11.1 質問紙調査と比較したときのウェブ調査の長所と短所

	長所	短所
調査対象	特定の条件をもつサンプルを調査対象にしやすい。	インターネット環境のない者は調査対象にできない。
調査方法	居住地が遠隔地や広範囲に及んでも調査できる。	回答する環境を統制することができない，反応率が低い。
質問・回答形式	視覚・聴覚的コンテンツを利用できる，必須質問・条件分岐を設定でき，回答ミスが少ない。	使用するサービスによっては項目作成に制限がある。
回答内容	内面的な質問に対する正直な回答が増加する，自由回答の記述量が増加する。	不誠実な回答が含まれる場合がある。
データ収集	データが自動で入力されるため入力ミスがない。	同一人物が何度も回答する場合がある。

ができないという制限がある。総務省（2013）の「平成25年版情報通信白書」によると，65歳以上のインターネット利用率は70%を下回っており，高齢者層の30%以上が調査対象から排除されてしまう計算になる。したがって，ウェブ調査は，高齢者のみを対象とした調査や，高齢者を含む地域を母集団とした調査には不向きであるといえる。逆に，高校生や大学生については，ほぼ全員がインターネット環境を有し，パソコンなどの情報機器を使いこなせることから，調査対象としては問題ないだろう。

一方で，ウェブ調査であるがゆえに調査対象にしやすいサンプルもある。ウェブ調査では，ある特定の条件をもつ者（たとえば，小学生の子どもをもつ母親，ふだんプリウスに乗っている人など）だけを対象としたいときには，調査会社が有する大規模なモニターから条件に合う人だけを抽出することが可能である（詳しくは**コラム 11.1** 参照）。こうした調査対象を扱う場合，ウェブ調査は郵送法や面接法よりも圧倒的に金銭的なコストが抑えられるため，市場調査において非常に多く用いられているのである。

2. 調査方法

　ウェブ調査では，居住地が遠隔地で広範囲に及ぶ場合であっても，インターネットを利用する環境さえあれば調査を実施することができる。これは郵送法による質問紙調査でも同様であるが，より安価で労力も少なく調査を実施することが可能である。

　一方で，質問紙調査は，研究者が調査票を配付し，その場で回答を求めることができるため，回答する環境をある程度統制することができるが，ウェブ調査では回答する環境を統制することはできない。郵送法による質問紙調査も同様であるが，ウェブ調査の場合，携帯電話やスマートフォンを利用して，たとえば電車の中やトイレの中など，いつどんなときであってもウェブ上の調査票に回答することができてしまう。また，研究者が調査への協力を直接的に依頼することができないことから，調査依頼に対する反応率も低いとされる (Tuten, 2010)。

3. 質問・回答形式

　質問紙調査は文字によって質問紙が構成されるのに対して，ウェブ調査では，文字に限らず，写真画像，音声や動画などの視覚・聴覚的なコンテンツを盛り込むことができる。たとえば，YouTubeにアップされた動画へのリンクを調査票に設置し，それをクリックして視聴させ，視聴内容に対する印象を尋ねるということも可能である。

　さらに，ウェブ調査の特筆すべき特徴として，必須質問や回答による条件分岐をプログラムで統制することができる点があげられる。たとえば，必須質問では，その質問への回答の入力がない場合には，次のページの回答に移ることができない。こうすることで回答もれを防ぐことが可能である。あるいは，矛盾した回答を選択した場合，その時点で回答を打ち切るようプログラム上で設定することも可能である。さらに，質問項目の順番を回答者によって（あるいは回答時期によって）ランダムに変えることも可能である。たとえば，サトウとカワハラ（2011）は，調査対象者に毎日同じ質問項目に回答させる調査を実施する際，ウェブ調査票にアクセスする度に質問項目の順番がランダムに変わるように設定し，練習効果・順序効果を防いでいる。このように，プログラム

によって，データの欠損を防いだり，よりデータの信頼性を高めることができる。

一方で，ウェブ調査を提供するサービスを用いる場合，それぞれにある程度の制約も存在する。たとえば，Googleドライブでは，「テーマ」とよばれる背景を選択することができ，REASでは，調査票の文字色・背景色を変えることができるが，全体的なレイアウトやデザインを自由に変えることはできない。研究者は，このような制約を理解したうえで，見やすくわかりやすい調査票を設計していく必要があるだろう。

4. 回答内容

ウェブ調査では，質問紙調査と同じ質問項目であっても回答傾向が異なるとされる。とくに，ウェブ調査では，匿名性の感覚が高まることにより，社会的望ましさの影響が入りにくく（Davis, 1999；Joinson, 1999），内面的で答えにくい質問に対して正直な回答が増加することが多くの研究で報告されている（Tourangeau & Smith, 1996；Tuten, Urban & Bosnjak, 2002）。さらに，ウェブ調査では，匿名性の感覚が高まるとともに，キーボード入力により文書記述が容易であるため，自由回答形式の質問項目についてはより多くの回答が得られるともいわれている。

一方で，ウェブ調査への回答には，不誠実な回答（たとえば，すべてを同じ数字を選ぶ）も多く含まれる。調査会社のモニターは，調査に協力することで調査謝礼（商品と交換可能なポイントなど）を獲得することができるため，それを目的として多くの調査に素早く回答しようとする者もいるだろう。問題を含むデータは調査会社のほうで取り除いてもらうこともできるが，同一のIPアドレスから連続で回答があるものを削除するなど，研究者が注意深くデータのクリーニングを行う必要があるだろう。あるいは，ライスケール（「嘘をついたことは一度もない」のように全員が同じ回答を行うと予想される項目を含め，調査票に正直に回答しているかを確かめる）を含めることで，少しでもデータの質を高める工夫が必要である。

5. データ収集

質問紙調査ではデータの入力作業および確認作業に時間的コストがかかる。

一方，ウェブ調査では回答が自動でファイル（テキスト，Excel，PDFなど）に入力されるため，データ入力の手間がすべて省略されることになる。また，自動で入力されることから，データの入力ミスも基本的に起こることはなく，確認作業にかかる労力も軽減することができるだろう。さらに，必須質問を利用すれば，データに欠損値が含まれることもない。このようにデータ収集のうえでは，ウェブ調査はさまざまな利点を有している。

11.2 ウェブを使った調査の方法

11.2.1 調査票の作成

ここではGoogleドライブを用いて調査票を作成する過程を紹介していく。

なお，ここでは，2013年12月現在のGoogleドライブの仕様をもとに解説していく。Googleドライブは，アカウント登録をすれば誰でも無料で調査票を作成することができる。まず，Googleドライブのページから，赤い「作成」ボタン，「フォーム」の順にクリックし，「タイトル」と「テーマ」を設定してから，質問項目の作成に入る。「アイテムの追加」のプルダウンメニュー（▽）をクリックすると，以下のメニューが現れる（**図11.5**）。

図11.5 Googleドライブで利用可能な質問の形式とレイアウト

- テキスト：1語か2語での回答の入力を求めるもの。
- 段落テキスト：自由回答（長文の回答）の入力を求めるもの。
- ラジオボタン：多肢選択式で1つの回答を選択するもの（単一回答法）。
- チェックボックス：多肢選択式で複数回答を選択するもの（複数回答法）。

11.2 ウェブを使った調査の方法

- リストから選択：プルダウンメニューから1つの回答を選択するもの。
- スケール：番号のスケール（例：1〜5）を選択するもの。両端にラベルをつけることができる。SD法などに用いることができる。
- グリッド：2次元のグリッドからポイントを選択する。段階評定法（リッカート法）に用いることができる。
- 日付：カレンダーから日付を選択するもの。
- 時間：時間（1日のうちの時間か長さとしての時間）を選択するもの。
- セクションヘッダー：そのセクション（ページともいう）のヘッダーを追加することができる。
- 改ページ：改ページを追加することで，セクション（ページ）を分割することができる。
- 画像：画像をアップロードし，調査票内に表示することができる。
- 動画：動画をアップロードし，調査票内に表示することができる。

ここでは，性別などの多肢選択式・単一回答法で使われる「ラジオボタン」と，心理測定尺度の段階評定法で使われる「グリッド」の使い方を紹介する。まず，性別について尋ねる質問項目を作成する場合を例にあげる。**図11.6**の編集画面のように，「質問の形式」を①「ラジオボタン」に設定した後，選択肢として「男性」「女性」を1つずつ入力し，「完了」を押すと質問項目ができあがる。ここで，②「回答に基づいてページに移動」にチェックを入れると，条件分岐を作ることが可能であり，性別によって次に回答するセクション（ページ）を変えることも可能である。また，編集画面の下のほうにある③「必須の質問」にチェックを入れると必須質問となり，その質問に回答がない場合に次のセクション（ページ）に移動することができない仕様となる。

次に，平日のメディア利用時間について段階評定で尋ねる質問項目を作成する例をあげる。**図11.7**の編集画面のように，「質問の形式」を④「グリッド」に設定した後，行のラベルには各種メディアの種類，列のラベルには利用時間（5段階に分割したもの）を1つずつ入力していく。「完了」を押すと質問項目ができあがる。さらに，休日のメディア利用時間について尋ねる質問項目を同

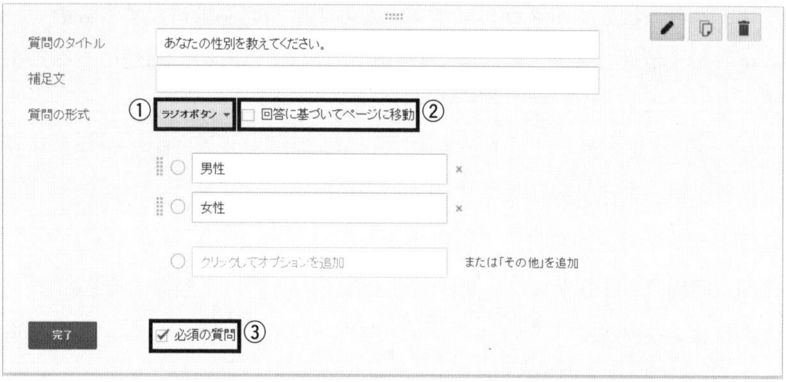

図 11.6　ラジオボタンを用いた質問項目の作成例（編集画面）

図 11.7　グリッドを用いた質問項目の作成例（編集画面）

じように作成する例をあげる。この場合，質問項目の右上にある⑤「コピーを作成」を選択すると，同一の質問項目ができ上がるので，質問の教示文のみを修正すればよい。

　ここまでの3問が完成したら，上部タブにある「ライブフォームを表示」を

クリックすると，**図 11.8** のような画面が表示される。

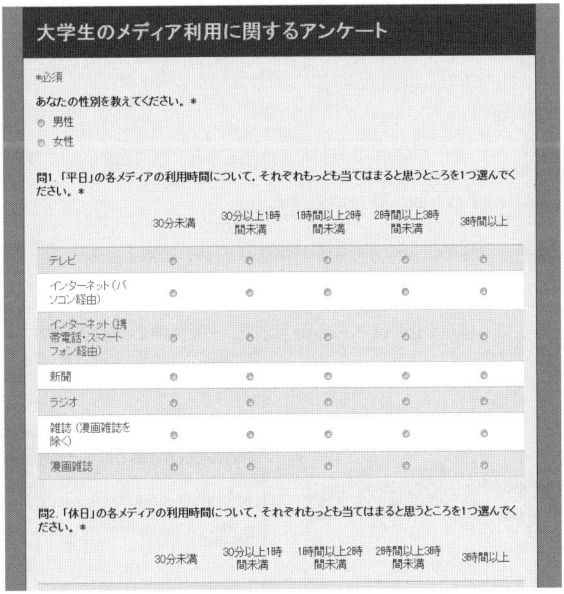

大学生のメディア利用に関するアンケート

*必須

あなたの性別を教えてください。*

男性

女性

問1.「平日」の各メディアの利用時間について，それぞれもっとも当てはまると思うところを1つ選んでください。*

	30分未満	30分以上1時間未満	1時間以上2時間未満	2時間以上3時間未満	3時間以上
テレビ					
インターネット（パソコン経由）					
インターネット（携帯電話・スマートフォン経由）					
新聞					
ラジオ					
雑誌（漫画雑誌を除く）					
漫画雑誌					

問2.「休日」の各メディアの利用時間について，それぞれもっとも当てはまると思うところを1つ選んでください。*

	30分未満	30分以上1時間未満	1時間以上2時間未満	2時間以上3時間未満	3時間以上

図 11.8　調査票の画面例（テーマ：ヘッダー（グレー））

ウェブ調査の場合，1つの設問ごとにセクション（ページ）を変えることが多い。たとえば，性別の質問とメディア利用の質問の間に「改ページ」を入れるケースをあげる（質問項目と同じように「改ページ」を追加すればよい）。**図 11.9** は編集画面で「改ページ」を挿入し，2ページ目にページタイトルを挿入した状態の画面である。上部タブにある「ライブフォームを表示」をクリックすると，先ほどの調査票が**図 11.10** のように2つのページに分かれている。

Google ドライブでは，以上のような流れで調査票を作成していくことになる。今回は「ラジオボタン」と「グリッド」の紹介にとどめたが，自由回答法で用いる「段落テキスト」や多肢選択式複数回答法で用いる「チェックボックス」も調査では多用されるオプションなので，ぜひ実際に試してもらいたい。

また，Google ドライブで作成する調査票は，複数人で共有し，各自のパソコンから編集することもできる。そのため，グループワークでのウェブ調査の

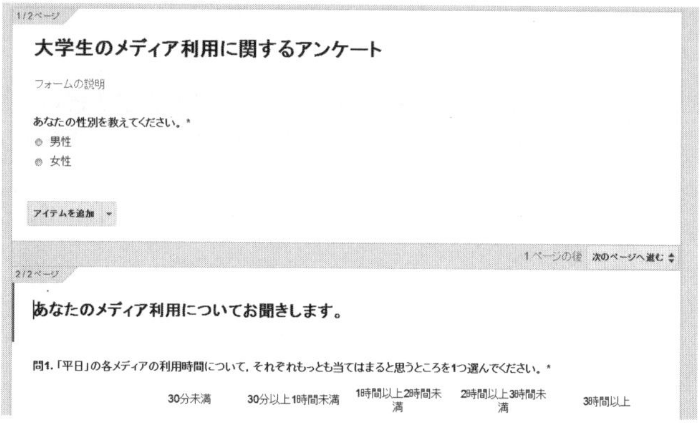

図 11.9　改ページを挿入した調査票の編集画面

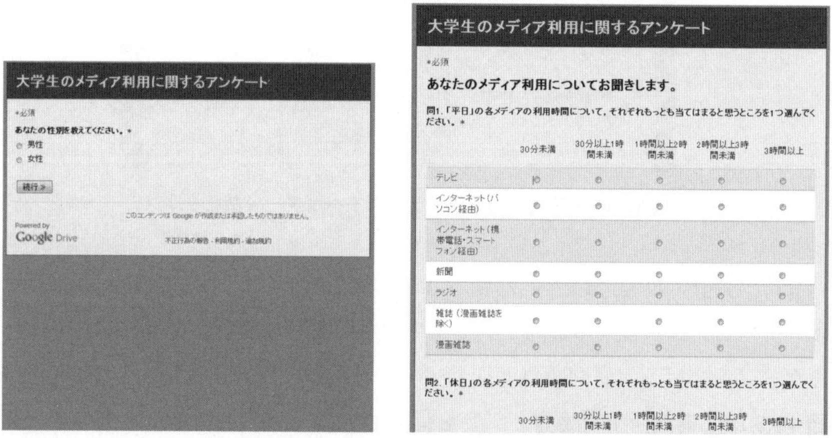

図 11.10　改ページによって分割された調査票の画面例

実施にも対応することができる．さらに，Google ドライブにはさまざまなデザインテーマが用意されており，調査票を自分の好きな見た目に変えることもできる．デザインテーマや改ページをうまく利用することで，回答者が見やすく回答しやすい調査票を作成していく必要があるだろう．

　では，調査会社に委託するクローズド型調査の場合はどのような過程で調査票は作成されるのだろうか．この場合は，研究者が調査票の見本をテキストベ

ースで作成し，入稿するケースが多い．調査票の見本は，マウスでクリックしていくことを想定しながら教示文を作成していくことが重要となる．なお，調査項目の選定など調査票の設計段階からすべてを調査会社に委託することも可能であるが，その分のオプション料金が発生する．

調査票の見本を入稿する際には，回収目標数や割付（たとえば，男女それぞれ何サンプル回収するか，各年代でそれぞれ何サンプル回収するか）も同時に伝えると，それに応じて見積もりを出してもらえる．予算に応じて，回収目標数や項目数を調整するとよいだろう．それぞれが確定すると，およそ数日でウェブ調査票のサンプルが送付されてくる．そしてウェブ調査票をチェックし，教示文や条件分岐，入力制限など細部の修正を行い，ウェブ調査票が完成する．

11.2.2　データの収集

Googleドライブで調査票が完成したら，調査票ページへのリンクURLを，ホームページ，掲示板やSNSなどのさまざまな媒体に掲載したり，メールで直接に回答を依頼する段階になる．編集画面の最右上にある「フォームを送信」ボタンを押すと，図11.11のような画面が現れるので，ここからリンクURLを共有するとよいだろう．

図11.11　調査票を共有する・リンクURLを送信する画面

このリンク URL から調査票に回答したデータは，**図 11.12** のようなスプレッドシート（Excel などの表計算ソフトの様式）に自動で入力される。データが十分に揃ったら，「ファイル」の中の「形式を指定してダウンロード」から，Excel や PDF，テキストファイルなど好きな形式で保存することができる。そして，不誠実な回答と思われるものや，同一の時間に連続して回答されたものなど，データをクリーニングしていく。ライスケールで検出された不誠実な回答を含む回答者を除いたり，たとえば全体の 90% 以上に同じ回答を行った回答者を除くなど，前もってクリーニングの基準を明確にしておくとよいだろう。

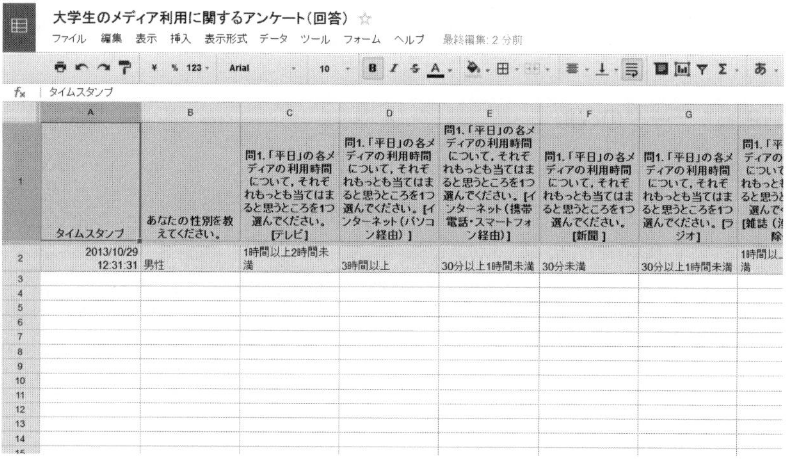

図 11.12　スプレッドシート上に入力されたデータ

一方，調査会社に委託するクローズド型調査の場合，調査票の完成後，数日（3～7 日）で調査は完了し，素データや単純集計表（**図 11.13**），場合によっては調査レポートが納品されることになる。そして，納品された素データを概観し，前述のような基準を用いて，データをクリーニングしていくことになる。

研究者の目的や状況によって，若干異なることもあるだろうが，基本的には以上のような過程で，オープン型調査やクローズド型調査は実施されるのである。

図 11.13　単純集計表の例

11.3 ウェブを使った調査の注意点

11.3.1 サンプルの制限

　ウェブ調査におけるサンプルの偏りの問題はたびたび議論されるものである。11.1でも述べた通り，ウェブ調査は，インターネットを利用できる環境をもち，ある程度情報機器を使いこなせる者に調査対象が限定されるため，偏りが生じてしまう。実施したウェブ調査においてサンプルの偏りが想定される場合は，研究結果がサンプルの偏りに影響を受けたかどうかについて注意深く考察する必要があるだろう。

　一方で，ウェブ調査において調査対象者の偏りよりも問題となるのが，ランダムサンプリングの困難さである（Tuten, 2010）。インターネット利用者の名簿は存在しないため，たとえば大学生のようにメールアドレスを全員が有する場合を除いて，母集団からサンプリングを行うことは難しいだろう。ウェブ

調査では，サンプルに制限があることをつねに意識しておく必要がある。

11.3.2　データの扱い方

　ウェブ調査のデータは，その妥当性がしばしば問題とされる（Tuten, 2010）。たとえば，オープン型調査の場合，たまたま通りがかりで調査票へのリンクURLを見つけ，適当に回答するケースが多いとされる（Reips, 2009）。こうしたデータは，ノイズデータとなり，調査の妥当性を損ねてしまう可能性を含む（Reips, 2002）。こうしたノイズデータを防ぐために，ライスケールを含める方法や，回答者が真剣に回答したかを直接尋ねる項目を入れる方法が紹介されている（Aust et al., 2013）。

　また，何度も述べたように，ウェブ調査では質問紙調査よりも不誠実な回答が多くみられる傾向にあることから，データを注意深くクリーニングすることが必要となる。ウェブ調査のデータを扱う際には，つねにデータの妥当性を意識することが必要である。

11.3.3　画面の設計

　調査票は，適切なデザインで作成する必要がある（Tuten, 2010）。たとえば，セクション（ページ）ごとの項目数に注意する必要がある。1つのセクション（ページ）に多くの質問項目を載せるよりも，質問内容ごとにセクション（ページ）を分割するほうが望ましい。その他，デザインの見やすさ，教示文の詳細さ，回答方法の明確さ，回答の進めやすさといった点に注意して，調査票を作成していくことが求められる。

コラム 11.1　ヴァリエーションに富んだサンプル

　調査会社のモニターを利用するウェブ調査では，ヴァリエーションに富んだサンプルを対象にすることができる。モニターは，性別，年齢，職業はもちろんのこと，家族形態，携帯電話の種類から所有する車種まで，登録されている属性情報は非常に豊富なものである。国勢調査の人口比率に合わせたサンプリング，市区町村レベルでの地域のサンプリング，インターネットの熟練層と初心者層の人数のバランスを揃えたサンプリングなども可能であり，研究者の調査目的に応じて最適なサンプルを利用することができるのである。さらには，日本の調査会社が海外の調査会社と提携し，日本人以外のモニターを含めた国際比較調査も行うこともできる。

　では，実際にウェブ調査を利用している研究にはどのようなものがあるのだろうか。一つの事例として，荒井・藤・吉田（2010）の研究を紹介する。これはマスメディアからの犯罪情報が犯罪不安に及ぼす影響を検討する研究であり，小学生以下の子どもを持つ母親を対象としている。調査会社に委託したクローズド型ウェブ調査であり，全モニター（450,437名）の中から3歳から12歳の子どもを持つ母親（53,115名）を抽出し，そこから国勢調査人口比率に合わせて地域ブロックごとにサンプリングを行い，最終的に1,040名のデータを収集している。「子どもを持つ母親」のように条件が限定されたサンプルを調査対象とする場合には，大規模なモニターは有用であると考えられる。

　その他にも，首都圏の未婚単身生活者を対象とした研究（西川，2011），25歳から40歳までの過去に心理学を専攻した者を対象とした研究（大橋・岩崎・藤後，2012）など，ウェブ調査の特徴を活かした調査が見受けられる。このように，ヴァリエーションに富んだサンプルを扱える点が，ウェブ調査の特徴といえるだろう。

コラム 11.2　ケータイを活用した調査

　ウェブ調査というと「パソコン」を用いた調査を想像する人が多いと思うが，「携帯電話・スマートフォン（以降，「ケータイ」と略す）」を利用する調査も多く行われている。ケータイは多くの人が肌身離さず持ち歩くものであるため，回答者はいつでもどこでも調査票にアクセスすることができ，柔軟なデータ収集が可能である。毎日一定の時間に回答を得たい，特定の出来事の直後に回答を得たいといった目的にも対応することができる。また，ケータイの多くは通話やインターネット接続だけでなくカメラ機能も付属しており，いつでもどこでも写真撮影を行うことができる。このカメラ機能を活用することで，調査対象者のリアルタイムな実態がわかることもあるだろう。

　ケータイを活用した研究として，市村（2011）の自尊感情の変動性に関する研究があげられる。この研究は，調査対象者に対して，REAS 上の自尊感情を測る調査票に 7 日間毎日回答を求めるものであった。毎日回答依頼メールを送信し，メール本文に調査票のあるウェブページの URL を掲載し，回答するように求めた。すなわち，定期的に回答させるために，調査対象者がつねに所持しているケータイを補助的なツールとして利用しているのである。

　また，三浦・川浦・新井田（2008）は，ケータイのカメラ機能に着目し，画像を伴う対人コミュニケーションの特徴を検討した。この研究では，調査対象者に対して，7 日間に 1 日 1 回以上，他者と画像を共有したい状況，他者に画像を送りたい状況が発生した時点で，自らのカメラ付き携帯電話でその画像を撮影し，それを SNS 上に送信することを求めた。そして，送信された画像の撮影対象や送信意図についての分析を行っている。このように，ケータイを活用することで，調査対象者の対人コミュニケーションの理解につなげているのである。

　以上のように，人間のリアルタイムな行動を理解するうえで，ケータイは重要なツールであり，今後さまざまな研究において使われる可能性があると考えられる。

コラム 11.3　ウェブ調査は楽で簡単なのか？

　近年では，卒業論文や修士論文のための調査にウェブ調査が用いられるケースが多くなっている。その理由として，質問紙の配付や回収，データ入力の手間が省略できること，卒業論文や修士論文で調査対象者として選ばれることの多い大学生のほとんどがインターネットを利用していることがあげられるだろう。そして，何よりも，研究を行う学生自身がふだんからパソコンや携帯電話・スマートフォンを介したメディア・コミュニケーションに慣れ親しんでおり，「ウェブで友人・知人に回答を依頼するほうが楽だ！　簡単だ！」と感じているのではないだろうか。しかし，実際に始めてみると，なかなか回答が集まらず，苦戦を強いられることも多いだろう。ウェブ調査は，教室内での集合調査と比較して，回答への強制力が弱く，回答の依頼に対する反応率が低いため，楽で簡単とは一概にはいえないだろう。

　むしろ，ウェブ調査は，今まで卒業論文や修士論文ではデータ収集が困難であった調査対象を扱うことができるなど，新しいチャレンジができる調査法である。たとえば，杉嶋（2013）は，インターネット行動の日韓比較調査を実施するために，留学生の協力を仰ぎながら韓国語版の調査票をGoogleドライブで作成し，Facebookなどのソーシャル・ネットワーキング・サービス（SNS）を通じて韓国人大学生に調査を依頼し，データ収集を行った。その他にも，大学3年生から4年生にかけての就職活動への意識の時系列的な変化を調べたい場合，調査対象者のメールアドレスがあらかじめわかっていれば，ウェブ調査を利用して容易に時系列データを収集することもできるだろう。

　楽で簡単だからウェブ調査を実施するのではなく，新しいチャレンジのためにウェブ調査を有効活用していただきたい。

12 自由回答法とその後の分析方法
——テキストマイニング

立脇洋介

　これまでの章でみてきたように，心理学の研究では，目に見えない「心」を測定し，数値化するために，質問紙にさまざまな工夫を行う。選択式の質問は，「よくあてはまる=5点」「全くあてはまらない=1点」のように，数値化しやすく，多くの質問紙で使われている。しかし，選択式の質問の場合，調査回答者は提示された質問項目や回答選択肢の範囲で回答する。そのため，調査回答者の「心」を正確に測定しにくいという問題がある。

　このような問題に対処する一つの方法が，質問に対して自由に回答を求める**自由回答法**を活用することである。自由回答されたデータは，生年月日や年齢など数字の場合もあるが，ほとんどは文章や単語など文字である。そのため自由回答法は，心理測定尺度などの選択式の質問と，質問の仕方や分析方法など異なる点が多い。本章では，質問紙調査における自由回答法とその後の分析方法を解説する。

12.1 自由回答法の特徴

12.1.1 自由回答法の長所

　自由回答法には，選択式の質問にはないさまざまな長所がある。この長所をうまく利用することで，質問紙調査において選択式の質問の短所を補うことができる。そこで，まずは自由回答法の長所と質問紙調査における具体的な使い方を説明する。

　第1に，調査者が予想していない回答を得ることができる。選択式の質問では，調査回答者は調査者が提示した選択肢の中から，自分の考えに近い回答を選択する。そのため，調査者が想定していない考えを把握することはできない。

一方，自由に回答できる自由回答法では，調査回答者のそのままの考えを収集することができる。この長所を利用して，先行研究が十分にない研究テーマで「項目を作成するための予備調査」として自由回答法が用いられる。

第2に，少ない質問で多くの情報を得ることができる。大学の授業等で調査を実施する場合，1回で100問近い質問を実施することもある。しかし，対象が大学生以外の場合や時間が限られた状況で調査を実施する場合などは，それほど多くの質問をすることができない。このように，「質問数に制約がある調査」では，選択式の質問で細かい考えについて尋ねる代わりに，自由回答法で全体的な考えを尋ねることがある。

第3に，調査回答者がじっくりと考えながら回答しやすい。選択式の質問は，手軽に回答できるため，とくに調査に慣れた人はあまり深く考えていなくても回答することができる。一方，自由回答法の場合，調査回答者は自分の考えを文字等で記入していくので，じっくりと考えながら回答することになる。そのため，調査回答者の考えを深くとらえ，「質的に研究する」際には，自由回答法が使われる（質的研究の詳細については第13章参照）。また友人とけんかをしたといった特殊な状況での心理や小学生の頃といった過去の体験時の心理に関しては，「エピソード法」によって調査回答者の特定のエピソードについて尋ねる。この際，そのままでは回答をしにくいため，エピソードの具体的内容を自由回答法で尋ねることで，調査回答者がその当時をはっきりと思い出し，以降の質問をスムーズに回答できるようになる。

12.1.2 自由回答法の短所

自由回答法には，さまざまな長所があるものの，以下のような短所も存在する。

第1に，数値化や分析に工夫と労力が必要である。文字によって自由回答されたデータは，そのままでは平均値の算出も，統計解析もできない。そのため，文字を数値に変換するなど，分析をするための準備が選択式の質問よりも多い。さらに，自由回答法の分析では，調査者の主観が入る余地があるため，選択式の質問以上に，結果の客観性に注意を払う必要がある。

第2に，回答の質の個人差が大きくなりやすい。たとえば，調査内容への関

心が高い人や真面目な性格の人の場合，自由回答法でも時間をかけながら真剣に回答をしてくれるため，選択肢ではわからない多くの情報を含んだデータが得られる。しかし，調査に消極的な人の場合，自由回答法は回答の負担が大きいため，短い回答，無回答，回答拒否が多くなってしまう。

第3に，仮説を検証することが困難なことがある。たとえば「男性のほうが女性よりも恋人を愛している」という仮説を検証する場合，通常恋愛感情の尺度得点を男女で比較する。「あなたが恋人をどの程度愛しているのかを自由に書いてください」と質問しても，どれを愛情が高い回答とみなすかということが問題となり，十分な検証ができない。このように仮説に沿った調査枠組みが必要な研究では，自由に回答できることがむしろデメリットとなるため，利用しないほうがよい。

12.2 自由回答法によるデータ収集

本節では，自由回答法の質問作りからデータ入力までの流れと注意点を説明する。

12.2.1 質問の形式

自由回答法による質問は，大きく「非定型」「定型」の2つの形式に分けることができる。**非定型質問**では，回答形式をとくに指定せず，調査回答者に自由に回答してもらう。一方，**定型質問**では，何らかの形で回答形式を指定する。代表的なものとしては，「私は……」など一部が未完成の文章を提示してその部分を埋める文章完成法や，「形容詞」など品詞を指定する質問がある。また非定型質問でも定型質問でも，複数の回答を求めたい場合には，「3つ」「いくつでも」のように質問の中で回答数を指定する。

定型質問や回答数を指定する質問の場合，回答の自由さは少なくなり，心の深い部分の回答は出にくくなるものの，一つひとつの回答は短くてすむため，調査回答者は回答がしやすい。調査者も，形式が統一されているため，分析がしやすくなる。そのためこれらの質問は，自由回答法の長所が減るものの，短

所も改善され，選択式の質問と非定型質問の中間的な特徴があるといえる。

12.2.2 質問の作成

　自由回答法でも質問を作る際には，心理測定尺度を作成する際のワーディングと同様の注意事項に気をつけなければいけない（第5章，第6章参照）。定型質問や回答数を指定する質問を実施する場合には，質問文でその説明を記述する。さらに自由回答法では，質問文の影響を受けやすいことに注意する必要がある。たとえば「恋愛とはどんなものだと思いますか？」という曖昧な質問文でも，選択式の質問の場合，項目や選択肢を手がかりに回答することができる。しかし自由回答法では，調査者が想定していたものとはまったく違う回答をする人や回答をしない人がでてきてしまう。そのため，調査回答者に質問の意図が伝わるよう，具体的にしっかりと説明した質問文が必要である。回答欄は，調査回答者によって文字の大きさや書く分量に差があるため，スペースに余裕があったほうがよい。非定型質問の場合，特別な回答欄を用意せず，スペースのみでもよいが，定型質問や回答数を指定する質問を実施する場合には，下線を引いたり，番号を記入したりして回答欄を用意する必要がある。図 **12.1** に自由回答法による質問の例を示す。なお，これ以降のデータ入力や分析では，質問例1に対する回答を使いながら説明をしていく。

　質問の順番についても注意が必要である。前節で説明したように，自由回答法は，調査回答者にとって負担が大きいため，回答拒否が多い。自由回答法による質問に回答拒否をした人は，それ以後の質問でも回答をしなくなってしまう。また，調査回答者によっては，自由回答法による質問に対して非常に時間をかけながら回答する。質問紙調査を実施できる時間に制限がある状況で，質問紙の前半に自由回答法による質問を設置した場合，それ以降の質問にほとんど回答できないことになってしまう。以上の理由から，基本的に自由回答法による質問は，なるべく質問紙の後半に設置したほうがよい。

　項目を作成するための予備調査などで，1つの質問紙で自由回答法による質問とそれに類似した心理測定尺度を同時に実施する際には，どちらを前に設置するかで自由回答法による質問への回答が変わってくる。たとえば質問例1が，

質問例1（非定型質問）
恋人を好きだと感じるのはどのような時ですか。あなたの考えを以下の空欄に自由にお書きください。

質問例2（定型質問）
あなたは「心理学」に対してどのようなイメージをお持ちですか。
心理学に対するイメージを表す形容詞をいくつでもいいのでお答えください。

_____　　_____　　_____　　_____

_____　　_____　　_____　　_____

図12.1　自由回答法による質問の例

「食事中に恋人を好きだと感じますか」「テレビを見ているときに恋人を好きだと感じますか」などの心理測定尺度の直後にあった場合，これらを参考にしながら回答する。その結果，日々の生活での数時間程度の出来事に関する回答は多くなるが，「誕生日」などの特別な出来事に関する回答や「いつも」などの具体的でない回答は出にくくなる。このように自由回答法による質問が後にある場合，質問者が意図している回答がでやすい反面，心理測定尺度の内容の影響を受けた回答が多くなってしまう。これを避けたい場合には，心理測定尺度より自由回答法による質問を前に設置したり，間に他の心理測定尺度を入れたりする方法や，自由回答法による質問で「心理測定尺度の内容以外で思いつくものがあったら答えてください」という教示をするなどの方法がある。

12.2.3　データ入力とその後の分析

　選択式のデータと同様，自由回答されたデータもExcel等の表計算ソフトに入力していく。1つの質問に対する回答は，回答が複数ある場合でも1つのセルに入力する。その後の分析によっては，回答ごとに異なるセルに入力する必

要があるので，番号を振ったり，「・」を使ったりするなどして，複数の回答があることをわかるよう入力する（**図 12.2**）。

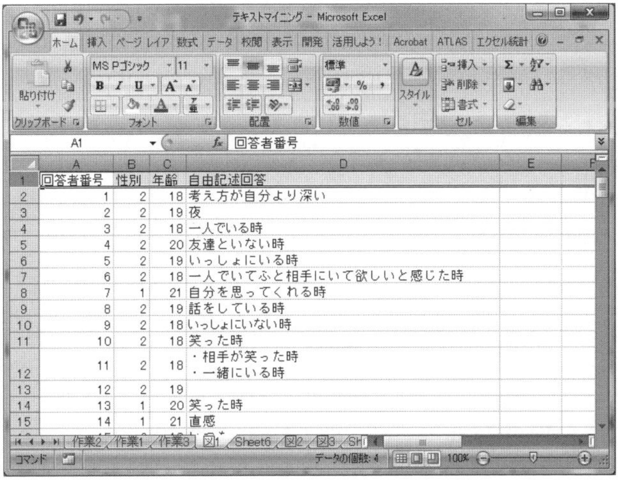

回答者番号	性別	年齢	自由記述回答
1	2	18	考え方が自分より深い
2	2	19	夜
3	2	18	一人でいる時
4	2	20	友達といない時
5	2	19	いっしょにいる時
6	2	18	一人でいてふと相手にいて欲しいと感じた時
7	1	21	自分を思ってくれる時
8	2	19	話をしている時
9	2	18	いっしょにいない時
10	2	18	笑った時
11	2	18	・相手が笑った時 ・一緒にいる時
12	2	19	
13	1	20	笑った時
14	1	21	直感

図 12.2　自由回答されたデータの入力

また，文字で自由回答されたデータは，誤字脱字があることも少なくない。しかし，最初は誤字脱字も含めて，回答をそのまま入力し，その後の分析の段階で訂正した別のファイルを作成する。

自由回答されたデータを入力した後には分析を行う。自由回答されたデータの分析として，2つの方法がある。第1に，調査者が文章の内容を読み，その内容にもとづいて回答を分析する方法である。代表的なものとしては，KJ法（川喜田，1967）があげられる。第2に，文章に含まれる単語を抽出し，単語の有無を質的変数として分析する方法である。最近では，テキストマイニングとよばれる方法が多くの研究で用いられるようになってきた。次節以降では，これらの2つの方法の手続きと特徴を説明する。

12.3　意味内容にもとづく分析――KJ法

調査者が自由回答されたデータを読み，意味内容にもとづいて分析する方法

として,心理学の研究では**KJ法**が多く用いられている。もともとKJ法は,集団でブレインストーミングを行った結果を整理し,全体像を理解しやすくするために作られた方法である。そのため,本来なら数名で話し合いをしながら行われることが望ましい。しかし,質問紙調査において自由回答されたデータを分析する場合,調査者1人でKJ法を行った後,他の人が分類を確認し,一致率を算出するという方法で実施されることもある。KJ法とその後の分析の流れを図12.3に示す。

```
┌─── KJ法 ────┐      ┌── 他の評定者による確認 ──┐
│ ①カードの作成   │      │ ①カテゴリーの決定        │
│ ②小グループの作成 │ ──→ │ ②カテゴリーの定義の作成   │
│ ③大グループの作成 │      │ ③評定者による分類        │
│ ④関係の図式化   │      │ ④一致率の算出           │
└──────────┘      │ ⑤再分類               │
                      │ ⑥結果のまとめ          │
                      └─────────────────┘
```

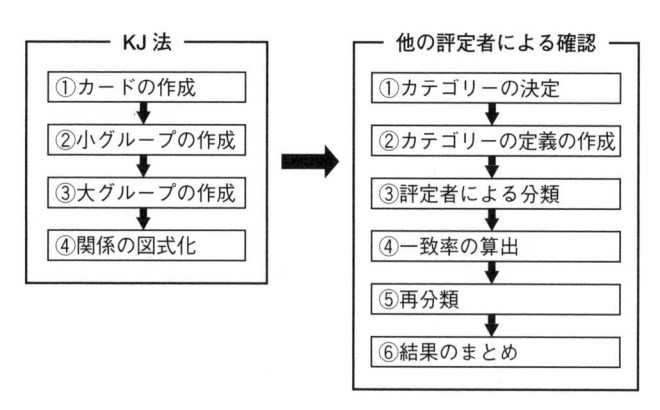

図12.3 KJ法とその後の分析の流れ

12.3.1 KJ法の手続き

以下では,質問紙調査において自由回答されたデータをKJ法によって分類していく手続きを簡単に紹介する。なおKJ法の詳細な手続きについては,川喜田(1967, 1970)を参照してほしい。

1. カードの作成

自由回答されたデータを名刺ほどの大きさのカードに記入する。手書きの代わりに,パソコンの表計算ソフトに入力したものを印刷し,適当な大きさに切ったものでもかまわない。回答を識別できるよう,カードには回答番号も記入する。カードは必ず回答1件ごとに1枚作成し,2件以上の回答を1枚のカードには記入しない。

2. 小グループの作成

意味内容が似ている回答同士でグループを作っていく。まずは，非常に似ている回答を集めた小さなグループを作るようにする。離れているものを無理やり同じグループにしないようにする。グループが一通りできたら，グループ名をつけてカードに記入し，グループの一番上に置く。

3. 大グループの作成

大きな紙を用意し，その上に小グループのカードのまとまりを並べていく。意味内容が似ている小グループは，近くに配置して大グループを作成する。大グループに含まれるカードを大きな四角で囲み，大グループの名前をつける。

4. 関係の図解化

グループ間で以下のような関係がみられたら，近くに配置してどのような関係かを記入する。ただし，「項目を作成するための予備調査」など回答を分類することが目的の場合には，この手続きが省略されることもある。

【関係の記入例】

対立関係：小グループ同士が対立関係の場合，両側矢印（⇔）で結ぶ。
因果関係：小グループ同士が因果関係の場合，原因のグループから結果のグループに矢印（⇒）を引く。

12.3.2 他の評定者による確認

KJ法による分類が，客観的なものであるかを評価するために，複数の評定者による確認を行う。心理学の研究では，心理学を専門とする大学生，大学院生，教員が評定者をすることが多い。ただし，心理学の専門家では十分にわからない現象の場合，その分野に詳しい人が評定者をしたほうがよい（例：小学生を対象とする研究で小学校の教員が評定者になる）。具体的な手続きを以下に示す。

1. カテゴリーの決定

調査者がKJ法の結果をもとに採用するカテゴリーを決める。回答が非常に少ないグループや質問の意図と異なるグループについては，除外したり，「その他」としてまとめたりする。また大グループの内容が広すぎて，さまざまな回答が含まれている場合は，小グループをカテゴリーとして採用する。

2. カテゴリーの定義の作成

調査者が各カテゴリーの定義を作成する。評定者はこの定義をもとに分類を行うため，カテゴリーの違いを明確にし，わかりやすく定義する必要がある。

3. 評定者による分類

KJ法に参加していない1～3名程度の評定者が分類を行う。評定者は，カテゴリーの定義をもとに，すべての回答をいずれかのカテゴリーに分類する。この際，評定の独立性を保つため，評定者同士が話し合いをしてはいけない。

4. 一致率の算出

評定者間の一致率を算出する。一致率とは，2人の評定者の回答を比較し，全回答のうち評定者間で一致した回答の割合である。評定者が3人の場合，3つの一致率の平均も算出する。

5. 再分類

評定者間で分類が異なっていた回答に関しては，カテゴリーを再分類する必要がある。再分類は，評定者が話し合って決めたり，調査者の分類を優先したりして決定される。

6. 結果のまとめ

表12.1は，質問例1（図12.1）の回答をKJ法によってまとめた最終的な結果である。表には，作成したカテゴリーの名前，そのカテゴリーに含まれる回答件数，代表的な回答を記載する。また論文の本文では，定義にもとづいて各

表12.1 KJ法による自由回答されたデータのまとめ

カテゴリー	件数	代表的な回答
一緒にいない時	17	一人でいてさびしい時
一緒にいる時	13	一緒にいる時
会話	12	冗談を言いあっている時
相手の自分への配慮	11	落ち込んでいる時に励ましてくれる時
相手が笑う	10	その人が笑っている時
いつも	8	四六時中
相手の能力	8	相手の良い所を感じた時
その他	12	相談を受けた時 用がないのにメールをくれる時

カテゴリーを詳細に説明し，評定者間の一致率も記載する。

12.4 含まれる単語にもとづく分析——テキストマイニング

近年，自由回答されたデータを分析する方法として注目を浴びているのが，テキストマイニングである。**テキストマイニング**とは，文章形式のデータを単語や文節などに分割した後，単語の有無や頻度をもとに統計解析を行い，有益な情報を取り出す技術である。実際の流れとしては，コンピュータによって文章に含まれる単語を抽出する「形態素解析」という手続きの後，回答における各単語の有無を質的変数とみなして「統計解析」を行う（**図12.4**）。

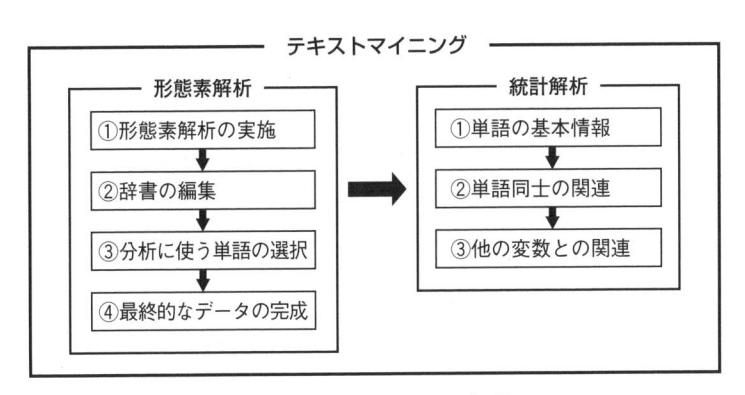

図12.4 テキストマイニングの流れ

12.4.1 形態素解析

1. 形態素解析とは

文章に含まれる単語を抽出するためには，分かち書きと形態素解析という2つの作業が必要になる。**分かち書き**とは，単語や文節などの間をスペースで区切って記述することである。**形態素解析**とは，単語よりも細かい形態素（意味のある最小の単位）のレベルで分かち書きし，品詞を特定する作業である。たとえば「私は大学生です」という文章を形態素解析した結果は下記のようになる。

私	は	大学生	です
名詞	助詞	名詞	助動詞

　欧米の言語と異なり，日本語は，形態素解析が非常に難しい言語である。英語では，"I love you."のように，文章は分かち書きされた状態で表記される。しかし，日本語の場合，文章は分かち書きされておらず，「東大阪大」を「東大（トウダイ）／阪大（ハンダイ）」と区切ることも「東大阪大（ヒガシオオサカダイ）」と区切ることもできてしまう。また，「東京大学大阪大学」「東大阪大学」と省略をせず表記すれば間違いは生じない。このように日本語は，「形態素の境が曖昧である」「言葉の省略が多い」「仮名文字と読み方が多様な漢字とが混じっている」という特徴のため，永らく形態素解析が困難であった。しかし近年，コンピュータ技術の発展により，容易かつ正確に形態素解析ができるようになった。

2. 形態素解析の実施

　現在，テキストマイニングや形態素解析を行えるさまざまなソフトがあるが，それらを解説すると本章では収まりきらないため，ここでは形態素解析の手続きの概要を説明するにとどめる。なお，これらのソフトおよびその解説書は，**コラム12.1**で紹介しているので，参考にしてほしい。

　形態素解析は，**図12.2**で示したデータを形態素解析用のソフトに読み込み，「分析」や「変数の作成」等のボタンを押すと実行される。さまざまな結果が出力されるが，とくに重要なものについて説明する。**図12.5**は，全回答に含まれる単語の一覧である。各単語の品詞とその単語が含まれていた回答の件数が算出される。**図12.6**は，調査回答者別に各単語が含まれていたかをまとめたものである。回答の中に単語が含まれていた場合には「1」で，含まれていなかった場合には「0」で表記される。もともと入力した回答（**図12.2**）と形態素解析の結果（**図12.6**）を見比べると，「話をしている時」と回答した8番の調査回答者は，「時」「する」「話」の3つの単語のみが「1」となっている。形態素解析の後の統計解析は，**図12.6**をもとに行う。

　ただし単語の一覧（**図12.5**）をみると，「話」「話す」といった類似した単語が別の単語とされているなど，修正が必要な状態である。これ以降の手続き

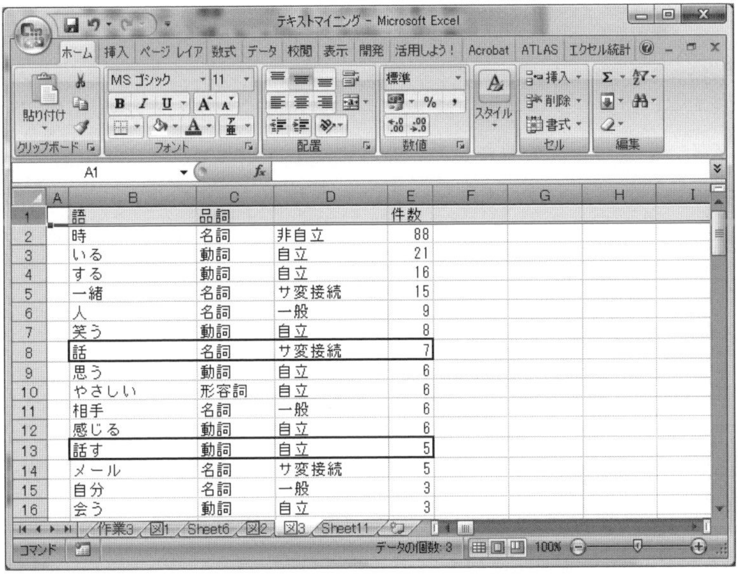

12.4 含まれる単語にもとづく分析——テキストマイニング

図 12.5　全回答における各単語の出現件数

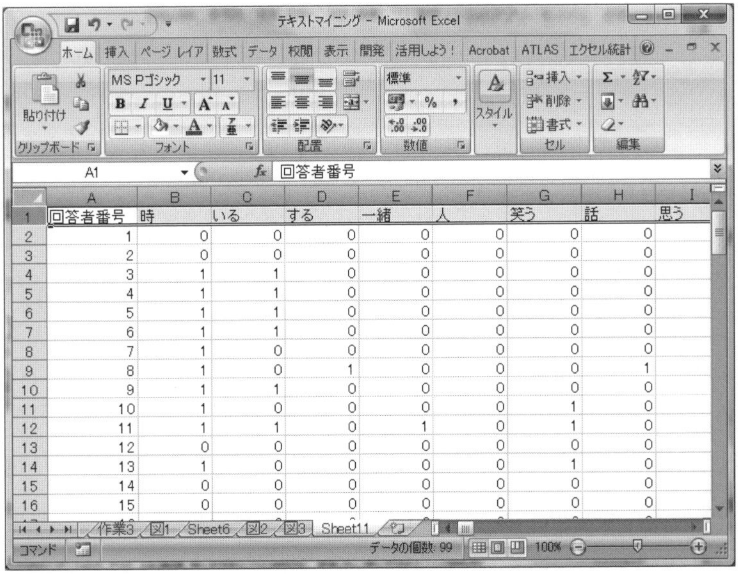

図 12.6　調査回答者別にみた各単語の出現状況

では，単語の修正や整理を行い，**図 12.6** の完成版を作成していく。

3. 辞書の編集

　形態素解析用のソフトは，文法ルールや辞書にもとづいて形態素の判定を行う。ソフトにもともと搭載されている辞書は，一般的な単語が中心であり，専門用語や新しい言葉などが含まれると誤った結果になりやすい。そのため，実際の分析では，単語を判定している辞書を編集し，結果を正確にしていくことになる。具体的には，下記のような単語を辞書に登録する。

【同じ単語として登録】
- 誤字脱字（単語を登録しないで**図 12.2** のデータを修正してもよい）
- ひらがなと漢字など表記が違うだけの単語
- 一部が省略してある単語（例：「東大」→「東京大学」）
- 意味が近い単語

【キーワードとして登録】
- 複合名詞など分かれてほしくない単語（例：「恋愛」「感情」→「恋愛感情」）
- 複合名詞でなく分けたい単語（例：「バレーボール」→「バレー」「ボール」）
- 専門用語や大学などの特定の集団でだけ使われている単語

【除外する単語として登録】
- 回答内容と直接関係ない単語（例：「私」「時」）

　辞書の編集をする際には，単語の一覧（**図 12.5**）だけでなく，最初に入力した回答（**図 12.2**）も確認する。また精度を高めるためには，辞書の編集と形態素解析を繰り返し行う必要がある。回答や記述分量が多い調査では，非常に時間がかかる作業である。しかし，この作業をしっかりとしておかなければ，その後の分析結果は不十分なものになる。つまり，辞書の編集は，テキストマイニングでもっとも時間がかかるものの，研究の成否を決定する重要な作業といえる。

4. 分析に使用する単語の選択

　辞書の編集が終了したら，以下の 2 つの基準で実際に分析に使用する単語を選択する。

　第 1 は，その単語を含む回答の件数である。本節の例では，全部で 98 種類

306件の単語が抽出されているが，図12.7に示したように，1件の回答にしか含まれていない単語が7割にのぼる。少数の回答にしか含まれていない単語は，その調査回答者の特徴を表しているものの，統計解析には使いにくい。また，これらの単語をすべて含めた場合，その後の分析が膨大な量になる。そのため，「◯件以上の回答」という基準を設定し，単語を選択する必要がある。

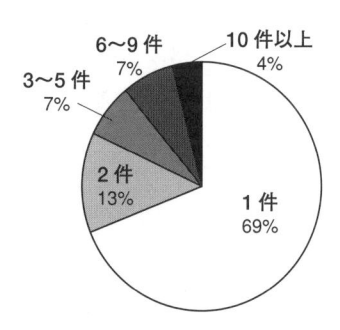

図12.7 単語の出現件数の割合

第2は，品詞の種類である。心理学の研究では，助詞や助動詞を分析で使用することはほとんどない。また，文脈によって意味が異なる動詞を除外した研究や形容詞のみを分析した研究もみられる。どのソフトでも，出力する単語（図12.5）の品詞は選択することができる。また，質問例2（図12.1）のように，質問紙を作成する段階で「形容詞で回答」など品詞を指定していてもかまわない。

12.4.2 統計解析

統計解析は，調査回答者別の単語の出現状況（図12.6）をもとに行う。形態素解析のみを行うソフトの場合や使い慣れた統計ソフトがある場合は，この結果を統計ソフトに読み込んでから分析する。変数は「1」「0」で表記される**質的変数**である。量的変数である心理測定尺度とは，利用できる統計解析が異なる。以下では，テキストマイニングで使われる主要な統計解析を紹介する。

1. 単語の基本情報に関する分析

心理測定尺度の平均値の代わりに，図12.5で示した度数分布や全回答に占

める割合を算出する。この分析によって，どの単語が多くの回答に含まれていたのかを確認する。

2. 単語同士の関連に関する分析

2つの単語の関連に関心があり，ある単語が含まれる回答に別の単語も含まれているかを分析したい場合には，**クロス表**を作成する。関連の有無を検定する際には，**χ^2 検定**を使用する。

心理測定尺度の因子分析のように，3つ以上の単語の構造を調べたい場合，質的変数の多変量解析を行う。**数量化理論第Ⅲ類**（**対応分析，コレスポンデンス分析**）や**クラスター分析**などが多くの研究で使われている。

3. 他の変数との関連に関する分析

性別や年齢などの調査回答者の属性や，自由回答法と同時に実施した心理測定尺度との関連を検討することも可能である。関連をみたい変数が性別などの質的変数の場合は，クロス表を作成し，χ^2 検定を行う。関連をみたい変数が心理測定尺度などの量的変数の場合は，単語の有無で調査回答者を2つの群に分け，平均値を算出し，t 検定を行う。

12.4.3 KJ法とテキストマイニングの比較

本章では，自由回答されたデータの分析として，KJ法とテキストマイニングを紹介した。最後に2つの方法を比較し，それぞれの特徴について説明する。

表 12.2 に，本章で実際に行った2つの分析結果をまとめた。KJ法の「会話」「自分への配慮」「相手が笑う」は，テキストマイニングの「話」「やさしい」「笑う」とそれぞれ対応しており，共通した結果が得られている。しかし，KJ法で上位を占めた「一緒にいない時」「一緒にいる時」という2つのカテゴリーは，助動詞「なし」を分析から除外しているため，テキストマイニングでは区別できていない。またKJ法だけでみられる「相手の能力」は，「自分より深い」「クレバー」「人をまとめる」などの回答を意味にもとづいてまとめたカテゴリーである。テキストマイニングでは，いずれの単語も回答件数が少ないため，除外されている。このように，テキストマイニングは，全体で意味をもつ文章にはあまり向いていない。

12.4 含まれる単語にもとづく分析——テキストマイニング

表12.2 KJ法とテキストマイニングの結果の比較

	KJ法	テキストマイニング
共通するカテゴリー	一緒にいない時 一緒にいる時 会話 相手の自分への配慮 相手が笑う	いる 一緒 話 やさしい 笑う
独自のカテゴリー	いつも 相手の能力	思う 相手 感じる 人 する

しかし，テキストマイニングにはそれを補って余りある2つの長所がある。第1に，調査者の主観にほとんど依存しない点である。たとえばKJ法の「相手の能力」というカテゴリーは，調査者が別の人であるならば作られていない可能性がある。自由回答されたデータの分析結果は，客観性がたびたび問題とされる。どの調査者が行っても結果を再現できるという点では，テキストマイニングがKJ法よりも優れている。第2に，大規模なデータでも分析できる点である。文章の内容を読んで判断するKJ法では，データが500件を超えると実施が困難になる。テキストマイニングは，むしろ大規模データの分析に向いている。たとえば，ホームページやブログなどインターネット上の数万を超える文章も，テキストマイニングを利用することで分析が可能になる。

このように，KJ法とテキストマイニングには，それぞれのよさがある。実際に研究をする際には，それぞれの方法の特徴と研究の目的を合わせて考えて，適切な方法を選択することが必要となる。

コラム 12.1　無料で使えるテキストマイニング用ソフト

現在提供されているテキストマイニング用のソフトには,「企業向けの有料ソフト」「個人向け有料ソフト」「無料ソフト」がある。企業向けの有料ソフトは,顧客データの分析を想定しており,形態素解析,統計解析だけでなく,レポートの作成までできる。ただし,金額は月に十万円程度と高価である。個人向け有料ソフトは,形態素解析と統計解析ができるものと,形態素解析しかできないが,その会社が提供する統計ソフトと連携しているものがある。金額は,企業向けソフトより安いものの,数十万円程度であり,学生が購入するのは難しい。そこで,以下では,無料で入手できる4つのテキストマイニング用ソフトを紹介する。

1. KH Coder
提供元：http://khc.sourceforge.net/
制作者：樋口耕一氏（立命館大学）
特徴：この中ではもっとも早い時期に発表されている。バージョンアップで細かな点も改善されており,使いやすい。統計ソフトRが入っているパソコンでは,形態素解析だけでなく,KH Coder上で統計解析もできる。

2. MTMineR（MultiLingual Text Miner）
提供元：http://mjin.doshisha.ac.jp/MLTP/index.html
制作者：金　明哲氏（同志社大学）
特徴：文章を任意の文字数に分割して出現頻度を算出するN-Gramの結果や文章や形態素の文字数に関する集計結果など,4つのソフトの中で計量言語学的な分析をもっとも細かくすることができる。日本語だけでなく,中国語,韓国語,英語にも利用できる。統計ソフトRが入っているパソコンでは統計解析もできる。

3. TTM（Tiny TextMiner）
提供元：http://mtmr.jp/ttm/

制作者：松村真宏氏（大阪大学），三浦麻子氏（関西学院大学）
解説書：松村真宏・三浦麻子（2009）．人文・社会科学のためのテキストマイニング　誠信書房
特徴：形態素解析のみを行うソフト。心理学者の三浦氏が参加していることもあり，MTMineRとは逆に数項目設定しただけで形態素解析が行える。計量言語学的な知識がない人にとっては使いやすいソフトである。

4. RMeCab

提供元：http://rmecab.jp/wiki/index.php?RMeCab
制作者：石田基広氏（徳島大学）
解説書：石田基広（2008）．RによるテキストマイニングⅠ入門　森北出版
特徴：いずれも無料であるMeCab（形態素解析ソフト）とR（統計ソフト）とを組み合わせ，R上でテキストマイニングが実行できる。Rの利用者にとって使いやすいソフトである。

　石田・金（2012）では，各ソフトの制作者が使い方の概要を説明しているので，どのソフトを利用しようか迷った場合には読んでみることをお勧めする。さらにこの本では，心理学だけでなくさまざまな分野のテキストマイニングの研究事例も紹介されている。

　またテキストマイニングは，用いたソフトによって多少結果が異なるため，方法や引用文献で，使用したソフトを記載することが必要である。さらにこれらのソフトは，いずれも制作者の厚意により無料で使うことができる。使用条件を守るのは当然であるが，学会や書籍など研究成果を外部に発表した際にはお礼を兼ねて報告するようにしよう。

13 質問紙調査法と質的研究

野村信威

13.1 質的研究とは

　本章では近年注目を集めている**質的研究**についてとりあげる。また量的研究と質的研究とのさまざまな相違について紹介し，それらをいかに結びつけるかという問題について検討する。

　質的研究は心理学だけでなく，社会学や人類学，医学，看護学，教育学などにまたがる学際的研究領域であり，それぞれに独自の起源や経緯をもっている。質的研究（または質的心理学ともよぶ）は心理学においても急速に発展してきた。たとえば，2012 年にアメリカ心理学会から出版された『心理学方法論 APA ハンドブック（*Handbook of research methods of psychology*）』（Cooper et al., 2012）では，「研究者は自分にとって利用しやすい馴染みのある方法ではなく，自らの目的に一致した研究方法を選択すべきだ」と指摘されており，それに続いて代表的な質的研究法が 13 章にわたって紹介されている。このことは，これまでほとんどの心理学者が質的研究と量的研究のいずれかのアプローチのみを用いて研究を行ってきた状況に対して，これからは研究目的に合わせてより適切な研究アプローチを選択するよう求められる状況になることを示している。

　しかしながら，質問紙調査法を用いて「良い質的研究」を行うことは容易ではない。初学者が質的研究に取り組む理由を十分に検討することなく，安易に量的研究の一部として取り入れようとすることはむしろ控えるべきである。たとえば，しばしば質問紙には自由回答形式の質問項目も含まれており，そうした質問項目を分析することは広い意味での質的アプローチの一つとみなされているが，そうした分析に質的研究独自の手法が用いられることは多くない。質

的研究は研究対象を量的にとらえること（すなわち対象を数量化すること）によって本来その対象が備えていた特徴が損なわれる恐れがある場合に用いるべきアプローチであり，量的アプローチによる検討も十分に可能な場合には，あえて取り組むメリットが必ずしもあるとはいえない。

　質的研究は自然観察やインタビューなどを通して得られた比較的少数のデータの性質を詳細に分析するための方法として発展してきた経緯がある。反対に多数のデータを分析し，はっきりとした結論を導く方法としては適切とはいえない。そのため，質問紙を通して質的研究に取り組むことは不可能ではないものの，研究デザインを工夫しなければ質的研究がもつ方法論上のメリットが損なわれてしまう可能性が少なくない。

　また，質的研究の初学者がはまりやすい問題に，分散分析や因子分析といった統計的検定のように分析の手続きが明確ではなく，所定の手続きをなぞるように分析を行うことが難しい点がある。実際に質的研究では，分析の手続きが説明された簡便なマニュアルのようなものは（KJ法や後述するGTAなど一部の方法を除いて）あまり多くはない。このことは初学者が質的研究に取り組む場合の大きなハードルになるだろう。

　しかしながら質的研究とは，研究方法や分析方法があらかじめ決まっているというよりも，つねに新しい研究方法に開かれたアプローチだといえる。質的研究ではデータの性質に合わせて前例のない分析方法を柔軟に選択したり，研究者自身が生み出すことが許容，推奨されている。これは質的研究に限ったことではないが，新しい研究テーマに取り組む場合には，これまでよりも適切な分析方法やアプローチがないかをつねに検討するような姿勢で研究者は取り組むことが望ましいだろう。

13.1.1　質的研究とは何か

　「質的研究とは何か」について説明するのは容易なことではない。その理由の一つは，質的研究にはさまざまな起源があり，その理論的背景も用いられる研究領域もさまざまなことがある（質的心理学の起源や歴史についてはやまだら（2013）に詳しい）。

質的研究の主な方法論だけでも,エスノグラフィー,アクションリサーチ,会話分析,談話分析,精神力動的アプローチ,メモリーワーク,ナラティブ・アプローチ,現象学的アプローチ,社会的表象理論,Q分類法,グラウンデッド・セオリー・アプローチ(GTA)と数多い(Willig & Rogers, 2013)。日本では川喜田(1967)によるKJ法も質的研究法として広く用いられている(KJ法については第12章参照)。

やまだ(2004)は質的研究について「具体的な事例を重視し,それを文化・社会・時間的文脈の中でとらえようとし,人びと自身の行為や語りを,その人びとが生きているフィールドの中で理解しようとする学問分野である」と述べている。よりシンプルに定義するなら,質的研究とは「**量的研究ではないもの**」(無藤ら,2004)ということができる。これは一見すると安易な定義のようにも思えるが,量的研究との対比から質的研究を理解することは実用的で役に立つ方法である。

量的研究のメリットは,結果を簡潔に記述することができ,前もって立てた仮説を統計的検定によって検証し,その結果から明確な結論を下すことができる点にある。しかしそのためには,信頼性や妥当性が確認された適切な心理測定尺度がすでにあることが条件となる。研究対象のもつ性質を測定できる尺度がつねに発見できるとは限らないし,対象を量的指標に置き換えること自体が適切でない場合も少なくない。質的研究の方法論上のメリットが活かされるのはそのような場合であり,数量化が容易な対象や研究テーマに対して用いることは必ずしも適切ではない。

やまだ(2004)によれば,さまざまな理論的背景をもつ質的研究にはいくつかの基本的特徴がある。それらは,客観性を重視する立場の基礎にある「素朴実在論」という考え方を疑うことや,現象の背後にある文脈を考慮しない「普遍的な理論」を安易に主張しないこと,観察者と観察対象との相互作用や多様性や変化のプロセス,意味やナラティブを重視することなどにまとめられる。

素朴実在論とは,われわれが「客観性」とよぶものが観察者の視点から独立して存在すると考える立場をいう。この立場では,ある質問に対する対象者の回答は,疑問の余地のない「正しい」回答とみなされる。それに対して質的研

究では観察者やインタビュアーが観察やインタビューの内容に及ぼす影響に注意が向けられる。対象者があるインタビューで肯定的な回答をしたとしても，別の研究者がそれとは異なる状況でインタビューを行えば同じ結果が得られるかどうかはわからない。質的研究では研究者と研究対象を独立したものととらえず，研究対象者と研究者の相互作用を通して生み出された（**共同構成された**）ものとしてデータを扱う。

　また質的研究では，人々が生きる世界の多様性や，さまざまな要因や時間的経過によって変化する現実に関心を向ける。人間一般にあてはまる行動や特徴を説明するための普遍的な理論ではなく，具体的な特定のフィールドや領域に密着した**ローカルな理論**を明らかにしようとする。そのため，研究結果について過度の一般化を行うことは避けられ，研究結果はある共通した特徴をもつ人々にあてはまる制約つきの結果として解釈される。

13.1.2　厚い記述

　質的問研究では対象の「**厚い記述（thick description）**」を行うように心がけることが重要だとされる。厚い記述とは**エスノグラフィー（ethnography）**を実践するための方法として文化人類学者のギアーツ（Geertz, C.）により提唱された概念であり（Geertz, 1973），行動それ自体だけでなく行動が生起した文脈を適切にとらえた記述を意味している。以下は厚い記述について説明した哲学者ライル（Ryle, G.）の例である（Geertz, 1973；吉田ら訳, 1987）。

「3人の少年がそれぞれ右目で瞬きをしたとする。しかしそれだけでは写真のように観察された出来事をそのまま記録した薄い記述にすぎず，読み手はそれぞれの行動の意図を理解することはできない。厚い記述であれば，実際には少年Aは無意識にまぶたを痙攣させたのに対して，それを見た少年Bは悪だくみを考えて少年Cに目配せを行い，少年Cはその行為があからさまだと考えてわざとその真似をしたことが示される。このように厚い記述では，行為の裏にある意味を解釈してそれを書き留めていく作業を含んでいる。」

エスノグラフィーには「特定のフィールドにおいて参与観察やインタビューなどの方法で行われた研究」と「研究成果としてまとめられた報告書（民族誌）」という2つの意味があり，人類学者のマリノフスキ（Malinowski, B.）による著書『西太平洋の遠洋航海者（*Argonauts of the Western Pacific : An account of native enterprise and adventure in the archipelagoes of Melanesian New Guinea*)』ではじめてその研究方法が紹介された（Malinowski, 1922）。マリノフスキは，長期にわたるフィールドワークからニューギニア島沖のトロブリアンド諸島の人々が行う物々交換であるクラ交易を記述し，その社会的役割を検討した。エスノグラフィーはその後も社会学や人類学などで主な研究方法として広く用いられている。

13.1.3　研究における認識論の問題

やまだ（2007）は量的研究と質的研究の違いについて，それぞれの立場による研究モデルを比較して説明している。従来の心理学モデルでは人の内側にある心理現象やその因果関係を調べることを目的とし，外部から客観的に観察し測定する科学的研究を重視した。そしてその結果として，観察可能な行動が重視されるようになった。

その一方で，質的研究で重視されるナラティブモデルでは，研究対象となる出来事は人と人の間で語られた言葉であり，研究者と対象者との関係性や相互作用が研究結果に影響する可能性も考慮される。そのため，原因―結果という単純な因果関係が研究によって明らかになるという考えはこのモデルには適さない（やまだ，2007）。これらのモデルの間には，そもそも世界をどのように理解するかという研究上の**認識論**の違いがある（**図 13.1** 参照）。認識論とは，知識の本質や起源を問う哲学の理論であり，「人はどのように真理を知ることができるか」といった問題が検討される。

しばしば質的研究は質的データを分析するための手法だとみなされているが，それらの多くは誤解にもとづく考えだといえる。質的研究は単純なテクニックにとどまらず，観察された事象を真実として扱うかどうかという認識論の問題と切り離すことができないものである（たとえば，やまだ，2004；木下，2007）。

13.1 質的研究とは

【量的研究における従来の心理学モデル】

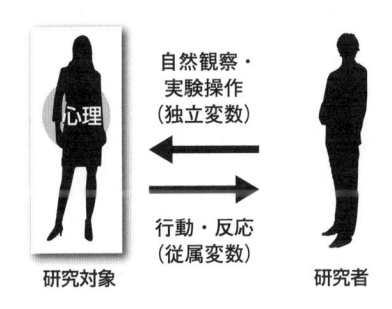

【質的研究におけるナラティブモデル】

図13.1 量的研究と質的研究における研究モデル
(やまだ，2007より一部変更)

　質的研究における分析とは，多くの場合「**データのもつ意味を解釈すること**」を意味する。解釈という作業はデータそのものを読むことではなく，データの裏にある「意味の蜘蛛の巣」(Geertz, 1973) のようなものを見つけることとされる。また，解釈という行為はただ1つの正解を導き出す試みとは異なり，研究者の立場によって解釈の結果はさまざまに異なる可能性もある。そのため研究者は，自らの行った解釈の正当性やリアリティを高めるために，結論にいたるプロセスを説明可能な形で示すことが求められる(木下，2007)。これらの特徴から，量的研究は**仮説検証型**の研究に，また質的研究は**仮説生成型**の研究に適していると考えられている(たとえば能智，2011)。

コラム 13.1　質的に世界をみるとはどういうことか

スペインに住むセシリア・ヒメネスという女性画家が修復した『この人を見よ』という作品をご存知だろうか。2012年に話題になったこのニュースは，19世紀にスペイン北東部のボルハにある教会の壁に描かれたイエス・キリストの肖像画を十分な承諾なしに「善意で」修復し，以前の絵画とは似ても似つかないものにしてしまったことで話題になった。彼女の修復画はマスコミから「毛むくじゃらの猿」などとよばれたが，その話題性から人気が高まって世界中から多くの観光客を集め，作品のある教会や地元に大きな経済的効果をもたらした。彼女の行った修復画については，以前の状態に戻すべきか，または現在の修復画の状態を残すべきかについて，その後も関係者によって議論されている。

ところで，あなたがこの絵画の修復問題の解決策を考えなければならないとしたら，一体どのような方法を思いつくだろうか？

すぐに思い浮かびそうな解決策として，修復画と以前の絵画がもつ価値を経済的価値（すなわち金額）に置き換えて比較する方法があげられるかもしれない。それぞれの絵画の価値やその経済的効果を見積もり，価値がより高い状態のほうを選ぶという方法は，比較的多くの人々の同意を得やすいように思われる（なお報道によれば，もともとの絵画にはほとんど経済的価値はないとされる）。

ただし現実には，そのような方法でスムーズに問題が解決するとは限らない。たとえばもとの絵画はその画家が描いたうち現存する唯一の作品だったとしたらどうだろうか。また，絵画を所有する教会との合意がないままに修復が行われたのならば，価値の大小に関わらず絵画は以前の状態に戻すべきであるという考えも成り立つ。

つまり極端にいえば，結論を下すための考え方はいくらでもあり得るかもしれず，そのいずれを選択すべきかという問題は簡単に決めることはできない。

質的に世界をみるとはどういうことかといえば，量的な物差し（指標）で身の回りの出来事をとらえることは必ずしも適切ではないという立場から，他の

さまざまな見方についても検討することを意味する。量的にものをみることは，単純な物差しに現象をあてはめ，その物差しでは測りきれない特徴を捨てることを意味する。これに対して質的にみることは複数の見方やアプローチがあることを許容し，現象がもつさまざまな特徴を包めて理解しようとすることを意味する。

その一方で，さまざまなものの見方を許容することで，それらの見方のいずれが正しくいずれが誤っているかということに「白黒をつける」ことは難しくなる。極端にいえば，質的研究では研究者の立場が違えばそれだけ異なる結論が導かれる可能性もある。これらの研究上の立場の違いにはいずれもメリットやデメリットがあることから，自らの研究目的と照らし合わせてより適切な立場を選ぶことが望ましいといえる。

図13.2 『この人を見よ』のオリジナル（エリアス・ガルシア・マルティネス作）

13.2 ナラティブ・アプローチ

本節では質的研究の中でも代表的なアプローチの一つである**ナラティブ・アプローチ**について述べる。

「ナラティブ（narrative）」とは，語るという行為と語られた物語の両方を意味する言葉である。ナラティブにはある質問への回答として語られた短い物語から，複数回のインタビューにまたがって語られた長いライフストーリーのようなものもある。一般には「ストーリー（story）」という言葉のほうがよく用いられるが，ほぼ同意義の言葉だといえる。「物語」という表現は文学作品やフィクションなどを限定的に示す言葉のような印象を与えるのに対して，ナラティブは語り全般を含む広い概念だといえる。

ナラティブはしばしば意味が曖昧で不確定であるため，これまでは不完全なデータとして扱われてきた（一般にデータではなく「テクスト」とよばれる）。ナラティブ・アプローチでは，語られた内容は聴き手と話し手との相互行為により構築されたものとみなすことから，**複数のバージョンの語り**が生まれることを許容する。

13.2.1 ナラティブ・ターン（物語的転換）

1920年代における社会学のシカゴ学派の活動を起源として，心理学を含む人文科学のさまざまな領域で客観主義や実在論的認識論に対する批判が盛んに行われるようになった（Riessman, 2008）。認知心理学者だったブルーナー（Bruner, J.）は，人が自身の経験を理解するために語り（narrative）が果たす役割を指摘し，自らの経験を意味づける「意味の行為（act of meaning）」のもつ重要性を指摘した（Bruner, 1990）。1990年代以降のこうした認識論や方法論の変化は「**ナラティブ・ターン（物語的転換）**」とよばれ，今日の質的研究の発展を方向づけた重要な概念だと考えられている（Denzin & Lincoln, 2000）。

ブルーナーによれば，われわれは**論理実証モード**と**物語モード**という2つの思考様式をもち，それぞれが相補的な役割を果たしているとされる。論理実証

モードでは「ある出来事についての説明が真か偽か」ということが問題となり、どちらかの答えが導き出される。それに対して物語モードでは「複数の出来事がどのように関連づけられるか」が問われるが、その問いからは複数の答えを導くことが可能である。そして、そのうちのどの答えが正しいのか判断することは必ずしも必要とされない。後者は一見すると科学的ではない立場のように思えるが、われわれの多くは日常場面では物語モードによって出来事を理解している。

13.2.2 逐語記録（トランスクリプト）の作成

インタビューや面接を通してデータが集められた場合には、はじめに**逐語記録（トランスクリプト**；transcription）を作成する作業から分析が行われる。逐語記録の作成とその解釈は分析の異なる段階で行われることだと思われるかもしれないが、質的研究では逐語記録を作成するプロセスそれ自体が解釈的な行為だとみなされている（Riessman, 2008）。

インタビューの逐語記録の多くは会話分析（Sacks, Schegloff & Jefferson, 1974）のルールを参考に作成される。その代表的ルールには以下のものがある（桜井, 2002, **表13.1**）。

逐語記録にはいくつかの形式がある。一つの方法はインタビューのやりとりから語り手の発言内容だけを抜き出し、さらに語り手の言いよどみや言葉の重複をきれいに取り除いたものである。この形式では、読み手が理解しやすいよう語り手の語りが簡潔にまとめられている。もう一つの方法は、インタビューで行われた研究者と研究協力者とのやりとりを一語一句そのまま文字に書き起こす方法である。日常場面での会話には、話の内容とは直接関係のないちょっとした相づちや言いよどみ、同じ言葉の重複、沈黙などがある。この方法では、こうした情報は語られた内容と同様にインタビューを解釈する際に重要な情報とみなされ、逐語記録に正確に反映される。これらの方法の違いは、ある話し手が語るナラティブが本人のみによって構成されるのか、あるいは聴き手との間に共同で構成されるのかという考えの違いを反映している（Riessman, 2008）。

表13.1　会話分析における逐語記録のルール（桜井，2002；松嶋，2007）

重複発話：複数の発話が重なった箇所は始まる部分をブラケット（[）で表記する。
　　　　　A：遊んでいる子はだあれも［いないんだわ。
　　　　　B：　　　　　　　　　　　［田んぼ行ったり，子供のお守りしたりなあ。
連続発話：話し手が継ぎ目なく交代した場合はその前後を等号（＝）でつなぐ。
　　　　　A：いきなりな＝
　　　　　B：＝うん
引き延ばしと沈黙：音の引き延ばしはコロン（：）で，沈黙は括弧付きドット（.）で示す。
　　　　　A：私が，う：：：：ん（...）6つか7つの時やったな。
状況説明：面接の状況や話し手の表情などの付加的な情報は波括弧（{　}）内に示す。
　　　　　B：｛うなづきながら｝どこでもそんな感じでしたな。
速さの変化：発話の速さが上がる（＜＞）または下がる（＞＜）箇所は山括弧で囲む。
　　　　　A：正直いうとね，＞これはここだけの話やけど＜
疑問符：語尾が疑問文でない場合の音階の上昇は疑問符で表記する。
　　　　　A：ずっと，ここに？この村，出たことないんですか。
笑い：語り手の呼気音（笑い）はhhhもしくは（笑）と表記する。
強調：語り手の発声が大きくなり強調された箇所にはアンダーラインを付け加える。
聞き取り困難：聞き取り内容が確定できない場合は二重括弧の中に書く（聞き取り不能の場合は括弧内を空白にする）。
　　　　　B：昔は（（どろうす））や。そこにモミをまいて。

表13.2　グループ回想法におけるN氏の語りの逐語記録①（野村・橋本，2006）

【水泳選手だった話】
バージョン1
01　私のあれは：：：ちょっと天狗になってはいかんのですけど，
02　私は，あの泳ぎです。水泳のほう。
03　で，ニンナの小学校に小さなプールがあった。
04　それがこの前もちょっと話しましたが，オノウエマッチャンがくれたあの京都ニソウ，
05　キタノ中学，あそこのプールで泳いだ。
06　それで，たまたまその前に，あのブドク会っていうのがありますね。ブドク会。
07　でブドク会行って最初泳いだんで，それぞれのクラスがあるが飛び越えた。
08　飛び越えて行ったら「あぶっ」と。
09　「あぶあぶっ」と来るから足が出てきたから引っ掴んだら，
10　それが指導員の人の足やって。それで怒られて，
11　「お前はこんなとこに来るもんとちゃう，まだ技量がないんだから」
12　もっとこっちだと。それで最後の最後，
13　これはあんまり天狗になってはいけないんですが，私はそういうことから努力して，
14　全京都市児童の平泳ぎのほうの優勝者になりました。

表 13.2 と表 13.3 では筆者自身の研究から，高齢者におけるグループ回想法の研究（野村・橋本，2006）におけるある参加者の語りをとりあげる。

2つの逐語記録ではいずれもN氏という語り手の「水泳選手だった話」がとりあげられている。ただし，ここに示した2つのバージョンから読みとれる内容は少なからず異なるものである。バージョン1の逐語記録では，N氏の語るエピソードが簡潔にまとめられ，読み手はN氏によってどのように物語が組み立てられたのかを容易に理解することができる。

それに対してバージョン2（表 13.3）では，N氏がそのエピソードを語るに至った経緯が聴き手（ここでは回想法のリーダー）や他の参加者の発言も交えて示されている。そしてN氏の語りはその直前の他のメンバーの話に触発され，聴き手による問いかけ（1行目「Nさん自身は例えば小学校の時の何か，思い出って何かありますか？」）に対する応答として語られたことがわかる。また語りの途中では，他のメンバーからの問いかけとその応答が挟まれ（17～21行目），N氏の語りが実際には他の人々の発言の影響を受けながら語られていることがわかる。

あらゆる場合に最適な逐語記録の形式は存在せず，逐語記録がつねに詳細であるほどよいとは限らない。詳細すぎる逐語記録は，場合によってはむしろ冗長で焦点が曖昧になるだろう。研究者は逐語記録の作成という機械的な作業と思われるプロセスにも解釈的要素があることをふまえ，より適切だと考える形式をその都度選択することが望ましい。

13.2.3　ナラティブの分析方法

ナラティブを分析するアプローチは，**ナラティブ分析**とよばれることもあるが（たとえば Riessman, 2008），会話分析やディスコース分析，解釈学的分析などもナラティブを分析する方法であるために注意が必要である。わが国の質的研究では，後述するグラウンデッド・セオリー（Glaser & Strauss, 1967）やKJ法（川喜田，1967）のように，データの意味内容からボトムアップ的に何らかの意味のまとまりを発見する汎用的な「**カテゴリー分析**」の手法が用いられることが多い。

表13.3　グループ回想法におけるN氏の語りの逐語記録②（野村・橋本，2006）

バージョン2
01　L：Nさん自身は例えば小学校の時の何か，思い出って何かありますか？
02　N：あのこちらがね{他のメンバーを示して}(L：はい)
03　　　言われましたんで，わしもちょっと言わな:::
04　　　これには{メモを指して}書かずにおいたんで，こちらが言われましたから，
05　　　たまたま言われたことに関して，
06　L：あっ，言ってましたね。((　　))さんは。
07　N：こちら{他のメンバーを示して}は走りでしょ，50メーターなんぼだかんだ，
08　　　私のあれは:::ちょっと天狗になってはいかんのですけど，(L：いえいえ)
09　　　私は，あの泳ぎです。
10　A：水泳。
11　L：あ，水泳が得意だった。
12　N：水泳のほう。で，ニンナの小学校に小さなプールがあった。(L：ニンナ。)
13　　　それがこの前もちょっと話しましたが，オノウエマッチャンがくれたあの京都((ニソウ))，
14　　　キタノ中学，あそこのプールで泳いだ。
15　L：泳いだ。あ::
16　　　それで，たまたまその前に，あのブドク会っていうのがありますね。ブドク会。
17　A：今踏水会。
18　L：踏水会。一緒にみんなでこう遠泳したりするやつですか？
19　B：そうそう，踏水会という水泳の会がある。
20　L：会の名前ですか。
21　N：踏水会。わたしらの時はブドク会，ブドク会って。
22　　　でブドク会行って最初泳いだんで，それぞれのクラスがあるが飛び越えた。
23　　　飛び越えて行ったら「あぶぶっ」と{溺れた}。(L：はい。)
24　　　「あぶあぶっ」と来るから足が出てきたから引っ掴んだら，
25　　　それが指導員の人の足やって。それで怒られて，(A：hhh)
26　L：怒られた。
27　N：「お前はこんなとこに来るもんとちゃう，まだ技量がないんだから」
28　B：うんうん。
29　L：飛び込みのほうが，
30　N：もっとこっちだと。それで最後の最後，
31　　　これはあんまり天狗になってはいけないんですが，私はそういうことから努力して，
32　　　全京都市児童の平泳ぎのほうの優勝者になり((ました))。
33　L：あらあ，京都市内の平泳ぎの一番，一等賞だったんですね。
34　N：はい，ま，こちらの方がなに，おられるのでわしは言いたくないhh(.)
35　　　自分のことだと思ったの((ですが))，たまたま体育の話になったので。

注）野村・橋本（2006）では，1グループ10名程度の在宅高齢者に週1回8セッションからなるグループ回想法への参加を依頼し，その心理的効果を検討した。回想法のセッションでは「遊びの思い出」「小学校の思い出」などのおおまかなテーマをあらかじめ設定し，各参加者にはそれぞれ自由に思い出を語るよう求めた。セッションには2名の研究者がスタッフとして参加し，リーダーとコ・リーダーの役割を担った。
　逐語記録におけるイニシャルは以下の人物を表す。L：リーダー（聴き手），N：語り手，A/B：他の参加者。

一般に汎用的なカテゴリー分析では，データを意味のあるまとまりで分析単位に分け，それぞれに個々のデータの見出しにあたるコードやラベルを暫定的に与える作業が行われる。そのコードやラベルを手がかりとしてデータに共通した特徴を探り，その手続きから抽出された概念をまとめたり相互に関連づけることで，ナラティブ全体の意味構造を理解しようと試みられる（能智，2013）。

13.3 グラウンデッド・セオリー・アプローチ（GTA）

　グラウンデッド・セオリー・アプローチ（以降はGTAと表記する）は社会学者のグレイザー（Glaser, B. G.）とストラウス（Strauss, A. L.）により1960年代に開発された質的データの代表的な分析方法の一つである（Glaser & Strauss, 1967）。**グラウンデッド・セオリー**（grounded theory）とは実際の**データに根ざした理論**を意味し，従来の量的な分析方法とは異なり，特定のフィールドにおける個々のデータからボトムアップ的に仮説や理論を生成するための方法論だといえる。GTAではデータの解釈を通して何らかの概念が生み出され，概念間の関連性を探ることで1つの理論が生み出される。ここでいう理論とは，一般性や普遍性を備えたものというよりも，特定のフィールドで生起した現象を説明する**領域密着型の理論**だといえる（木下，2007）。

　木下（1999）によればGTAにはいくつかのバージョンがある。オリジナル版のGTAのほかにストラウスとコービン（1990）による方法，グレイザー（1992）による方法，そして木下による修正版GTA（M-GTA；木下，1999, 2003, 2007）などがあり，それぞれ分析方法や理論に相違が認められる。たとえばM-GTAではオリジナル版と比べてよりインタビューの分析に使用しやすいように修正が加えられている。日本では，ストラウスとコービンによるGTA（戈木，2005, 2006）や木下によるM-GTAを用いた研究が多く認められるが，本書ではM-GTAによる方法を紹介する。いずれの方法にも研究上のメリットやデメリットがあるため，研究者はそれぞれの方法論上の特徴を吟味し，自分の研究目的から適切だと考えられる方法を選択すればよい。

13.3.1 M-GTA の特徴について

M-GTA では理論生成の指向性や「grounded-on-data（データに根ざした）」の原則など，オリジナル版の GTA を受け継ぐいくつかの基本的特徴がある。その一方で他の GTA の方法とは異なる特徴として，語られた文脈を損なう恐れがあるデータの切片化を行わず，語られたままの形式で解釈が試みられることや，それぞれの概念ごとに分析ワークシートを作成する作業を中心として分析が進められることがあげられる（分析ワークシートについては後述する）。また M-GTA は，研究対象に何らかのプロセスや変化がみられる場合に適した分析方法だとされる。

質的研究では研究者の先入観が解釈に影響を及ぼす懸念があり，オリジナル版の GTA ではそうした主観性を排除するために**データの切片化**が行われた。データの切片化とは，単語ごと，一文ごと，段落ごとなどの分析の最小単位でインタビューのデータを区切ることである。一般に切片化されたデータはその前後の文脈については考慮せずに分析に使用される。しかしながら木下（1999）は，データがもつ文脈を寸断して論理性のみから解釈することは困難だと指摘している。M-GTA における分析ではデータのもつ意味の解釈が試みられるが，いかに優れた研究者であっても客観的な立場のみから解釈を行うことはほとんど不可能であり，解釈のプロセスから主観性を排除することはできない。むしろデータの解釈において研究者の主観性は重要な要素の一つだといえる。M-GTA では意味の解釈を行う者を「研究する人間」とよび，分析結果に研究者が及ぼす影響を重視している。

その一方，M-GTA における分析対象者とは実際のデータを提供した人々を抽象的に集団化したものであり，データの内容が豊かで多様性に富む対象者のデータから分析を始めることが有効だとされる。M-GTA では対象者を個別に検討するのではなく，彼らに共通する特徴を見つけることで理論化が試みられる。

13.3.2 M-GTA の分析手続き

M-GTA における分析手続きには，継続的比較分析，理論的サンプリング，

理論的飽和化などがあげられる。ここでいう比較とは，異なるデータ間に共通して認められる類似した特徴（類似例）や対照的に異なる性質や特徴（対極例）の比較を，データや生成中の概念，カテゴリーなど抽象度の異なるレベルで繰返し行うことを意味する。M-GTAではデータの収集と分析などのプロセスにインタラクティブ性が認められ，研究者は分析途中でも必要に応じて追加データの収集とデータの再分析とを繰り返し，最終的な目標である理論的飽和化を目指して検討を重ねる。

分析の結果として認められるグラウンデッド・セオリーは，データから引用される具体例（ヴァリエーション），いくつかの具体例から生成された概念，概念同士の関係を示すカテゴリーからなっている。分析の結果は理論の概要であるストーリーラインとその結果図を作成してその内容を記述する（木下，2007）。

分析作業では，はじめに分析テーマと関連すると思われる特定の部分に注目し，それを具体例とする概念を考え，その意味を定義する（木下，2007）。このときに，その他の類似した内容の具体例もその概念で説明することが可能かどうかを検討する。これが解釈のはじまりであり，M-GTAでの解釈は大部分がこうした作業からなる。概念間のまとまりを探る作業はカテゴリーを生成するプロセスにつながる。分析の作業は，個々の概念を生成するレベル，概念間の関係を検討してカテゴリーを生成するレベル，カテゴリー同士の比較を通して中心となる（コア）カテゴリーを見出すレベルになどに区別される。

13.3.3 分析ワークシートの作成

M-GTAの分析作業は**分析ワークシート**とよばれる書式を用いて行われる。ワークシートには，概念名，定義，ヴァリエーション（具体例），理論的メモの4つの欄からなり，分析で生成される1つの概念に対して1つのワークシートが作られる。

M-GTAでは，分析結果を構成する最小単位はデータの解釈を通して生成された概念とする。1つの概念を作るには複数の具体例があることが条件となるため，安易に概念を作りすぎないように注意しなければならない。その後のお

おまかな分析手順は以下の通りである（木下，2007）。
1. 分析テーマと関連があると思われる部分に着目する。
2. データのどこからどこまでをとりあげるか範囲を決める。これが具体例（ヴァリエーション）となる。
3. なぜその部分に注目したのか，その部分がもつ意味を考える。
4. 具体例の解釈がまとまったら，その内容を簡潔な文章で定義する。
5. さらに定義を短く凝縮した言葉を考えて概念名をつける。概念名は仮名でもよい。
6. 概念間に類似性がないかを検討し，ある場合にはそれらをカテゴリーとしてまとめる。

　分析ワークシートの例を以下に示す（**表13.4** 参照）。ここでは筆者が大学生に対して良い思い出または悪い思い出を語るように求めたインタビューデータを使用した。

表13.4　M-GTAの分析ワークシート例「辛かった保育園／幼稚園といじめっ子」

概念名	辛かった保育園／幼稚園といじめっ子
定義	保育園／幼稚園にはいじめっ子がいたため通うのが辛かった。
ヴァリエーション（具体例）	●「保育園の時に，ちょうど弟が生まれる頃で保育園に入ったんですけど，その時にA君といういじめっこの男の子がいて，その男の子が噛みつく子で，なんかいろんな子に。それで私は，その男の子がすごい嫌だった，怖くて。でもおうち帰っても，お母さんいないし，お父さんも…あれだし。で，先生も私嫌いで…。(聴き手：ははは) なんか，一回怒られたら嫌いになっちゃって，(聴き手：あ，うんうんうん) で，すごい嫌いで，保育園毎日楽しくなくて，辛かったなあって今でもすごい思うんだけど，あ，そういうことがなんかあって，保育園行かなくなって。」 ●「幼稚園時代なんですけど，なんか，すごいいじめっ子的な人がいて，割といじめられてたんですけど，(聴き手：はい) なんか，常に追いかけ回されてましたね。(聴き手：あー，なるほど。何かした，されたとかいうのは具体的にありますか？) 何すかね。多分捕まったらとてつもなくひどいことをされてたんですけど (笑)。(聴き手：なるほど) はい。だからもう怖くて捕まんないように必死で逃げてましたね。」
理論的メモ	●他の子に噛みつく子への保育園の対応は。 ●家に両親が不在の理由は。 ●捕まったらされるひどいこととは何か。

これらの作業を行う際に，いくつかの具体例を集めてからそれらの定義と概念名を検討することは避けたほうがよい。なぜなら上記の解釈は，自身がもっているがはっきりと意識されない基準のようなものを言語化して外在化する作業だと考えられるためである（木下，2007）。概念や定義は一度作り出したら変えられないわけではなく，類似例が増えるごとに検討して必要なら修正を加えればよい。分析者は分析作業の中で思いがけず重要な解釈の着想が得られることがあるが，分析作業ではそのように着想したアイディアを尊重する。

13.3.4 理論的サンプリングと理論的飽和化

　質的研究では比較的少数のケースに焦点を絞って分析されることが多いことから，とりあげられた事例がどのような手続きで選ばれたかということに量的研究の立場から疑問が投げかけられやすい。いわゆる集団の代表性やサンプリング（標本抽出）の問題である。

　一般に量的研究ではデータを無作為に抽出することが求められるのに対し，質的研究では**理論的サンプリング**とよばれる方略が用いられることが多い（能智，2011）。この方法では，検討したい現象について豊かな情報を提供するだろう典型的なケースや，そうした現象のもつ多様性をカバーする複数のケースが研究者の判断にもとづいて選択される。この場合の典型的なケースとは，集団の平均ではなく検討したいある属性を明瞭に（または極端に）示す事例のことをいう。たとえば青年期のアイデンティティのつまずきを端的に示すケースとして，大学を中途退学した者を研究協力者として選ぶ場合などがこれにあたる。

　M-GTAでは，生成された概念やモデルの妥当性を検討したり，より包括的なモデルを作るため，特定の条件に合致するケースが意図的に選ばれる。また分析のプロセスで特定のケースを追加して検討する必要が生じることも少なくない。可能ならば，あえてモデルにあてはまらないと思われる対極例（ネガティブ・ケース）を探してとりあげ，その違いについて検討することも重要だと考えられる。こうした理由から，M-GTAでは研究の開始時に前もって必要なサンプル数を見積もることは難しい。グラウンデッド・セオリーではモデルが

理論的飽和化に達したと判断するまで繰返しデータの追加が行われる。

分析を終了させるかどうかは理論的飽和化の判断によって行う。**理論的飽和化**とはデータを追加してもそれ以上は新しい概念が生成されなくなった段階を示す。しかし実際には，データが理論的飽和化の状態に達したかどうかを判断することは大変難しい。そこで M-GTA では，理論的飽和化を2つの段階に分けて行う。一つは生成されたそれぞれの概念の状態を，十分な具体例があるか，データをうまく説明しているか，対極例の有無を確認したかなどの観点から判断する（これを「小さな理論的飽和化」という）。ある概念の具体例が明らかに少なければ概念としては採用をせず，他の概念とまとめられないか検討する。

13.3.5 分析結果のまとめ方

そのうえで，分析結果全体の理論的飽和化の判断について，概念同士やカテゴリーなどの重要な要素が抜け落ちておらず相互に関連づけられているか検討する。

分析作業のまとめとして，**結果図**と**ストーリーライン**を作成する。結果図は分析結果の全体とそれを構成する概念やカテゴリー相互の関連性を視覚的に提示する役割を果たし，ストーリーラインは分析結果を概念とカテゴリーとの関連から簡潔に文章で記述したものである。ストーリーラインでは，時間の流れに沿うように記述することが重要なポイントとなる。

13.4 量的研究と質的研究をいかに結びつけるか

質問紙調査法を用いて質的研究に取り組むことは不可能ではないが，「良い質的研究」を行うことは容易ではない。なぜならそれは「量的研究と質的研究をいかに結びつけるか」という大きな問題と無縁でないためである。先述したように，両者の間には背景にある認識論の違いをはじめとしてさまざまな相違がある。それらをいかに結びつけるかというテーマはしばしば検討されてはいるが（たとえば Creswell & Plano Clark, 2010），いまだに十分な結論は出されていない。

13.4 量的研究と質的研究をいかに結びつけるか

　フリック（2007）はこの問題に対する研究者たちの考えをレビューしている。量的検討と質的検討を一つの研究の中で結びつける代表的な研究デザインは，はじめに仮説生成を目的としてインタビューや観察法による質的検討を探索的に行い，得られた結果から仮説を立て，次に仮説検証のために質問紙調査法などによる量的検討を行う方法である（Barton & Lazarsfeld, 1955）。またその他にも，同じ研究対象について並行して量的および質的検討に取り組む方法や，フィールドの継続的な自然観察を研究の土台としてそこに複数回の量的調査を組み込む方法，そして量的検討の結果から生まれた新たな研究目的に対して補完的に質的検討を行う方法など，さまざまな組合せが考えられる。このように複数の異なる研究方法を組み合わせる方法は**トライアンギュレーション**とよばれ，単独の研究方法がもつ弱点を補うための効果的な研究方法だとされる（Flick, 2007）。

　単独の研究の中で量的および質的検討を並行して用いた場合の結果には，以下の3つのパターンが考えられる。第1のパターンでは，量的および質的検討の結果は互いを補強し合ってほぼ同じ結論が導かれる。第2のパターンでは，両者では対象の異なる側面が検討されており，それぞれの結果は一致せずとも互いに相補的な関係にある。最後のパターンでは，それぞれの方法から矛盾した結論が導かれる。しかしながら，研究対象についてより包括的に理解することがトライアンギュレーションの目的だとするならば，上記のいずれの場合も研究者にとっては有益な結果だといえる。量的および質的検討の結果に矛盾や齟齬(そご)が認められる場合には，研究者はそうした矛盾についていかに理論的説明が可能かという問題に取り組まなければならない。

　質的研究と量的研究を結びつけるための安易な方法は存在しない。研究者は，それぞれの研究テーマに応じて個々に試行錯誤を重ねたうえでその方法を見つけるほかないといえる。

　近年は，日本でも量的および質的検討を効果的に組み合わせた研究例が報告されるようになり，そうした研究は今後も増加傾向にあるといえる。

　たとえば小林・北川（2009）は，出来事を自らがどの程度コントロールできるかという知覚にあたるマスタリーの感覚が，妊娠期から出産後にかけて母親

に生じる抑うつ状態を低減させる働きについて検討を行った。小林（2006）による質問紙調査の対象者である130名の初産婦に対して追跡調査を依頼し，承諾が得られた21名に対して質問内容やその順序が事前にある程度まで決められた半構造化面接が行われた。面接は1名を除いて対象者の自宅で行われ，所要時間は45～90分の範囲だった。先行研究をもとに作成されたマスタリー尺度の得点から，マスタリー高群9名と低群5名が分析対象として選ばれた。面接内容からは逐語記録が作成され，ストレスへの対処については，具体的な解決策を実行する問題焦点型対処またはネガティブな感情の軽減のために認知的修正を行う情動焦点型対処に分類された。

妊娠期，出産1カ月後，出産1年半後のストレスの内容，ストレス対処の発言例とその分類結果をまとめたところ，ストレスの内容は育児に伴う制限に関する問題，生活の変化に関する問題，対人関係上の問題などがあげられた。妊娠期から現在までのストレス対処の分類結果は，問題焦点型対処のみを用いた者は2名，両方の対処を用いた者は8名，情動焦点型対処のみを用いた者は4名となった。ストレス対処とマスタリーとを比較すると，マスタリー高群の母親は全員が問題焦点型対処を用いていたが，低群では1名しか用いておらず，残りの4名は情動焦点型対処のみを用いていた。

マスタリー高群の中にも出産の前後で抑うつ度が増加した者が認められたため，これらの3名の事例が検討された。その結果として，サポート源が夫など一部の相手に限られる場合にはサポートが有効に機能しなくなるリスクが高まり，抑うつ度を増加させる恐れがあると考えられた。

日潟・岡本（2008）は，中高齢者はどのように過去・現在・未来を展望して自己を意味づけるのかという中年期の時間的展望について，精神的健康との関連から量的および質的な検討を試みた。研究1では，近畿圏の在住者もしくは中国地方の学習・教育講座の受講者に対して質問紙調査を実施し，40歳代57名，50歳代83名，60歳代85名の中高齢者から回答が得られた。過去・現在・未来を表す円の大きさを比較するサークルテストから時間的志向性を検討したところ，40歳代では未来志向が高かったのに対し，60歳代では現在志向への高まりが認められた。また，時間的展望尺度を説明変数に，GHQ 28を基準

13.4 量的研究と質的研究をいかに結びつけるか

変数とした重回帰分析の結果からは，40歳代では過去受容，50歳代では過去受容と現在充実，60歳代では現在充実と未来展望の希望の態度がそれぞれ精神的健康に負の影響を与えていた。60歳代ではさらに目標志向性が精神的健康に正の影響を与え，年齢が上がるほど時間的展望と精神的健康との関連が高まると考えられた。

こうした年代による違いがなぜ生じるのかを検討するため，研究2では質問紙調査の対象者のうち26名に対して半構造化面接が行われた。面接の逐語記録から時制をもとに過去・現在・未来に対する語りを抜き出し，それぞれ10前後のカテゴリーにまとめられた。その結果，40歳代では過去を自らの基礎や土台としてとらえる意識の程度が精神的健康と関連すると考えられた。50歳代では現在の自己を形成した必然的なものとして過去をとらえ，現在の出来事にもより深くコミットする傾向が認められた。そして60歳代では身体的な衰えの気づきから未来が狭まって意識されるため，過去に区切りをつけるとともにポジティブな未来を意識することが心理的な安定と関連する可能性が認められた。

野村（2002）は，高齢者が自らの過去について行う自己語りの構造的特質と自我同一性との関連を検討するという目的から，公民館を定期的に利用する65歳以上の健常な高齢者30名を対象に，質問紙調査および過去の体験の想起を求める面接を行った。「エリクソン心理社会的段階目録（EPSI）」（中西・佐方，1993）を抜粋して実施して自我同一性の達成度が測定された。自己語りを促す課題では，「社交的な」「親切な」「孤独な」などの抽象的な性格特性語を手がかり語として提示し，過去に経験した出来事から自分にあてはまると思うエピソードを想起するよう求めた。面接結果からは逐語記録が作成され，グライス（1975）による会話の公準をもとに特定性（語りが時間的・空間的に特定の出来事を示す程度），情報性（語られた情報量の程度），関連性（課題のテーマと関連する程度）という3つの分析基準を設定したうえで語りの整合・一貫性が検討された。

EPSIの得点から対象者を高・中・低群の3群に分け，ノンパラメトリック検定の一つであるクラスカル=ウォリスの検定を用いて語りの特徴の違いを検

討した結果，対象者自身と適合度の高いネガティブな手がかり語の課題では，EPSI の低群と他の 2 群の間で語られた内容の情報性に有意な（および有意傾向の）得点の差が認められ，低群ではネガティブな手がかり語に対してより詳細な語りが認められた。また，中群と他の 2 群との間で関連性に有意な（および有意傾向の）得点の差が認められ，低群では手がかり語と関連のない語りがより多く認められた。

これらの結果から，人生後半の発達課題が達成されていないと考えられるEPSI 低群の高齢者は，否定的な過去の経験が十分に整理されておらず，情緒的に巻き込まれやすい傾向が認められた。さらに低群の高齢者は自己の定義づけが揺らぎやすく，特定の自己の側面に焦点づけて語りを構成することが比較的困難である可能性が指摘された。

13.5 終わりに

質的研究は古くて新しい研究方法であり，今まさに発展途上の段階にある研究アプローチだといえるだろう。しかしながら，量的研究の方法論に精通する者ほどその研究方法の不確かさや曖昧さにとまどい，自らの研究アプローチとして利用することを躊躇してしまうことも少なくない。

その一方で，対象を量的指標に置き換えることなくありのままの形で検討できるというメリットは多くの研究者を惹きつけ，今後ますます多くの研究が質的研究によって取り組まれ，心理学そのものの発展に貢献するに違いない。

量的研究と質的研究をいかに結びつけるかという問題は今後の心理学における大きな課題であり，本書の限られた紙幅で論じようという筆者の試みは不十分なままだといえる。しかしながら，一人でも多くの若い心理学者にとって本書が質的研究に取り組むきっかけとなれば幸いである。

14 研究者としての心構え・研究倫理

宮本聡介

　多々ある学問の中で，研究の主体と研究対象とが同一である数少ない学問の一つが心理学である。研究対象が人であるがゆえに，研究主体である心理学の研究者は，学問を発展させるために，研究対象となる人から研究データを集めなくてはならない。データを集めるためには実験・調査等への協力を依頼し承諾を得る，実験・調査に参加し，さまざまなやりとりをすることが求められる。こうしたやりとりのほとんどは，研究者から研究に協力してくれる者（以下「研究協力者」）への一方向的なものであり，研究協力者の方から先に研究者に対して協力を申し出ることは希有である。研究協力を依頼するとき，研究者が研究協力者に対して協力することを強制することがあってはならない。研究協力者が「すすんで研究に協力したい」気持ちになり，協力後には「協力してよかった」「調査から学ぶことがあった」と思ってもらえることが望ましい（鈴木，2011）。研究協力者が不利益を被ったり，不快な気持ちになるようなことがあってはならない。

　本章では，質問紙調査法を用いた研究における研究倫理の問題を取り扱い，その詳細を述べる。14.1では，「研究」「研究者」の意味するところについて考えてみる。14.2では，「研究倫理」とは何かということについて解説する。14.3では，質問紙調査を実施するうえで具体的に考えなくてはならない研究倫理にふれる。

14.1 誰が研究者か

14.1.1 研究とは何か

　研究倫理という言葉には「研究」という言葉と「倫理」という言葉が含まれ

ている。どちらの言葉も，大学生であれば一度は目にしているはずである。しかし，それぞれの言葉が具体的に何を意味しているのかと問われると，返答に窮する者もいるのではないだろうか。研究倫理に則った行動をとる必要があるのは**研究者**である。ところで，「研究者」とは誰のことを指すのだろうか。ここでは研究倫理について考える前に，「研究とは何か」「研究者とは誰か」について簡単に解説しておく。

研究という言葉の意味を辞書で調べてみると，「よく調べ考えて真理を極めること」（『広辞苑　第5版』）とある。わからないことがあったときに，それをよく調べ，考えて，真理となる答えを導き出すことが「研究」ということになる。しかし，これだけではまだ漠然としている。よく調べ，真理を究めるプロセスがあればそれはすべて研究ということになるかもしれない。屁理屈のようだが，美味しいラーメンを作るためにあらゆることを調べ，究極のラーメンを作り上げることも，今までわかっていなかったことを明らかにしていくという意味では一つの研究ということになる。どうやったら魚がたくさん釣れるようになるかということも，究めていくと一つの研究といえるかもしれない。

しかし，本章でとりあげようとしている研究は，こうした個人的な趣味の世界の中での諸活動とは一線を画す。ここでとりあげる「研究」とは，いわゆる学術研究のことである。おそらく，ラーメンや釣りの場合，奥義がわかってもそれを秘密にしておきたいのではないだろうか。一方，学術研究は公開すること，つまり公共性が担保されることでその価値が認められる。新しいことが発見されたら，それを論文などで公表して研究成果を世に知らしめ，時にはその研究成果の評価を受けることになる。探究した真理を自分だけの秘密にするか，それとも広く世間に公開するか，それが趣味としての研究と学術研究の大きな違いである。

14.1.2　研究者とは誰のことか

上述のような学術研究を行っている者が，「研究者」ということにはなる。では，学術研究を行っている者とは誰を指すのだろうか。「平成19年版科学技術白書」の中では，日本の研究者を「大学（短期大学を除く）の課程を修了し

た者（またはこれと同等以上の専門的知識を有するもの）で，特定の研究テーマを持って「研究」を行っている者」としている。大学関連組織の中では，大学教員，博士（後期）課程大学院生が研究者に数えられている。一方，アメリカでは，研究支援業務で報酬を得ている修士課程の大学院生の一部も研究者に数えられている（文部科学省，2006）。研究者の数え方には文化差があるようだが，少なくとも大学の学部生が研究者とみなされていないことは万国共通のようである。

14.1.3 大学生も「研究倫理」と無関係ではない

日本国内では，学部生，修士課程の院生は研究者とみなされていない。まだ大学での学問にふれたばかりの大学生を研究者のカテゴリーに入れないことは当然だろう。文部科学省の「学校基本調査（平成25年度）」によると，大学卒業者のうち卒業後に進学する者は13%だった。約1割である。心理学関連の学部・学科は人文科学，社会科学の分野に分類される。分野別大学院進学率をみると人文科学系（7.5%），社会科学系（4.8%）となっている。心理学系の学部・学科を卒業した大学生の進学率は1割に満たない。博士後期課程への進学者となると，これを大幅に下回ることになる。つまり大学生のうち，将来研究者となることを夢見ている者はほんの数%にすぎない。修士課程の大学院生については，学部を卒業し，修士論文などの研究テーマをもって研究を行っており，科学技術白書の中にある研究者の条件を満たしているわけだから，研究者として数えることも可能に思う。しかしながら，修士課程の大学院生すべてが研究者を志しているわけでないことも事実であり，あえて修士課程の大学院生を研究者として数える必要はないかもしれない。

では，大学生や修士課程の大学院生は研究者ではないから，研究倫理を意識する必要はないのだろうか。答えは「ノー」である。本章では「研究倫理」について論じているが，そもそも「倫理」とは何だろう。「倫理」には「人として守るべき道。道徳モラル」（『大辞林　第2版』），「人倫のみち。実際道徳の規範となる原理。道徳」（『広辞苑　第5版』）などの意味が記されている。そして，その根底には「善く生きる」ためにどう考え行動したらよいかというこ

とが包含されている（安藤・安藤，2005）。倫理は善い行いのための一種の行動規範といってよい。したがって，研究者であろうとなかろうと，私たちは人生を善く生きていくための倫理観を身につけることが望ましい。ほとんどの人が，他人に迷惑をかけない，不快な思いをさせないことを念頭において日常を過ごしていると思う。こうした日常的な倫理観があれば，次節以降で解説する研究倫理の大部分は自然に遂行できるだろう。つまり，常識的な倫理観があれば，「研究者」が直面する倫理的な問題に自ずと答えが出せるはずである。

ただし，その日常的な倫理観にも，思わぬところに誤解や歪みがあるかもしれない。倫理は一種の価値観である。人によって善し悪しの基準が違っている。そこで，実験・調査を依頼し，実施するという実践場面に求められる倫理を学ぶことで，日常的に人と接するうえでの倫理を改めて確認することができるだろう。卒業研究等での実験・調査を通して，人との交流を経験することで，そこに求められる倫理的な問題にふれ，自らの倫理観を養ってほしい。

14.2 研究倫理

14.2.1 研究倫理とは何か

杉森ら（2004）は，研究倫理を「様々なレベルで研究にかかわる人々が，互いに気持ちよく暮らせるために創発したルール」と定義している。繰返しになるが，倫理には「人として守るべき道。道徳モラル」（『大辞林　第2版』），「人倫のみち。実際道徳の規範となる原理。道徳」（『広辞苑　第5版』）などの意味がある。そしてその根底には「善く生きる」ためにどう考え行動したらよいかということが包含されている（安藤・安藤，2005）。先の杉森ら（2004）の定義にある気持ちよく暮らすためのルールも，安藤・安藤（2005）の善く生きるためにどう考え行動したらよいかということも，倫理に対してほぼ同じことを求めていると考えられる。本書ではこれらの定義を参考にし，研究倫理を「良い（善い）研究をするうえでどう考え行動すべきかに関する指針」と定義づけておくことにする。

研究倫理を無視した研究を進めていくと，人間がもつ独善的な欲求の暴走が

14.2 研究倫理

起こることがある。善く生きるために人として守るべき道を無視すると，自己利益が優先される。研究における自己利益とは，研究成果の獲得である。世に認められる研究成果を出すために，本来ならば行われるべきではない非人道的な行為が行われる可能性が高くなる場合もある。非人道的な行為に走らないようにするために研究倫理がある。

法と倫理がどう違うかについて簡単にふれておこう。法律も倫理も社会の中で正しい規範に従おうとするための社会ルールである。ただし，法律には拘束力がある。法律に反するとその法律を有する社会（国家）によって罰せられる。法律は自らが守るものというよりも，その法律に従う性質のものである。一方，倫理には拘束力はない。倫理を守らなかったからといって罰せられるわけではない。倫理に従うかどうかは当事者次第ということになる。この点で法律は他律的，倫理は自律的である。

倫理は法律のような強制力はもたない。だからといって，倫理に従う必要はないかというとそうではない。社会心理学の古い実験の中に，「**アイヒマン実験**」という大変有名な実験がある（Milgram, 1974）。この実験では，体罰と学習効果の関係を明らかにすることが目的であると実験参加者は説明された。そして，生徒役のサクラが問題に間違えるごとに，先生役の実験参加者は罰として電気ショックを与えるよう実験者から求められた。最終的に 65% の実験参加者がもっとも危険とされた 450 V（ボルト）の電流を流したと報告されている（Blass, 1999）。この実験は，実験者による命令が，個人を殺人にまで至らしめる心理過程を示している。実際には電流は流れておらず，生徒役のサクラは苦しんだふりをしていたのだが，電気ショックを与え続けた実験参加者が，不安と恐怖に襲われていたことは間違いない。これは，社会心理学における実験倫理を見直す契機となった研究としても知られている（サトウ, 2004）。

もし，今，このような実験を大学や企業が行ったらどうなるだろうか。人に物理的な危害を加えているわけではないので，法律に照らす必要のある処罰にはなりにくいかもしれない。しかし，むやみに実験参加者を不安に陥れたという点で，倫理的な問題に抵触することは確実である。研究者としてはまず，このような倫理の道に逸れた実験を行わないよう自制する必要がある。研究業績

に目がくらみ，実際にこのような実験を実施したとすると，実験を計画した研究者はもちろん，その実験を野放しにしていた研究者の所属組織も広く世間から非難されることになるだろう。場合によっては，研究者は所属組織から解雇され，職を失うかもしれない。こうなると法的に罰せられるのと同じくらい，あるいはそれよりも厳しい制裁となりかねない。倫理的なルールは法律よりも罰が緩いからと甘くみると，大きなしっぺ返しが待っている。

14.2.2 研究倫理の2つの柱

公益社団法人日本心理学会では，心理学の専門的職業人が心理学の専門職としての行為やその結果が倫理的判断を必要とした場合に，当該学会の定める「倫理綱領および行動規範」と「倫理規定」に従うこととしている。前者の「倫理綱領および行動規範」として，日本心理学会では「責任の自覚と自己の研鑽」「法令の遵守と権利・福祉の尊重」「説明と同意」「守秘義務」「公表に伴う責任」の5点を定めている。

ところで，本書では心理学のように人を対象とした研究における研究倫理には，2つの大きな柱があると考えている。それは，研究協力者の権利と福祉を守るための倫理（以下「**権利・福祉のための倫理**」）と，研究者が「善い研究者」であるために必要とされる倫理（以下「**善い研究者の倫理**」）である。日本心理学会の「倫理綱領および行動規範」にある5つの倫理項目のうち「法令の遵守と権利・福祉の尊重」「説明と同意」「守秘義務」は権利・福祉のための倫理に，「責任の自覚と自己の研鑽」「公表に伴う責任」は善い研究者の倫理に，おおよそ大別できる。

権利・福祉のための倫理とは，研究協力者の権利・福祉を保障，尊重し，研究協力者が何らかの不利益を被らないように最大限の配慮をすることである。権利・福祉のための倫理に求められる重要な要素が，インフォームドコンセントとプライバシーの保護である。

インフォームドコンセントとは，十分な説明にもとづいた研究協力者の自発的な同意の事である。鈴木（2005）はインフォームドコンセント成立のための要件として，①調査者が調査対象者に調査に関する十分な情報を提供し説明責

任を果たす，②調査者と調査対象者の関係は対等である，の2つをあげている。研究者は研究協力者に実験や調査への協力を依頼する際，研究の目的や調査・実験の内容を正しく伝え，研究協力者が安心して研究に参加できる環境を作り上げる努力をしなくてはならない。さまざまな事情により調査・実験の途中で研究協力者が協力を放棄することがある。研究者は調査・研究の途中で研究協力者が協力を放棄することを妨げてはいけないし，途中放棄が可能であることを説明の中に加えておく必要がある。

プライバシーとは「私生活を他人に知られたり干渉されたりしない権利」のことである。したがって**プライバシーの保護**とは，上述の権利を保護することである。中国語ではプライバシーのことを「隠私」と表現する。「他人に知られたくない，隠しておきたい自分」を保護することであり，「プライバシー」と表記するよりも直観的にはわかりやすいかもしれない。心理学の実験・調査の中には，家族の問題を扱った研究，恋愛行動の研究など，プライバシーに該当する情報を研究協力者から入手することがある。自分自身の価値観や信念，趣味，嗜好などもプライバシーの対象となる。これらの情報に回答を求める場合には，必ず研究協力者から回答への同意を得る必要がある。

個人情報についても十分に配慮する必要がある。個人情報とプライバシーは同じではない。プライバシーが権利に重きをおいているのに対して，個人情報は個人を識別できる情報そのものを指している。調査・実験に協力した研究協力者の回答データには，プライバシーの保護が必要な情報が多く含まれている。したがって，氏名はもちろん，住所，電話番号など，個人を特定できる情報の収集には慎重を期すべきである。必要がない限り，個人情報を質問項目として含めることはしないほうがよい。どうしても個人情報を収集する必要がある場合には，必ず研究協力者の同意を得るべきである。また，収集した質問紙は厳重に保管し（データの保護），第三者の目にふれることがあってはならない。

善い研究者の倫理とは，善い研究者を実践することである。多種多様な問題を含んでいるが，大部分は研究遂行にあたっての責任，公表に伴う責任など，いわゆる研究者としての自覚と責任の問題としてくくることができる。この中には，研究アイディアを盗用しない，データを改ざんしないなど，研究者とし

てのモラルの問題も含まれている。研究倫理を専門に扱う研究者の中には，研究者自身のモラルに関する問題を，研究倫理と分ける場合もある（田代，2011）。一方，近年発行されている心理学関連の研究倫理の解説書のほとんどは，研究者自身のモラルに関わる問題も研究倫理の中に含めていることから，本書もそれにならって解説する。

善い研究者としての倫理は，善き人としての倫理を研究場面に置き換えたにすぎない。大部分は常識的に善し悪しを判断できるはずである。したがって，善き人を目指す一人の人間としての常識判断のトレーニングを積むことで，善い研究者としての倫理も自ずと磨かれていくはずである。

14.3 質問紙調査に求められる倫理

質問紙調査を実施するうえで，研究者が倫理的に配慮しなくてはならないポイントはたくさんある。繰返しになるが，以下に述べるポイントの中には，常識的な倫理観が備わっていれば自然に配慮できるものが多い。まずは肩の力を抜いて，自分の倫理観と照らし合わせながら以下の点を確認してほしい。

14.3.1 既存の心理尺度を使用する際の配慮

質問紙を作成するにあたり，既存の心理尺度を利用する者は多い。卒業研究等で質問紙調査を実施する際に，『心理測定尺度集』から自分の研究に利用可能な心理尺度を探し出し，それを質問紙調査に使用するケースが大変多くなっている。既存の心理尺度を利用する際，その尺度が市販の尺度かそうでないかということをはじめに確認してほしい。もし，自分が使用したい心理尺度が市販の尺度である場合，無断使用は厳禁である。どうしても当該尺度を使用したい場合には，販売元に問い合わせ，必要部数を購入する。また，市販の尺度でない場合でも，企業等が独自に実施した調査等に含まれている尺度を使用する場合には，調査実施に先立ち，必ず尺度の**著作権者**（団体）に**使用許諾**をとる必要がある。

『心理測定尺度集』に掲載されている心理尺度の大半は，学術雑誌に公表さ

れているものである。学術雑誌に公表されている心理尺度は，尺度の利用に営利的な目的がなければ，調査前の段階で著作権者に使用許諾をとる必要はない。ただし，心理尺度を利用する場合に，事前に使用許諾を得るよう求めている著作権者もいる。使用許諾を求めるようウェブ等で告知している場合があるので，調査実施前に，著作権者の開設しているウェブサイトがあるかどうか確認することをお勧めする。

研究倫理とは若干異なるが，メール・手紙等で使用許諾のお願いをする際の文面にはくれぐれも気をつけてほしい。ほとんどの場合，著作権者は使用を希望する側（学部生）よりも年配である。年配者に手紙やメールを出すことに慣れていない人は，正しい手紙・メールの書き方を学ぶところから準備を始めてほしい。

既存の心理尺度を使った研究を「公表」する場合には，自分が使用した尺度の出典を必ず明記する。あたかも自分が作成した尺度のように記述し公表してはいけない。卒業論文は書店から売り出すわけではないから「公表」ではないと考えている人もいるかもしれない。しかし，多くの大学では卒業論文が学部の図書館，指導教員の研究室等に保管され，後輩たちがそれを目にする可能性がある。他者の目にふれる印刷物なのだから，公共性があるといえよう。自分が執筆した卒業論文は，他者が目を通す可能性があるということを十分に意識してほしい。

既存の尺度の中から数項目だけ使用する，複数の既存尺度の中から自分の研究目的にあった数項目をピックアップして使用するなどの場合には，公表の際に，何という心理尺度のどの項目を使用したのかを具体的に正確に明記する。

研究成果をまとめたら，著作権者に結果を報告することが望ましい。卒業論文本体を送付してもよいだろうし，要約でもよいだろう。結果を著作権者にフィードバックすることで，研究者でもある著作権者自身の研究の一助になることもある。

14.3.2 質問紙作成段階での配慮

質問紙に掲載してよい質問項目数の限度について質問されることがよくある。

しかし，具体的な数値で示すことは難しい。なぜなら，研究目的によって使用する質問項目には違いがあるためである（**コラム 6.1** も参照）。10 項目程度の質問紙なら，回答する側は快く引き受けてくれるかもしれない。しかし，1 回の調査に必要な質問項目数が 10 にとどまることはほとんどあり得ない。かといって，300 項目からなる質問紙に答えてほしいと依頼されたら，大部分の人は即座に断るだろう。研究者側からすると，可能な限り多くの質問を用意し，1 度の調査で効率的にデータを収集したいと考えるかもしれない。しかし，これでは研究者の自己利益を優先させ，回答者側の権利・福祉への配慮を怠っている。

　昨今はパソコンを用いて質問紙を自分で作成するケースが非常に多い。誤字脱字はゼロにすることを心がけてほしい。また，作成者によって質問紙のレイアウトは異なるが，行間隔や文字間隔によって質問紙全体の印象が異なってくることもある。レイアウトの良し悪しによって，回答者が気持ちよく回答できるかどうかが違ってくることを念頭に入れておく必要がある。

　リッカート式の回答選択肢の場合，何件法にするのがよいのかという質問を耳にすることがよくある。尺度の目盛りが多くなるほど感度は高くなるが，その分回答に要する時間が長くなることが知られている。むやみに選択肢を多くすると回答者への負担が高まることを理解しておく必要がある。

　質問紙を作成する際に気をつけておきたい倫理的な配慮項目として，質問項目の数，質問紙のレイアウト，回答選択肢の数をとりあげた。では，研究者はこれらの問題をどう解決すればよいだろうか。筆者は卒論研究などの指導の際，でき上がった質問紙を回答者の目線で回答してみるよう，ゼミの学生たちに指導している。自分が作成した質問紙を回答者目線で見直し，途中で回答が嫌になるようならその質問紙は再考が必要である。自分で確認してみて，問題がないと感じたところで，今度は自分以外の第三者に質問紙への回答を依頼し，感想を求める。ここでもさまざまな意見が示されるはずである。一つひとつの意見に丁寧に耳を傾け，回答者にやさしい質問紙へと改善していくことが大切である。

14.3.3 回答者に心理的負荷がかからない質問内容にする

　見ず知らずの相手から，突然，「あなたには恋人がいますか」と尋ねられたら，大多数の人は「あなたにどうしてそんなことを答えなくてはいけないのですか？」と不快な気持ちになるだろう。同じ問いを質問紙上で行うことを想像してほしい。この場合も，問う者（研究者），問われる者（調査対象者），質問内容（「あなたは恋人がいますか」）は同じである。質問紙調査の場合，回答者が大人数になる分，研究者，調査対象者双方の顔をあまりはっきり意識せずに調査が実施される。相手の顔が見えないぶん，問う側はつい踏み込んだ質問をしてしまいがちである。回答者を不快な気持ちにさせる質問項目を立てることはあってはならないし，そのような項目が含まれている質問紙調査はけっして良い研究にはつながらない。「あなたは自殺したいと考えたことがありますか」「あなたはいじめを経験したことがありますか」のように，回答者がネガティブな感情を抱く恐れのある質問項目は，本当にこれらの質問項目が必要か，回答者に負担をかけない別の問いかけ方がないか，といったことを十分に検討する必要がある。

14.3.4　プライバシーへの配慮

　回答者の顔が見えるような質問紙調査は極力避けるべきである。これはつまり，回答者の**匿名性**を保障するということである。匿名性を保つためには，質問紙への回答を無記名にする。もし研究上個人を特定する必要があるような場合でも，記名にするのか無記名にするのかの判断はきわめて慎重に行うべきである。卒業研究などで行われる大部分の質問紙調査は無記名式で行われている。氏名や学籍番号，住所などはもちろんのこと，生年月日やイニシャルであっても，本人を特定できる可能性がある。匿名性を保障することが難しい情報への記入を求めることは十分慎重にしてほしい。

　プライバシーの配慮を要する質問，個人情報を含んだ質問を実施した場合，その質問紙は厳重に保管しなくてはならない。第三者の目にふれるような場所に安易においてはいけないし，卒業研究が終わったからといって質問紙の束を資源ゴミに出してはいけない。質問紙の処理方法については，14.3.7「調査デ

ータの管理」で解説する。

　個人情報の入手が困難なために影響が出てくる研究がいくつかある。同一の回答者に繰返し調査を行いたい場合がそれに該当する。たとえば，心理尺度の開発の際，再検査信頼性を確認するためには，一定期間をおいて2度調査を実施する必要がある。このような場合に，1回目の回答者と2回目の回答者のデータをマッチングしなくてはならない。パネル調査のように，同一人物に追跡調査を行う場合も同様である。訪問・留置き調査のように回答者の所在が明らかな場合には，追跡調査が可能である。しかし講義などを利用して再調査を実施する場合，2度の調査の両方に氏名の記入があればマッチングは容易だが，すべての回答者にそれを求めることは難しい。また，プライバシー保護の観点からすると，匿名性を保つことが昨今の調査では優先されている。では，記名を求めずに，同一人物に繰返し調査するような場合はどうしたらよいだろうか。以下は一つのアイディアである。

　まず，2度の調査データのマッチングを調査協力者が了承してくれるかどうかを確認する。もちろん2度の調査をマッチングすることを了承しない回答者もいる。そのような回答者に回答を強要してはいけない。マッチングすることを了承してくれた回答者には，回答者本人にしかわからない記号を1回目と2回目の両方に記入してもらう。筆者は，乱数表にもとづいた数桁の数値を記載したカードを質問紙と一緒に配付し，カードに記載された数値をメモするよう回答者に依頼している。そして1回目の調査，2回目の調査の両方にその数値を記入してもらえば，時期の異なる2つの調査の回答者をマッチングすることができる。しかしこの方法でも，万が一回答者が所有していた乱数表を第三者がのぞき見た場合には，個人情報の保護が完全ではなくなるかもしれない。

14.3.5　集団回答形式で質問紙調査を実施する場合の回答者の選択権

　質問紙調査が授業時間中に実施されることはきわめて多い。筆者の所属学部では，授業中に質問紙調査を配付することは授業時間を無駄に利用することにつながる可能性があるとして，卒業研究などで質問紙を配付することをある程度制限している。しかし，それでも今後，授業中などに質問紙を配付すること

がなくなることはないだろう。授業中などに質問紙を配付する場合，大勢の受講生が集団で質問紙に回答するがゆえに，同調の圧力などが働き，回答を拒みにくくなる。結果的に当該授業の受講生に回答を強いている可能性がある。回答を望まない者に回答を強いることは，研究協力者の福祉を侵害することになる。当然のことながら，回答者が自発的に質問紙に回答できる環境を作り，回答を望まない者には，回答を拒むことを選択できる環境を作る必要がある。

このような場合に備えて，質問紙のおもて表紙に「回答は自由であり，回答を望まない者は回答する必要がない」旨，説明書きをしておく。それでも多数の受講生が一同に会する場ゆえに，1人だけ回答を拒否して退室することを躊躇する回答者もいるはずである。こうなると，回答を望まない者の自由を確保しているということを，保証できているとはいえないかもしれない。このような場合には，調査実施者自らが「回答を望まない者は回答する必要がない」「回答を望まない者は退室してもかまわない」ことを口頭でも伝えるとよいだろう。

14.3.6 回答者への謝礼

研究予算がついている調査，企業が実施する調査などでは，回答の謝礼として数百円から千円相当のギフトカード，図書カードが配付されているのを見かけることがある。だが，卒業論文・修士論文等の研究でこれだけの費用をかけることは現実的ではない。また，謝礼等を必ずしなくてはならないわけではない。しかし，回答者は時間を割いて自分たちの質問紙に回答してくれている。そのことに対する感謝の気持ちを忘れてはいけないし，可能な限り何らかの形で感謝の気持ちを伝えることが望ましい。過去の卒業研究で，1個10〜20円程度の一口チョコを質問紙回答への御礼に渡していた学生がいた。こころばかりの謝礼だが，何もないよりは気持ちが伝わるのではないだろうか。

14.3.7 調査データの管理

回収した質問紙は，調査を実施している研究者本人が責任をもって管理しなくてはならない。もちろんプライバシーの保護がその主たる目的である。質問

紙の回答結果をExcel等に入力する場合に，1人で行うこともあれば協力者に入力を手助けしてもらう場合もあるかもしれない。自分以外の者が質問紙に目を通す場合には，必ず事前に情報漏洩を防ぐための説明と同意を取り付けておくことが望ましい。

Excel等に入力したデータファイルは，一見するとただの数値の羅列にしか見えない。しかし，これらの数値データも立派な個人情報である。したがって，ハードディスクやUSBメモリに保存されている入力データファイルの管理も慎重にしなくてはならない。USBメモリなどの小さな記憶媒体は紛失の可能性がある。保管には細心の注意が必要である。個人情報を伴うデータファイルを保管したパソコンを持ち歩くときには，起動の際にログイン画面でパスワードを入力するなどのセキュリティ対策をしておくことをお勧めする。

また，不要となった質問紙の束を紐で縛り，資源ゴミとして処分するようなことをしてはいけない。処分の際には，シュレッダーにかける，焼却処分にするなどして，研究者本人が処分したことを最後まで見届けるのが望ましい。費用はかかるが，業者に依頼し溶解処分にすることもできる。

14.3.8 調査結果の公表

調査結果を公表することは研究者の義務である。学部生であれば卒業論文等にまとめることで，研究をした者としての役割を果たしたことになる。卒業論文等にまとめる際，先行研究などはできるだけ正確に記述する。その際，記述内容が自分自身の見解なのか，それとも先行研究の見解なのかをきちんと分け，先行研究の見解を引用したものであるならば，その先行研究の出典を明記する。

他人の作品や論文を盗んで，自分のものとして発表することを剽窃という（**コラム10.2**も参照）。たとえば，インターネット上に記載されている文章をコピーし，自分のレポート等にペースト（「コピペ」）して提出することは，著作権法48条（出所の明示）に反する剽窃行為となる。多くの大学が剽窃を「不正行為」と位置づけ，処分の対象としている。卒業論文においても剽窃は許されない行為である。

では，他人の書いた文章を利用することが，剽窃にならないのはどのような

14.3 質問紙調査に求められる倫理

場合だろうか。ポイントは3点あるだろう。第1に，その文章を引用することに必然性があること，第2に，文章をそのまま引用する場合には括弧等でくくり，引用していることを明確にしていること，第3に，引用元を本文中および引用文献リストに記載していることである（引用文献リストの書き方については第10章参照）。必然性については少し説明が必要かもしれない。たとえば，レポートの枚数を稼ぐためだけに，他人の書物から不要に多くの文章を活用することは，必要があって引用することとは相反する。卒業論文では自分の主張とこれまでの先行研究の見解とを分けて論ずる。そして，先行研究においてどのような知見が得られているのか，それに対して自分はどのように主張するのかということを論理的に説明していく。したがって，自ずと先行研究の中で自分の研究に関連するものは取捨選択されるはずである。たとえば対人認知・印象形成の研究をしている者であれば，アッシュ（1946）を引用するのが当然という時代が過去にはあった。また，自分がこれから研究しようとする絞られたテーマに関連する論文というものが自ずと決まるはずである。これらの論文を引用することには必然性があるといえる。

　分析の段階で，仮説が支持されなかった，予想通りの結果にならなかった，あるいは「有意差」が出なかったことに焦り，落胆し，あたかも予想通りの結果が出たかのように誰にもわからないようにデータを改ざんするというようなことがあってはならない。しかし，一流の研究者でさえ，データの改ざんを行っていたことが明るみに出るケースが後を絶たない。データを改ざんするということは「嘘」をつくことである。研究者でなくとも，嘘をつくことが倫理から大きく逸れる行為であることは容易に想像がつくだろう。

　以上，質問紙調査を実施するうえでの倫理的な問題にふれたが，研究倫理は経験してみてはじめてその意味が理解できるところもある。ぜひ，実践の中で身につけてほしい。

コラム 14.1　アメリカでは学部生も立派な研究者？

　アメリカの大学で，人を対象にした研究を行う場合，研究の実施に向けてクリアしなくてはならない課題は実に多い。以前，プリンストン大学で実験データをとったことがある。研究計画書を倫理委員会（Institutional Review Board；IRB）に提出し，実験実施の許可を得なくてはならないのだが，その一連の手続きの際に手渡されたのが，「連邦規則集（Code of Federal Regulations）」のいくつかのパートだった。聞くと，アメリカのほとんどの大学では，人を対象とした研究をする際に連邦規則集を読むことが義務づけられているようである。他にもいろいろな制約がある。

1. ベルモント・レポート（人を対象とする生物医学・行動研究の実施の基礎となる基本的倫理原則），連邦規則集を読む。
2. 倫理に関するテストを受ける。
3. 各大学に設置されている IRB に研究計画書を提出し審査を受ける。

　おおよそこれくらいのステップを踏んで晴れて実験・調査ができるようになる。これらのステップは学部生のときから課させていることがほとんどである。卒業研究のためにこれと同様のステップを踏まなくてはならない大学を日本では見たことがない。しかし，これは研究者になるための倫理教育をしているというよりも，当たり前の倫理観を身につけさせるための実践教育の一環ととらえたほうがよいだろう。

引用文献

第1章

堀　洋道（2001）．監修のことば　堀　洋道（監修）・山本眞理子（編）心理測定尺度集Ⅰ──人間の内面を探る〈自己・個人内過程〉──　サイエンス社　pp.i-iii.

小島弥生・太田恵子・菅原健介（2003）．賞賛獲得欲求・拒否回避欲求尺度作成の試み　性格心理学研究，**11**，86-98.

倉住友恵（2011）．動機づけ・欲求　堀　洋道（監修）・吉田富二雄・宮本聡介（編）心理測定尺度集Ⅴ──個人から社会へ〈自己・対人関係・価値観〉──　サイエンス社　pp.84-110.

定廣英典・望月　聡（2011）．演技パターンに影響を与える諸要因の検討──日常生活演技尺度の作成および賞賛獲得欲求・拒否回避欲求との関連──　パーソナリティ研究，**20**，84-97.

山本眞理子（2001）．心理尺度の使い方　堀　洋道（監修）・山本眞理子（編）心理測定尺度集Ⅰ──人間の内面を探る〈自己・個人内過程〉──　サイエンス社　pp.311-315.

吉田富二雄（2001）．信頼性と妥当性──尺度が備えるべき基本的条件──　堀　洋道（監修）・吉田富二雄（編）心理測定尺度集Ⅱ──人間と社会のつながりをとらえる〈対人関係・価値観〉──　サイエンス社　pp.436-453.

吉田寿夫（1998）．本当にわかりやすいすごく大切なことが書いてあるごく初歩の統計の本　北大路書房

Zimbardo, P. G. (1980). *Essentials of psychology and life*. 10th ed. Glenview, IL: Scott, Foresman.
　（ジンバルドー，P. G.（1983）．人間の行動の謎を解くこと　古畑和孝・平井　久（監訳）現代心理学Ⅰ　サイエンス社　pp.19-63.）

第2章
【引用文献】

Baron, R. A., & Richardson, D. R. (1994). *Human aggresion*. 2nd ed. New York: Plenum Press.

Berkowitz, L. (1962). *Aggression: A social psychological analysis*. New York: McGrow-Hill.

遠藤辰雄・安藤延男・冷川昭子・井上祥治（1974）．Self-Esteem の研究　九州大学教育学部部門紀要，**18**，53-65.

Koch, C. (1952). *The Tree Test*. Bern: Verlag Hans Huber.
　（コッホ，C.　林　勝造・国吉政一・一谷　彊（訳）（1970）．バウム・テスト──樹木画による人格診断法──　日本文化科学社）

Marques, J. M., Yzerbyt, V. Y., & Leyens, J. P. (1988). The 'black sheep' effect: Extremity of judgements towards in-group members as a function of group identification. *European Journal of Social Psychology*, **18**, 1-16.

引用文献

日本・精神技術研究所（編）・外岡豊彦（監修）(2007). 内田クレペリン精神検査・基礎テキスト　日本・精神技術研究所

岡田　努 (1993). 現代青年の友人関係に関する考察　青年心理学研究, **5**, 43-55.

大石千歳 (2002). 仲間だから許せない　松井　豊（編）対人心理学の視点　ブレーン出版　pp.165-178.

大石千歳・吉岡富二雄 (2001). 内外集団の比較の文脈が黒い羊効果に及ぼす影響——社会的アイデンティティ理論の観点から——　心理学研究, **71**, 445-453.

大石史博・福田美由紀・篠置昭男 (1987). 自己愛的人格目録の基礎的研究 (1) ——自己愛的人格目録の信頼性と妥当性について——　日本教育心理学会第29回大会発表論文集, 534-535.

小塩真司 (1998). 青年の自己愛傾向と自尊感情，友人関係のあり方との関連　教育心理学研究, **46**, 280-290.

小塩真司 (2007). 自己愛の青年心理学　ナカニシヤ出版

Smith, T. L. (Ed.) (1907). *Aspects of childhood life and education*. Boston : Ginn.

総務省統計局 (2010). 平成22年国勢調査　〈http://www.stat.go.jp/data/kokusei/2010/index.htm〉(2013年8月19日)

Watson, J. B., & Rayner, R. (1920). Conditioned emotional reactions. *Journal of Experimental Psychology*, **3**, 1-14.

矢田部達郎・園原太郎・辻岡美延 (1965). YG性格検査（矢田部ギルフォード性格検査）一般用　日本心理テスト研究所

湯川進太郎 (2005). バイオレンス——攻撃と怒りの臨床社会心理学——　北大路書房

【参考文献（お勧めしたい本）】

●実験室実験について

Solso, R. L., & Johnson, H. H. (1984). *An introduction to experimental design in psychology : A case approach*. 3rd ed. Harper & Row.
　（ソルソ, R. L.・ジョンソン, H. H. 浅井邦二（監訳）・落合　勲・河合美子・安藤孝敏（訳）(1988). 心理学実験計画入門　学芸社）

●質問紙調査について

鎌原雅彦・宮下一博・大野木裕明・中澤　潤（編著）(1998). 心理学マニュアル　質問紙法　北大路書房

小塩真司・西口利文（編）(2007). 心理学基礎研究 Vol.2　質問紙調査の手順　ナカニシヤ出版

●質問紙実験について

村田光二・山田一成（編著）(2000). 社会心理学研究の技法　福村出版

●社会学における調査について

飽戸　弘 (1987). 社会調査ハンドブック　日本経済新聞社

大谷信介・木下栄二・後藤範章・小松　洋 (2013). 新・社会調査へのアプローチ　ミネルヴァ書房

●心理検査について

願興寺礼子・吉住隆弘（編）(2011). 心理学基礎演習 Vol.5　心理検査の実施の初歩　ナカニ

シヤ出版

● 研究計画・卒業研究について

松井　豊（2010）．改訂新版　心理学論文の書き方——卒業論文や修士論文を書くために——　河出書房新社

第3章

学習技術研究会（2011）．知のステップ　第3版　くろしお出版

岩崎美紀子（2008）．「知」の方法論——論文トレーニング——　岩波書店

小島弥生・太田恵子・菅原健介（2003）．賞賛獲得欲求・拒否回避欲求尺度作成の試み　性格心理学研究, **11**, 86-98.

松井　豊（2010）．改訂新版　心理学論文の書き方——卒業論文や修士論文を書くために——　河出書房新社

三井宏隆（1990）．社会心理学ワークショップ　垣内出版

村井潤一郎（編著）(2012)．Progress & Application 心理学研究法　サイエンス社

岡田　努（1999）．現代大学生の認知された友人関係と自己意識の関連について　教育心理学研究, **47**, 432-439.

定廣英典・望月　聡（2011）．演技パターンに影響を与える諸要因の検討——日常生活演技尺度の作成および賞賛獲得欲求・拒否回避欲求との関連——　パーソナリティ研究, **20**, 84-97.

菅原健介（1986）．賞賛されたい欲求と拒否されたくない欲求——公的自意識の強い人に見られる2つの欲求について——　心理学研究, **57**, 134-140.

山本淳子・田上不二夫（2001）．評価懸念尺度の作成　日本教育心理学会総会発表論文集, **43**, 180.

山本眞理子・松井　豊・山成由紀子（1982）．認知された自己の諸側面の構造　教育心理学研究, **30**, 64-68.

第4章

Babbie, E. (2001). *The practice of social research*. 9th ed. Wadsworth/Thomson Learning.
　（バビー, E.　渡辺聰子（監訳）(2003)．社会調査法　培風館）

Carmaines, E. G., & Zeller, R. A. (1979). *Reliability and validity assessment*. Sage Publications.
　（カーマイン, E. G.・ツェラー, R. A.　水野欽司・野嶋栄一郎（訳）(1983)．テストの信頼性と妥当性　朝倉書店）

林　潔（1988）．Beckの認知療法を基とした学生の抑うつについての処置　学生相談研究, **9**, 15-25.

伊藤裕子・相良順子・池田政子・川浦康至（2003）．主観的幸福感尺度の作成と信頼性・妥当性の検討　心理学研究, **74**, 276-281.

小島弥生・太田恵子・菅原健介（2003）．賞賛獲得欲求・拒否回避欲求尺度作成の試み　性格心理学研究, **11**, 86-98.

松井　豊（2006）．心理学論文の書き方——卒業論文や修士論文を書くために——　河出書

房新社
笹川智子・猪口浩伸（2012）．賞賛獲得欲求と拒否回避欲求が対人不安に及ぼす影響　目白大学心理学研究，**8**, 15-22.
菅原健介（1986）．賞賛されたい欲求と拒否されたくない欲求——公的自意識の強い人に見られる2つの欲求について——　心理学研究，**57**, 134-140.
寺崎正治・岸本陽一・古賀愛人（1992）．多面的感情状態尺度の作成　心理学研究，**62**, 350-356.
山本眞理子・松井　豊・山成由紀子（1982）．認知された自己の諸側面の構造　教育心理学研究，**30**, 64-68.
吉田富二雄（2001）．信頼性と妥当性——尺度が備えるべき基本的条件——　堀　洋道（監修）・吉田富二雄（編）心理測定尺度集Ⅱ——人間と社会のつながりをとらえる〈対人関係・価値観〉——　サイエンス社　pp.436-453.

第5章

伊藤民雄（2013）．インターネットで文献探索　2013年度版　日本図書館協会
西岡達裕（2008）．オンライン情報の学術利用——文献探索入門——　日本エディタースクール出版部
小塩真司・西口利文（編）(2007)．心理学基礎演習Vol.2　質問紙調査の手順　ナカニシヤ出版
鈴木淳子（2011）．質問紙デザインの技法　ナカニシヤ出版

第6章

鎌原雅彦・宮下一博・大野木裕明・中澤　潤（編著）(1998)．心理学マニュアル　質問紙法　北大路書房
織田揮準（1970）．日本語の程度表現用語に関する研究　教育心理学研究，**18**, 166-176.
Searle, A. (1999). *Introducing research and data in psychology*. Routledge.
　（サール，A.　宮本聡介・渡邊真由美（訳）(2005)．心理学研究法入門　新曜社）

第7章

小島弥生・太田恵子・菅原健介（2003）．賞賛獲得欲求・拒否回避欲求尺度作成の試み　性格心理学研究，**11**, 86-98.
松井　豊（2010）．改訂新版　心理学論文の書き方——卒業論文や修士論文を書くために——　河出書房新社
中澤　潤（1998）．コーディングと入力　鎌原雅彦・宮下一博・大野木裕明・中澤　潤（編著）心理学マニュアル　質問紙法　北大路書房　pp.54-61.

第8章

堀毛一也（1994）．恋愛関係の発展・崩壊と社会的スキル　実験社会心理学研究，**34**, 116-128.
東條光彦（1998）．心理尺度の作成　鎌原雅彦・宮下一博・大野木裕明・中澤　潤（編著）

心理学マニュアル　質問紙法　北大路書房　pp.100-109.

第9章
岩原信九郎（1965）．新訂版　教育と心理のための推計学　日本文化科学社
森　敏昭・吉田寿夫（1990）．心理学のためのデータ解析テクニカルブック　北大路書房
小塩真司（2011）．SPSSとAmosによる心理・調査データ解析　第2版　東京図書

第10章
【引用・参考文献】
Findlay, B. (1993). *How to write a psychology laboratory report*. Prentice Hall of Australia.（フィンドレイ，B.　細江達郎・細越久美子（訳）(1996)．心理学実験・研究レポートの書き方――学生のための初歩から卒論まで――　北大路書房）
堀毛一也（1994）．恋愛関係の発展・崩壊と社会的スキル　実験社会心理学研究，**34**, 116-128.
松井　豊（2010）．改訂新版　心理学論文の書き方――卒業論文や修士論文を書くために――　河出書房新社
日本心理学会（編）(2005)．執筆・投稿の手びき（2005年版）
小河妙子・斉藤由里・大澤香織（2010）．心理学実験を学ぼう！　金剛出版
酒井聡樹（2006）．これから論文を書く若者のために　大改訂増補版　共立出版
都筑　学（2006）．心理学論文の書き方――おいしい論文のレシピ――　有斐閣

第11章
荒井崇史・藤　桂・吉田富二雄（2010）．犯罪情報が幼児を持つ母親の犯罪不安に及ぼす影響　心理学研究，**81**, 397-405.
Aust, F., Diedenhofen, B., Ullrich, S., & Musch, J. (2013). Seriousness checks are useful to improve data validity in online research. *Behavior Research Methods*, **45**, 527-535.
Davis, R. N. (1999). Web-based administration of a personality questionnaire: Comparison with traditional methods. *Behavior Research Methods, Instruments, and Computers*, **31**, 572-577.
市村（阿部）美帆（2011）．自尊感情の高さと変動性の2側面と自尊感情低下後の回復行動との関連　心理学研究，**82**, 362-369.
Joinson, A. (1999). Social desirability, anonymity, and internet-based questionnaires. *Behavior Research Methods, Instruments, and Computers*, **31**, 433-438.
三浦麻子・川浦康至・新井田統（2008）．対人コミュニケーションにおける画像情報の役割――カメラ付き携帯電話を用いたフィールド実験による検討――　対人社会心理学研究，**8**, 7-15.
西川千登世（2011）．余暇活動が精神的健康度に与える影響――未婚単身生活者を対象として――　日本社会心理学会第52回大会発表論文集，180.
大橋　恵・岩崎智史・藤後悦子（2012）．心理学に対するイメージ（5）――心理学の学習が

その後の社会人生活でどのように役立ったか―― 日本社会心理学会第53回大会発表論文集, 329.

Reips, U.-D. (2002). Standards for internet-based experimenting. *Experimental Psychology*, **49**, 243-256.

Reips, U.-D. (2009). Internet experiments : Methods, guidelines, metadata. Human Vision and Electronic Imaging XIV, Proceedings of SPIE, 7240, 724008.

佐藤広英 (2013). SNSプロフィールからパーソナリティは推測できるか？ 日本パーソナリティ心理学会第22回大会発表論文集, 97.

Sato, H., & Kawahara, J. (2011). Selective bias in retrospective self-reports of negative mood state. *Anxiety, Stress and Coping*, **24**, 359-367.

佐藤広英・太幡直也 (2013). インターネット版プライバシー次元尺度の作成 パーソナリティ研究, **21**, 312-315.

総務省 (2013). 平成25年版情報通信白書 総務省2013年10月27日
〈http://www.soumu.go.jp/johotsusintokei/whitepaper/ja/h25/pdf/index.html〉

杉嶋千聖 (2013). 日韓大学生のインターネット文化比較――オンラインコミュニティ利用を中心に―― 信州大学人文学部卒業論文（未公刊）.

Tourangeau, R., & Smith, T. W. (1996). Asking sensitive questions : The impact of data collection mode, question format, and question context. *Public Opinion Quarterly*, **60**, 275-304.

Tuten, L. T. (2010). Conducting online surveys. In S. D. Gosling, & J. A. Johnson (Eds.), *Advanced methods for conducting online behavioral research*. Washington D. C. : American Psychological Association. pp.179-192.

Tuten, L. T., Urban, D. J., & Bosnjak, M. (2002). Internet surveys and data quality : A review. In B. Batinic, U.-D. Reips, M. Bosnjak, & A. Werner (Eds.), *On-line social science*. Seattle, WA : Hogrefe & Huber. pp.7-14.

第12章

石田基広・金 明哲 (2012). コーパスとテキストマイニング 共立出版

川喜田二郎 (1967). 発想法――創造性開発のために―― 中央公論社

川喜田二郎 (1970). 続・発想法 中央公論社

第13章

Barton, A. H., & Lazarsfeld, P. F. (1955). Some functions of qualitative analysis in social research. In T. W. Adorno, & W. Dirks (Eds.), *Sociologica*. Frankfurt : Europaische Verlangs Anstalt. Bellenger, D. N. pp.321-361.

Bruner, J. (1990). *Acts of meaning*. Cambridge, MA : Harvard University Press.
（ブルーナー, J. 岡本夏木・仲渡一美・吉村啓子（訳）(1999). 意味の復権――フォークサイコロジーに向けて―― ミネルヴァ書房）

Cooper, H. M., Camic, P. M., Long, D. M., Panter, A. T., & Rindskopf, D. (2012). *APA handbook of research methods of psychology*. Washington D.C. : American Psychological

Association.
Creswell, J. W., & Plano Clark, V. L.（2010）. *Designing and conducting mixed methods research*. Thousand Oaks, CA: Sage Publications.
　（クレスウェル，J. W.・プラノ　クラーク，V. L.　大谷順子（訳）(2010).　人間科学のための混合研究法──質的・量的アプローチをつなぐ研究デザイン──　北大路書房）
Denzin, N. K., & Lincoln, Y. S.（2000）. *Handbook of qualitative research*. 2nd ed. Thousand Oaks, CA: Sage Publications.
Flick, U.（2007）. *Qualitative Sozialforschung*. Hamburg: Rowohlt Taschenbuch Verlag.
　（フリック，U.　小田博志・山本則子・春日　常・宮地尚子（訳）(2011).　新版　質的研究入門──〈人間の科学〉のための方法論──　春秋社）
Geertz, C.（1973）. *The interpretation of cultures: Selected essays*. Basic Books.
　（ギアーツ，C.　吉田禎吾・細川啓一・中牧弘允・板橋作美（訳）(1987).　文化の解釈学 I　岩波書店）
Glaser, B. G.（1992）. *Basics of grounded theory analysis: Emergence vs. forcing*. Mill Valley, CA: The Sociology Press.
Glaser, B. G., & Strauss, A. L.（1967）. *The discovery of grounded theory: Strategies for qualitative research*. Chicago: Aldine Publishing Company.
　（グレイザー，B. G.・ストラウス，A. L.　後藤　隆・大出春江・水野節夫（訳）(1996).　データ対話型理論の発見──調査からいかに理論をうみだすか──　新曜社）
Grice, H. P.（1975）. Logic and conversation. In P. Cole, & J. L. Morgan（Eds.）, *Syntax and semantics*. Vol.3. Speech acts. New York: Seminar Press. pp.68-134.
日潟淳子・岡本祐子（2008）. 中年期の時間的展望と精神的健康との関連──40歳代，50歳代，60歳代の年代別による検討──　発達心理学研究, **19**, 144-156.
川喜田二郎（1967）. 発想法──創造性開発のために──　中央公論社
木下康仁（1999）. グラウンデッド・セオリー・アプローチ──質的実証研究の再生──　弘文堂
木下康仁（2003）. グラウンデッド・セオリー・アプローチの実践──質的研究への誘い──　弘文堂
木下康仁（2007）. ライブ講義M-GTA　実践的質的研究法──修正版グラウンデッド・セオリー・アプローチのすべて──　弘文堂
小林佐知子（2006）. 初産婦の抑うつ状態におよぼすマスタリーの影響　心理臨床学研究, **24**, 212-220.
小林佐知子・北川朋子（2009）. 母親の抑うつ状態に対するマスタリーの効果──ストレスへの対処とマスタリーとの関連性に着目して──　発達心理学研究, **20**, 373-381.
Malinowski, B.（1922）. *Argonauts of the Western Pacific: An account of native enterprise and adventure in the archipelagoes of Melanesian New Guinea*. Routledge & Kegan Paul.
　（マリノフスキ，B.　増田義郎（訳）(2010).　西太平洋の遠洋航海者──メラネシアのニュー・ギニア諸島における，住民たちの事業と冒険の報告──　講談社）
松嶋秀明（2007）. 会話分析　やまだようこ（編）質的心理学の方法──語りをきく──

新曜社　pp.86-99.
無藤　隆・やまだようこ・南　博文・麻生　武・サトウタツヤ（編）(2004)．ワードマップ質的心理学——創造的に活用するコツ——　新曜社
中西信男・佐方哲彦（1993）．EPSI　エリクソン心理社会的段階目録検査　上里一郎（監修）心理アセスメントハンドブック　西村書店　pp.419-431.
能智正博（2011）．臨床心理学をまなぶ6　質的研究法　東京大学出版会
能智正博（2013）．ナラティブ・テクストの分析　やまだようこ・麻生　武・サトウタツヤ・秋田喜代美・能智正博・矢守克也（編）質的心理学ハンドブック　新曜社　pp.324-344.
野村晴夫（2002）．高齢者の自己語りと自我同一性との関連——語りの構造的整合・一貫性に着目して——　教育心理学研究, **50**, 355-366.
野村信威・橋本　宰（2006）．地域在住高齢者に対するグループ回想法の試み　心理学研究, **77**, 32-39.
Riessman, C. K. (2008). *Narrative methods for the human sciences*. Thousand Oaks, CA: Sage Publications.
Sacks, H., Schegloff, E. A., & Jefferson, G. (1974). A simplest systematics for the organization of turn taking for conversation. *Language*, **50**(4), 696-735.
戈木クレイグヒル滋子（2005）．質的研究方法ゼミナール——グラウンデッドセオリーアプローチを学ぶ——　医学書院
戈木クレイグヒル滋子（2006）．ワードマップグラウンデッド・セオリー・アプローチ——理論を生みだすまで——　新曜社
桜井　厚（2002）．インタビューの社会学——ライフストーリーの聞き方——　せりか書房
Strauss, A. L., & Corbin, J. (1990). *Basics of qualitative research: Grounded theory procedures and techniques*. New York: Sage Publications.
Willig, C., & Rogers, W. S. (2013). *The SAGE handbook of qualitative research in psychology*. London: Sage Publications.
やまだようこ（2004）．質的研究の核心とは　無藤　隆・やまだようこ・南　博文・麻生　武・サトウタツヤ（編）ワードマップ質的心理学——創造的に活用するコツ——　新曜社　pp.8-13.
やまだようこ（編）(2007)．質的心理学の方法——語りをきく——　新曜社
やまだようこ・麻生　武・サトウタツヤ・秋田喜代美・能智正博・矢守克也（編）(2013)．質的心理学ハンドブック　新曜社

第14章

安藤寿康・安藤典明（編）(2005)．事例に学ぶ心理学者のための研究倫理　ナカニシヤ出版
Asch, S. E. (1946). Forming impressions of personality. *The Journal of Abnormal and Social Psychology*, **41**, 258-290.
Blass, T. (1999). The Milgram paradigm after 35 years: Some things we now know about obedience to authority. *Journal of Applied Social Psychology*, **25**, 955-978.
松村　明（編）(1999)．大辞林　第2版　三省堂

引用文献

Milgram, S. (1974). *Obedience to authority*. New York: Harper & Row.
　(ミルグラム, S. 岸田　秀 (訳)(1995). 服従の心理——アイヒマン実験—— 改訂版新装　河出書房新社)
文部科学省 (2006). 平成19年版科学技術白書　科学技術の振興の成果——知の創造・活用・成果——
文部科学省 (2013). 学校基本調査
サトウタツヤ (2004). 見てみて実感！心理学史　第1回　ミルグラムの電気ショック実験　心理学ワールド　第26号　日本心理学会
新村　出 (編)(1998). 広辞苑　第5版　岩波書店
杉森伸吉・安藤寿康・安藤典明・青柳　肇・黒沢　香・木島伸彦・松岡陽子・小堀　修 (2004). 心理学研究者の倫理観——心理学研究者と学部生の意見分布，心理学研究者の差異—— パーソナリティ研究, **12**, 90-105.
鈴木淳子 (2005). 調査的面接の技法　第2版　ナカニシヤ出版
鈴木淳子 (2011). 質問紙デザインの技法　ナカニシヤ出版
田代志門 (2011). 研究倫理とは何か——臨床医学研究と生命倫理——　勁草書房

人名索引

ア 行

アーバン（Urban, D. J.） 233
青木繁伸 150
アッシュ（Asch, S. E.） 301
荒井崇史 243
安藤寿康 290
安藤典明 290

石田基広 263
イゼルビット（Yzerbyt, V. Y.） 24
市村美帆 61, 244
伊藤民雄 79
伊藤裕子 63
猪口浩伸 64
岩崎智史 243
岩崎美紀子 46, 54, 55
岩原信九郎 169

宇井美代子 2
ウィリグ（Willig, C.） 266
ヴント（Wundt, W.） 18

遠藤辰雄 29

大石千歳 18, 24, 25, 26
大石史博 29
大橋 恵 243
オースト（Aust, F.） 242
太田恵子 11, 14, 51, 61〜63, 68, 70, 72, 73, 125, 128, 148
岡田 努 29, 51, 52
岡本祐子 284
小塩真司 28, 84, 169
オズボーン（Osborn, A. F.） 47

カ 行

カーマイン（Carmaines, E. G.） 66
川浦康至 244
川喜田二郎 251, 252, 266
河原純一郎 228, 232
鎌原雅彦 112

ギアーツ（Geertz, C.） 267, 269
岸本陽一 63, 64
北川朋子 283
木下康仁 268, 269, 277〜281
金 明哲 262, 263

クーパー（Cooper, H.） 264
グライス（Grice, H. P.） 285
倉住友恵 11
グレイザー（Glaser, B. G.） 275, 277
クレスウェル（Creswell, J. W.） 282

コービン（Corbin, J.） 277
古賀愛人 63, 64
小島弥生 11, 14, 51, 61〜63, 68, 70, 72, 73, 125, 128, 148
コッホ（Koch, C.） 31
小林佐知子 283, 284

サ 行

サール（Searle, A.） 110
戈木クレイグヒル滋子 277
酒井聡樹 197, 224
佐方哲彦 285
桜井 厚 273
篠置昭男 29
笹川智子 64
定廣英典 12, 14, 51, 52
サックス（Sacks, H.） 273

人名索引

サトウタツヤ　291
佐藤広英　226〜228，232

シェグロフ（Schegloff, E. A.）　273
ジェファーソン（Jefferson, G.）　273
ジョインソン（Joinson, A.）　233
ジンバルドー（Zimbardo, P. G.）　3

菅原健介　11, 14, 51, 52, 61〜63, 68, 70, 72, 73, 125, 128, 148
杉嶋千聖　245
杉森伸吉　290
鈴木淳子　84, 287, 292
ストラウス（Strauss, A. L.）　275, 277
スミス（Smith, T. L.）　19
スミス（Smith, T. W.）　233

園原太郎　31

タ　行

髙橋尚也　38
田上不二夫　51
竹中一平　122
田代志門　294
立脇洋介　246
田中　敏　150
太幡直也　227
丹野宏昭　75

ツーティン（Tuten, L. T.）　228, 232, 233, 241
ツェラー（Zeller, R. A.）　66
辻岡美延　31

デイヴィス（Davis, R. N.）　233
寺崎正治　63, 64
デンジン（Denzin, N. K.）　272

藤後悦子　243
東條光彦　156

トゥランジョー（Tourangeau, R.）　233
外岡豊彦　31

ナ　行

中澤　潤　124
中西信男　285

新井田　統　244
西岡達裕　79
西川千登世　243
西口利文　84

能智正博　269, 277
野村信威　264, 275
野村晴夫　285

ハ　行

バーコヴィッツ（Berkowitz, L.）　20
バートン（Barton, A. H.）　283
橋本　宰　275
畑中美穂　151
バビー（Babbie, E.）　73
林　潔　63
バロン（Baron, R. A.）　20

日潟淳子　284
樋口耕一　262
日比野　桂　99
平井　久　3

フィンドレイ（Findlay, B.）　221
福田美由紀　29
藤　桂　243
ブラス（Blass, T.）　291
プラノ　クラーク（Plano Clark, V. L.）　282
フリック（Flick, U.）　283
ブルーナー（Bruner, J.）　272
古畑和孝　3

人名索引

ホール（Hall, G. S.） 19
ボスニャク（Bosnjak, M.） 233
細江達郎 221
細越久美子 221
堀 洋道 11, 13
堀毛一也 155, 208

マ　行

松井 豊 40, 48, 51, 53, 56, 63, 69, 147, 194, 222
松嶋秀明 274
松村真宏 263
マリノフスキ（Malinowski, B.） 268
マルケス（Marques, J. M.） 24

三浦麻子 244, 263
三井宏隆 56
宮本聡介 110, 287
ミルグラム（Milgram, S.） 291

無藤 隆 266
村井潤一郎 53

望月 聡 12, 14, 51, 52
森 敏昭 168

ヤ　行

八城 薫 194
矢田部達郎 31
やまだようこ 265, 266, 268
山成由紀子 51, 63

山本淳子 51
山本眞理子 14, 51, 63

湯川進太郎 20, 21

吉田禎吾 267
吉田寿夫 6, 168
吉田富二雄 12, 24〜26, 66, 67, 70, 243

ラ　行

ライアンス（Leyens, J. P.） 24
ライル（Ryle, G.） 267
ラザースフェルド（Lazarsfeld, P. F.） 283

リースマン（Riessman, C. K.） 272, 273, 275
リチャードソン（Richardson, D. R.） 20
リンカーン（Lincoln, Y. S.） 272

レイナー（Rayner, R.） 19
レイピス（Reips, U.-D.） 242

ロジャース（Rogers, W. S.） 266

ワ　行

渡部麻美 168
渡邊真由美 110
ワトソン（Watson, J. B.） 19

事項索引

ア 行

アイヒマン実験　291
値の再割り当て　127, 134
厚い記述　267
アフターコーディング　126
アルバート坊やの実験　18
安定性　67

1次元性尺度　62
一貫性　67
一対比較法　93
一般的質問（インパーソナル質問）　86
因果性　48
因子構造　206
因子的妥当性　161
因子分析　154, 206
インターネット検索　97
インフォームドコンセント　292
引用文献　213

ウェブ調査　226
内田クレペリン精神検査　31

エクセル統計2012　149
エスノグラフィー　267
エッセイ評価パラダイム　20
エディティング　127
エリクソン心理社会的段階目録（EPSI）　285
演繹法　39

オープン型（公開型）調査　227

カ 行

回帰直線　187
回帰分析　187
解釈学的分析　275
解釈可能性　154
下位尺度　62, 153
回収数　116
回収率　116, 206
概念の抽象度　54
会話分析　275
カウンターバランス　104
仮説　41, 54
　——検証型　40, 269
　——生成型　269
　——探索型　41
学会誌論文　42, 75, 77
学会大会発表論文　75
カテゴリー分析　275
間隔尺度　7, 136
観察法　5, 23

機会サンプリング　110
基準関連妥当性　71, 161
帰納法　39
帰無仮説　171
逆転項目（反転項目）　96, 133
客観性　23
キャリーオーバー効果　95, 104
共感性尺度　153, 154, 209
強制投入法　192
紀要論文　43, 75, 77
拒否回避欲求尺度　12, 51, 61
寄与率　152

グラウンデッド・セオリー　277
グラウンデッド・セオリー・アプローチ（GTA）　277
クラスター分析　260
黒い羊効果　24

事項索引

クローズド型（非公開型）調査　227
クロス集計　141
クロス表　260
クロンバックの α 係数　69, 159

形態素解析　255
系統サンプリング　110
結果　205
　——図　282
欠損値　132
決定係数　189
研究　4, 288
　——者　288
　——手法　32
　——テーマ　32, 38
　——発表　217
　——倫理　287, 290
検証　40
限定回答　92
検定統計量　171
権利・福祉のための倫理　292

好印象演技尺度　12
交互作用　182
考察　210
構成概念　61
　——妥当性　72, 162
肯定率　156
項目—全体相関　157
コーディング　124
　——ルール　124
国勢調査　29, 43
誤差　65, 66
個人情報　293
個人的質問（パーソナル質問）　88
古典的条件づけ　19
『この人を見よ』　270
コピー＆ペースト（コピペ）　221, 300
コミュニケーションの基本スキル（ENDE 2）
　　尺度　155, 165, 208

固有値　152
困難度　156

サ　行

再検証　41
再テスト法　67
最頻値　141
作業仮説　54
作業検査法　31
参加者間データ　177
参加者間分散分析　177
参加者内データ　177
参加者内分散分析　177
散布図　183
サンプリング（標本抽出）　30, 57, 109
サンプルサイズ　112
サンプル（標本）　109

識別力　156
市場調査（マーケティング・リサーチ）
　　29
システム欠損値　132
自尊感情尺度　29, 63
実験　19
　——群　21
　——室実験　18, 20
　——法　5
実態的質問　86
質的研究　264, 269
質的心理学　264
質的データ　136
質的変数　259, 260
質問紙　8, 19, 99
質問紙実験　20, 22
質問紙調査　19, 20, 26
　——法　5, 19
社会調査　29
社会的アイデンティティの顕在化　25
尺度構成　151
尺度水準　6, 136

尺度得点　163
尺度の構造　206
尺度リスト　79
謝辞　215
謝礼　299
重回帰分析　188
自由回答法　94, 246
収束的妥当性　73, 162
従属変数　187
自由度　171
主観的幸福感尺度　63
主効果　181
主成分分析　151, 209
順位法　93
順序尺度　6, 136
上位―下位分析　157
使用許諾　294
賞賛獲得欲求・拒否回避欲求尺度　51, 61
賞賛獲得欲求尺度　11, 51, 61, 125, 128
常態的質問　86
序論　199
真の値　66
信頼性　12, 23, 66, 159
　――係数　66, 133, 159
心理学　3
心理検査　31
心理測定尺度　11, 61, 75
『心理測定尺度集』　79, 294
心理的特徴　61

水準　177
数値化　6
　――理論第Ⅲ類（対応分析，コレスポンデンス分析）　260
スクリー法　154
ステップワイズ法　192
ストーリーライン　282
スノーボールサンプリング　111
スピアマン=ブラウンの公式　69

折半法　69, 159
説明変数　187
全数調査　109
専門書　42, 75

層化サンプリング　111
相関係数　67, 184
相関分析　182
操作的定義　3, 21
測定　30
　――可能性　49
卒業論文　194
素朴実在論　266

タ 行

第1主成分負荷量　152
対応のある t 検定　170
対応のあるデータ（関連のあるデータ）　169, 170
対応のない t 検定　174
対応のないデータ（独立したデータ）　169, 173
多次元尺度　62
多肢選択法　91
多重比較　181
多段抽出法　111
妥当性　12, 23, 70, 160
　――係数　162
ダブルバーレル　87
多面的感情尺度　63, 64
単一回答　91
単回帰分析　187, 188
探索的検証　41
単純集計　139
単純主効果検定　182

小さな理論的飽和化　282
逐語記録（トランスクリプト）　273
中央値　141
抽象の階段　54

調査　19
　　──結果　300
調和的演技尺度　12
著作権者　294

追試　40

定型質問　248
ディスコース分析　275
ディセプション　21
ディブリーフィング　20
データ　122
　　──に根ざした理論　277
　　──の切片化　278
テキストマイニング　255
テクスト　272
テューキーのHSD法　181
天井効果　156

投影法　31
統計　14
　　──解析　259
　　──的仮説検定　169
　　──的妥当性　71
等質性　158
統制群　21
等分散性の検定　174
匿名性　297
独立変数　187
トライアンギュレーション　283

ナ　行

内的一貫性　151
内的整合性　67
内容的妥当性　70, 160
ナラティブ　272
　　──・アプローチ　272
　　──・ターン（物語的転換）　272
　　──分析　275
ナンバリング　123

2項選択法　91
日常生活演技尺度　12, 51
入力ミス　144
2要因混合計画の分散分析　177
認識論　268

ハ　行

「パーソナリティ研究」　79
バウム・テスト　31
パス解析　191
パス図　192
バリマックス回転　154
反復測定データ　177

ピアソンの積率相関係数　184
ヒストグラム　139, 163
非定型質問　248
評価懸念尺度　51
標準化　31
標準偏回帰係数　190
標準偏差　141
剽窃　221, 300
表題　197
評定尺度法　89
比率尺度　7, 136

フェイスシート　106
複数回答　91
プライバシー　293, 297
　　──の保護　293
ブリーフィング　114
ブレイン・ストーミング　47
付録　215
プロマックス回転　154
文献研究　40
文献検索　59
文献レビュー　40
分散　174
　　──分析　169, 177
文章完成法（SCT）　94

事項索引

分析ワークシート　279

平均値　140, 169
平行テスト法（代替テスト法）　68
併存的妥当性　72
ベック抑うつ尺度　63
変数　48
弁別的妥当性　73, 163

報告書　43, 75
方法　201
母集団　109
本（書籍）　42, 76

マ　行

無作為抽出法　112

名義尺度　6, 136
面接法　5, 23

網羅性　48
目的　53
目的変数　187
物語モード　272
問題　199

ヤ　行

有意確率　169, 173, 182
有意抽出法　112
有効回答率　206
ユーザー欠損値　132
友人関係尺度　29, 51
床効果　156

善い研究者の倫理　292, 293
要因　48, 177
　　──図　48
要求特性　119
予測的妥当性　72
予備調査　41

世論調査　29, 43

ラ　行

ランダムサンプリング（無作為抽出）
　　30, 110

リサーチ・クエスチョン　52
リッカート尺度　23
リッカート法　90
領域密着型の理論　277
量的研究　264, 269
量的データ　137
理論的サンプリング　281
理論的飽和化　282

レビュー論文（展望論文）　78
レポート　194

ローカルな理論　267
「論文書きの歌2006」　224
論理実証モード　272

ワ　行

ワーディング　85, 105
分かち書き　255
割当サンプリング　111

欧　字

α 係数　133, 159, 165
χ^2 検定　143, 260
Amos　193
Black-Box　150
CiNii　79
Excel　129
F 値　174
Google ドライブ　227
G-P 分析　157
GT 表　147, 215
IRB　302
I-T 相関　157

JMP　　149
js-STAR 2012　　150
J-STAGE　　81
KH Coder　　262
KJ法　　47, 252, 266
M-GTA　　278
MTMineR　　262
NPI　　29
R　　149
REAS　　227
RMeCab　　263
SD法　　90
SPSS　　129, 149
STATA　　149
TTM　　262
t検定　　158, 169
t値　　171
YG性格検査（矢田部ギルフォード性格検査）　　31

編者略歴

宮本聡介(第14章執筆)
みやもと そうすけ

1990年　筑波大学第二学群人間学類卒業
1996年　筑波大学大学院博士課程心理学研究科修了
現　在　明治学院大学心理学部教授　博士(心理学)

主要編著書・訳書

『社会的認知研究——脳から文化まで』(共編訳)(北大路書房, 2013)
『心理測定尺度集Ⅴ——個人から他者へ〈自己・対人関係・価値観〉』(共編)
(サイエンス社, 2011)
『心理測定尺度集Ⅵ——現実社会とかかわる〈集団・組織・適応〉』(共編)
(サイエンス社, 2011)
『新編 社会心理学　改訂版』(共編著)(福村出版, 2009)
『単純接触効果研究の最前線』(共編著)(北大路書房, 2008)
『安全・安心の心理学——リスク社会を生き抜く心の技法48』(共著)(新曜社, 2007)
『心理学研究法入門』(共訳)(新曜社, 2005)

宇井美代子(第1章執筆)
うい みよこ

1997年　東京学芸大学教育学部人間科学課程卒業
1999年　東京学芸大学大学院教育学研究科修了
2004年　筑波大学大学院博士課程心理学研究科修了
現　在　玉川大学文学部准教授　博士(心理学)

主要著書・訳書

『新・青年心理学ハンドブック』(分担執筆)(福村出版, 2014)
『スタンダード社会心理学』(分担執筆)(サイエンス社, 2012)
『心理測定尺度集Ⅴ——個人から他者へ〈自己・対人関係・価値観〉』(分担執筆)
(サイエンス社, 2011)
『心理測定尺度集Ⅵ——現実社会とかかわる〈集団・組織・適応〉』(分担執筆)
(サイエンス社, 2011)
『ジェンダーの心理学ハンドブック』(分担執筆)(ナカニシヤ出版, 2008)
『マーケティング・リサーチの理論と実践——技術編』(分担訳)(同友館, 2007)

執筆者（括弧内は執筆担当章）

大石千歳（第2章） 東京女子体育大学・同短期大学准教授
おおいし ちとせ

髙橋尚也（第3章） 立正大学心理学部准教授
たかはし なおや

市村美帆（第4章） 目白大学人間学部非常勤講師
いちむら みほ

丹野宏昭（第5章） 東京福祉大学心理学部講師
たんの ひろあき

日比野 桂（第6章） 高知大学教育研究部人文社会科学系人文社会科学部門
ひびの けい （人文学部）准教授

竹中一平（第7章） 武庫川女子大学文学部助教
たけなか いっぺい

畑中美穂（第8章） 名城大学人間学部准教授
はたなか みほ

渡部麻美（第9章） 東洋英和女学院大学人間科学部講師
わたなべ あさみ

八城 薫（第10章） 大妻女子大学人間関係学部准教授
やしろ かおる

佐藤広英（第11章） 信州大学人文学部准教授
さとう ひろつね

立脇洋介（第12章） 大学入試センター研究開発部助教
たてわき ようすけ

野村信威（第13章） 明治学院大学心理学部准教授
のむら のぶたけ

質問紙調査と心理測定尺度
――計画から実施・解析まで――

2014 年 7 月 10 日 Ⓒ　　　初版発行
2015 年 3 月 10 日　　　　初版第 3 刷発行

編者　宮本聡介　　発行者　木下敏孝
　　　宇井美代子　　印刷者　加藤純男
　　　　　　　　　　製本者　小高祥弘

発行所　　株式会社　サイエンス社
〒151-0051　東京都渋谷区千駄ヶ谷1丁目3番25号
営業 ☎(03)5474-8500(代)　　振替 00170-7-2387
編集 ☎(03)5474-8700(代)
FAX ☎(03)5474-8900

印刷　加藤文明社　　製本　小高製本工業(株)
《検印省略》

本書の内容を無断で複写複製することは，著作者および出版者の権利を侵害することがありますので，その場合にはあらかじめ小社あて許諾をお求め下さい。

サイエンス社のホームページのご案内
http://www.saiensu.co.jp
ご意見・ご要望は
jinbun@saiensu.co.jp　まで．

ISBN978-4-7819-1341-4
PRINTED IN JAPAN

心理測定尺度集 堀 洋道監修

第Ⅴ巻：個人から社会へ〈自己・対人関係・価値観〉
吉田富二雄・宮本聡介編　B5判／384頁／本体3,150円

第Ⅵ巻：現実社会とかかわる〈集団・組織・適応〉
松井　豊・宮本聡介編　B5判／344頁／本体3,100円

2007年までに刊行された第Ⅰ～Ⅳ巻は，現在まで版を重ね，心理学界にとどまらず，看護などの関連領域においても，一定の評価を得てきました．従来の巻では，社会心理学，臨床心理学，発達心理学を中心とする心理学の領域で，それぞれの発達段階の人を対象として作成された尺度を選定し，紹介してきました．第Ⅴ巻，第Ⅵ巻ではこれまでの4巻の編集方針を基本的に継承しながら，主に2000年以降に公刊された学会誌，学会発表論文集，紀要，単行本の中から尺度を収集し，紹介しています．

【第Ⅴ巻目次】自己・自我　認知・感情・欲求　対人認知・対人態度　親密な対人関係　対人行動　コミュニケーション　社会的態度・ジェンダー

【第Ⅵ巻目次】集団・リーダーシップ　学校・学習・進路選択　産業・組織ストレス　ストレス・コーピング　ソーシャルサポートと社会的スキル　適応・ライフイベント　不安・人格障害・問題行動　医療・看護・カウンセリング

~~~ 好評既刊書 ~~~

第Ⅰ巻：人間の内面を探る〈自己・個人内過程〉
山本眞理子編　B5判／336頁／本体2,700円

第Ⅱ巻：人間と社会のつながりをとらえる〈対人関係・価値観〉
吉田富二雄編　B5判／480頁／本体3,600円

第Ⅲ巻：心の健康をはかる〈適応・臨床〉
松井　豊編　B5判／432頁／本体3,400円

第Ⅳ巻：子どもの発達を支える〈対人関係・適応〉
櫻井茂男・松井　豊編　B5判／432頁／本体3,200円

＊表示価格はすべて税抜きです．

サイエンス社